REISEABENTEUER
DUMONT

ALEXANDRA ENDRES

NIEMAND LIEBT DAS LEBEN MEHR ALS WIR

MEXIKO – UNTERWEGS IN EINEM LAND VOLLER HOFFNUNG

REISEABENTEUER
DUMONT

Gestaltung: Herburg Weiland, München
Umschlagfotos: Getty Images/Tony Anderson (vorne), Alexandra Endres (hinten)
Fotos: Alexandra Endres
Karten: Alexandra Endres, Gerald Konopik, DuMont Reisekartografie
Printed in Poland
ISBN 978-3-7701-8249-7

www.dumontreise.de

Inhalt

Auftakt

Mütter und Gräber

Erst als die Sonne schon sehr tief steht, lassen die Mütter von Los Mochis, Sinaloa, ihre Schaufeln und Grabstöcke sinken und heben den Blick von der vertrockneten Erde. Eigentlich wollen sie nicht aufhören zu suchen. Das haben sie versprochen – sich und ihren Kindern. Denn die sind spurlos verschwunden. Von manchen gibt es seit Jahren kein Lebenszeichen, doch die Polizei unternimmt nichts. Deshalb suchen die Frauen selbst, und sie tun das demonstrativ in aller Öffentlichkeit. Das birgt Gefahren, denn die Mütter kommen damit der Mafia in die Quere. Aber vielleicht bringt ihnen die Aufmerksamkeit auch neue Hinweise. Zumindest hoffen sie das.

Ihr Versprechen spornt sie an und hält ihre Erinnerung wach. Es ist auch eine Mahnung an alle, die in Los Mochis und den Nachbargemeinden leben: »Ich werde suchen, bis ich dich finde.« Öffentlich ausgesprochen bedeutet dieser Satz: »Seht her, was geschieht! Tut nicht so, als ginge euch all das nichts an. Es könnte euch genauso treffen.«

Wenn die Mütter etwas finden, dann ist es in der Regel ein Grab. Nur sehr wenige der Verschwundenen kehren lebend zu ihren Familien zurück. An dem Tag, an dem ich die Mütter bei ihrer Suche begleite, finden sie nichts. Ich bin erleichtert, denn so bleibt mir der Anblick menschlicher Überreste erspart. Doch für die Frauen ist es zum Verzweifeln. Wenn ein Mensch verschwindet, so heißt es, ist die Ungewissheit über sein Schicksal das Schlimmste für die Freunde und Verwandten – schlimmer noch als die Trauer, die man empfindet, wenn Eltern, Geschwister, Freunde, Sohn oder Tochter sterben. Die Mütter von Los Mochis ertragen diese Ungewissheit nicht mehr. Sie suchen auch an diesem Tag, solange sie nur können.

Doch am späten Nachmittag müssen sie einsehen, dass sie heute nicht mehr weiterkommen. Sie gehen zum Pick-up, legen Schaufeln, Macheten und Grabstöcke auf die Ladefläche, trinken noch einen Schluck Wasser aus den fast leeren Kanistern, werfen einen – nur für heute – letzten Blick auf das verwilderte Gelände und klettern endlich auf den Truck.

Da ist Mirna, die vor vier Jahren ihren Sohn verloren hat. Von den Frauen hier war sie die erste, die auf eigene Faust anfing, nach ihrem Kind zu suchen, vor lauter Wut und Ohnmacht, nachdem die Polizei ihr ganz offen gesagt hatte, die Beamten würden zwar eine Akte anlegen, aber sonst nichts weiter unternehmen. Da ist Dulcina, die Journalistin, die über die Mütter berichtet und ihre Suchaktionen schon lange begleitet. Zuerst war sie nur Beobachterin. Doch seit Unbekannte vor ein paar Monaten ihren Neffen entführten, ist Dulcina auch selbst betroffen.

Und da sind Reyna und Lizbeth, die gehofft hatten, das Schicksal ihrer Kinder Eduardo und Zumiko würde sich heute aufklären. Reyna weint; Lizbeth beherrscht sich nur mühsam. Ihre Tochter Zumiko und Reynas Sohn Eduardo waren zusammen in der Stadt unterwegs, als sie verschwanden. Lizbeth hörte am Telefon, wie die beiden verfolgt wurden, wie sie wegliefen, wie ihre Tochter sagte: »Mach dir keine Sorgen, Chefin«, wie Zumiko außer Atem geriet. Natürlich machte sich Lizbeth Sorgen. Sie blieb am Hörer, bis die Verbindung abbrach. Das war vor zwei Jahren, sie erinnert sich noch genau an den Tag. Seither gibt es kein Lebenszeichen von Zumiko und Eduardo.

Vor ein paar Tagen aber haben die Mütter einen anonymen Tipp erhalten: Auf einem Stück Brachland außerhalb der Stadt könnten sie die Überreste der beiden finden. Die Hoffnung hat sich nicht erfüllt.

Als die Mütter ihre Suche abbrechen, bin ich schon nicht mehr bei ihnen. Ich musste einen Zug erreichen und habe sie deshalb vorzeitig verlassen. Jetzt sitze ich in einem luxuriösen Waggon, der von Los Mochis in Richtung Norden fährt, hinauf in die Berge. Um mich herum Familien in Ausflugsstimmung. Ich aber kann nicht so schnell abschütteln, was ich heute erlebt habe.

Stundenlang haben die Frauen das Gelände abgesucht, den Blick immer am Boden, um keinen Hinweis zu übersehen. Sie haben sich vermummt, um ihre Haut vor der brennenden Sonne zu schützen, und dafür gesorgt, dass ich ebenfalls meine Arme bedecke. Sie haben Stechmücken und Hitze ignoriert. Um die Plackerei durchzustehen, hatten sie vorab reichlich Wasser und Energydrinks eingekauft. Sie waren auf verdächtige Stellen gestoßen, an denen das Erdreich locker war und ihre Grabstöcke unter der Oberfläche auf etwas Weiches stießen. Aber der Boden gab nur schmutzige, zerrissene Klamotten frei: drei Jeans, ein Sweatshirt mit braunroten Flecken, ein Halstuch, Wäsche. Männerkleidung, den Frauen unbekannt.

Ich denke daran, wie hoffnungsvoll die Mütter am Morgen aufgebrochen waren und wie ihre angespannte Zuversicht nach und nach in Verzweiflung umschlug. »Was denkst du über unsere Arbeit?«, hatte Mirna mich zum Abschied gefragt. Mir war keine Antwort eingefallen. Erst als ich im Zug sitze und langsam wieder einen klaren Gedanken fassen kann, denke ich: Niemand sollte so etwas tun müssen.

Ich verspüre ein dringendes Bedürfnis, mich zu betäuben, wenigstens ein klitzekleines bisschen. Ich will mich nicht schlimm betrinken, das wäre unklug, denn ich bin allein unterwegs und muss nachher noch in der Lage sein, meine Unterkunft zu finden – bei Nacht, in einer mir unbekannten Siedlung in den Bergen der Sierra Madre Occidental, ohne Internet und Straßenkarten, zu Fuß und mit schwerem Gepäck. Aber noch ist es hell. Die Zugfahrt wird ein paar Stunden dauern. Und im Moment möchte ich gern eine weiche, besänftigende Decke aus Alkohol zwischen mich und die Außenwelt ziehen.

In diesem Luxuszug gibt es Service am Platz, also bestelle ich ein Bier. Harmlos eigentlich. Aber der Kellner schaut skeptisch. Eine allein reisende Frau, erkennbar nicht aus der Gegend, die nachmittags Alkohol bestellt? Unmöglich, sagt sein Blick. »*¿La Señora desea algo más?*«, erkundigt er sich ausgesucht höflich, als er mir das Getränk bringt. »Wünscht die Dame noch etwas?«

Ich verneine und bedanke mich ebenso betont höflich, um ihm zu signalisieren, dass alles in Ordnung ist mit mir. In Wahrheit aber fühle ich mich ziemlich fehl am Platz. Wie im falschen Film. Ich blicke aus dem Fenster auf die triste Landschaft. Um mich herum elegantes Interieur, beflissenes Personal, entspannte, fröhliche Gäste. Es sind vor allem Familien mit Kindern, die ihren Ausflug ganz offensichtlich genießen. Warum auch nicht? Wir befinden uns im El Chepe Express, einem Luxuszug, der eine Fahrt durch grandiose Landschaften verspricht: wilde Berge, malerische Täler, schroffe Schluchten.

Die Strecke führt von Los Mochis aus mitten durch den Gebirgszug der Sierra Madre Occidental, es ist eine spektakuläre Route, und noch dazu bietet dieser Zug seinen Passagieren alle möglichen Annehmlichkeiten. Außer dem Service am Platz gibt es eine Bar mit bodentiefen Fenstern, ein dreigängiges Abendessen mit Delikatessen aus der Region, serviert im Speisewagen mit verglastem Panoramadach, damit den Gästen auch bei Tisch nichts von der Aussicht entgeht.

Eine Kellnerin kommt an meinen Platz und erkundigt sich, ebenfalls vollendet höflich, nach meinen Wünschen für das Abendessen. Welches Menü ich denn zu speisen wünsche? Und um welche Uhrzeit sie einen Tisch im Speisewagen für mich reservieren dürfe? »*Muchas gracias, Señora*.«

Ihre perfekten Umgangsformen und die Eleganz um mich herum verstärken meine Beklemmung nur noch. Das hier scheint nicht richtig, sondern absurd, unwirklich. Ein merkwürdiger Traum. Draußen graben Mütter nach ihren verschwundenen Kindern, und hier drinnen lassen wir uns unbeschwert umsorgen?

»So ist Mexiko«, schreibt mir eine Freundin später, als ich wieder Mobilfunkempfang habe und ihr mein Unbehagen schildere. »Surreal. Manchmal können nicht einmal wir Mexikaner das verstehen. Diese krassen Gegensätze. Aus welchem Stoff sind wir gemacht, dass wir uns daran gewöhnt haben, so zu leben?« Sie klingt traurig und resigniert.

Ich suche nach einer Erklärung: »Vielleicht müssen Menschen manchmal die Augen vor der Gewalt verschließen und sie verdrängen, um nicht verrückt zu werden«, schreibe ich.

»Du hast recht«, antwortet sie. »Wir müssen uns diese Parallelwelt schaffen, um den Horror zu überleben.«

Was sie gesagt hat, stimmt. Krasse Gegensätze wie der zwischen dem Luxuszug und den verzweifelten Müttern sind typisch für Mexiko. Das Land ist wunderschön. Es hat strahlend weiße Strände, leuchtend blaues Meer, tropische Wälder und unzugängliche Berge. Es ist kulturell so vielfältig wie kaum ein anderes Land Lateinamerikas. Viele der uralten indigenen Sprachen und Traditionen sind noch sehr lebendig. Die zeitgenössischen Künstler Mexikos – Malerinnen, Musiker, Schriftsteller, Schauspielerinnen, Regisseure – sorgen international für Aufsehen. Das ist die eine Seite Mexikos, die bunte, vielfältige, kreative, friedliche Seite.

Die andere Seite Mexikos aber ist brutal. Brutal arm, brutal gewalttätig. Die meisten Gewaltverbrechen im Land bleiben ungesühnt. Mord wird praktisch nicht bestraft. Nur ein Bruchteil der Tötungsdelikte wird überhaupt bei der Polizei angezeigt. Weil viele Behörden korrupt sind, wird häufig nicht ernsthaft ermittelt, und so kommen die allermeisten Täter ohne Strafe davon. So wird die Gewalt alltäglich – ganz normal, eine Sache, mit der zig Millionen unbeteiligte Menschen zurechtkommen müssen, so gut es eben geht. Hunderttausende sind in den vergangenen Jahren im Drogenkrieg umgekommen. Gegen die organisierten Banden sind zum Zeitpunkt meiner Reise zigtausend Soldaten im Einsatz. Zigtausend Menschen wurden ermordet oder aus ihren Dörfern vertrieben und zigtausend sind spurlos verschwunden. So wie die Kinder der Mütter von Los Mochis.

Ich denke an Mirna, Reyna, Lizbeth und Dulcina, während ich mein Bier trinke und aus dem Zug nach draußen schaue. Wir rollen durch eine karge Landschaft. Verdorrte Erde, störrisches Gestrüpp, auf dem Boden salziger, weißer Staub, ein paar trotzige Bäume. Fußgänger kommen uns entlang der Schienen entgegen. Die Landschaft an den Gleisen sieht aus wie das Terrain, das die Mütter heute abgesucht haben.

Inzwischen bin ich schon seit ein paar Wochen in Mexiko unterwegs. Ich habe seine paradiesischen Seiten und seine Vielfalt bewundert. Ich habe große Gastfreundschaft und Solidarität erlebt, aber auch die Armut gesehen und die Spuren der Gewalt. Ich bin weit davon entfernt, Mexikos Widersprüche zu verstehen. Meist kamen sich die Gegensätze nicht so nah wie hier in Sinaloa, aber sie waren immer da.

Was das Leben mit derart krassen Gegensätzen aus den Menschen macht, hat der mexikanische Regisseur Guillermo del Toro sehr treffend in Worte gefasst. Man kennt ihn unter anderem wegen seines Films *The Shape of Water*. In seinen Filmen erzählt Del Toro auf märchenhafte Weise vom Bösen im Menschen und zugleich von Liebe und Zärtlichkeit.

Als Del Toro in den USA für *The Shape of Water* mit dem Golden Globe ausgezeichnet wurde, fragte ihn eine Journalistin, warum ihm die Balance zwischen Horror und Freude in seinen Filmen so gut gelinge.

»Weil ich Mexikaner bin«, antwortete der Regisseur schlicht. »Niemand liebt das Leben mehr als wir, weil für uns der Tod so präsent ist.« Und weiter: »Also werden wir leben, die Schönheit genießen, lieben und frei sein. Vom Licht zu erzählen, ohne die Dunkelheit beiseite zu schieben – das ist die Realität.« Seine Antwort machte ihn für ein paar Stunden zum wohl meistzitierten und -bejubelten Mexikaner in den sozialen Netzwerken.

Ich hatte mir vorgenommen, auf meiner Reise nach den schönen Geschichten zu suchen, um sie zu erzählen – und dabei die anderen nicht zu übersehen, so wie Del Toro.

Aufbruch

Ich war schon früher einige Male in Mexiko, 2004 und 2005. Ich arbeitete in Puebla und lebte bei mexikanischen Familien. Die Tage begannen früh, alle hatten viel zu tun. Daneben blieb wenig Zeit, das Land zu erkunden.

Meine Gastgeber kümmerten sich rührend um mich. Sie selbst gingen selten aus, und wenn ich das Haus verließ, warnten sie mich jedes Mal, vorsichtig zu sein. Sonderlich ernst nahm ich ihre Mahnungen damals nie, und mir passierte auch nie etwas. Der Drogenkrieg eskalierte erst später. 2006 war das Jahr, in dem der frisch gewählte Präsident Felipe Calderón Soldaten gegen die organisierten Banden auf die Straßen schickte. Seither hat die Gewalt in Mexiko ständig zugenommen.

Die Menschen, denen ich damals begegnete, bekochten mich, damit ich mexikanisches Essen kennenlernte, sie tranken mit mir Tequila und Mezcal, sie nahmen mich mit zu Familienbesuchen und luden mich zu Geburtstags- und Hochzeitsfeiern ein. Mit ihnen kletterte ich in Teotihuacán auf aztekische Pyramiden und hörte in Mexiko-Stadt die Sänger von Mariachi-Kapellen ihre theatralischen Liebesschwüre schmettern. Ich aß mit Chilipulver überzogene Mango in Veracruz und in Puebla Huhn mit Mole Poblano, einer Soße aus Bitterschokolade, Chili, Koriander und ungefähr zwei Dutzend anderen Gewürzen und Zutaten. Ich bewunderte die Kunst der Silberschmiede von Taxco. In Oaxaca probierte ich im Fass gereiften Mezcal und sah auf einer Hochzeit fröhliche Männer mit einem betrunkenen Truthahn tanzen, während ihre Frauen, Blumengestecke auf dem Kopf, sich im Kreis um sie drehten. Ich schnappte mir ebenfalls Blumen aus der Tischdeko und drehte mich mit ihnen. Alles andere wäre unhöflich gewesen. Und außerdem machte es sehr viel Spaß.

Zu den Maya kam ich nie. Yucatán liegt zu weit von Puebla entfernt und der Norden ebenso. So nahm ich meine Neugier, mehr von Mexiko kennenzulernen, mit nach Hause.

Doch in den Jahren danach fragte ich mich immer wieder, wie sehr sich Mexiko seit meinen ersten Aufenthalten wohl verändert hat. In den Nachrichten hörte ich von der Gewalt und sah die Bilder – zumindest jene, die als sendefähig eingestuft wurden.

Ist Mexiko tatsächlich so gefährlich geworden? Wie lebten die Menschen damit? Irgendwann beschließe ich, mir selbst ein Bild zu machen. Ich reise trotz aller Warnungen. Ein Sicherheitsexperte gibt mir den gut gemeinten Tipp, fremden Menschen unterwegs nichts von meinen Plänen zu erzählen und Unbekannten keinesfalls zu vertrauen. Ich kann seinem Rat schlecht folgen. Ich will das Land ja entdecken. Wenn ich mich abschotte, wird das nicht funktionieren.

Tatsächlich erlebe ich unterwegs eine wunderbare Zeit. Das liegt vor allem an den Menschen, die ich treffe. Sie heißen mich willkommen, schenken mir ihr Vertrauen, nehmen mich mit in ihren Alltag, zeigen mir ihre Lieblingsorte, erzählen mir von ihren Träumen und Hoffnungen. Von ihnen handelt dieses Buch.

Dieses Mal beginne ich meine Entdeckungsreise dort, wo so viele Gäste Mexiko besuchen: in Yucatán.

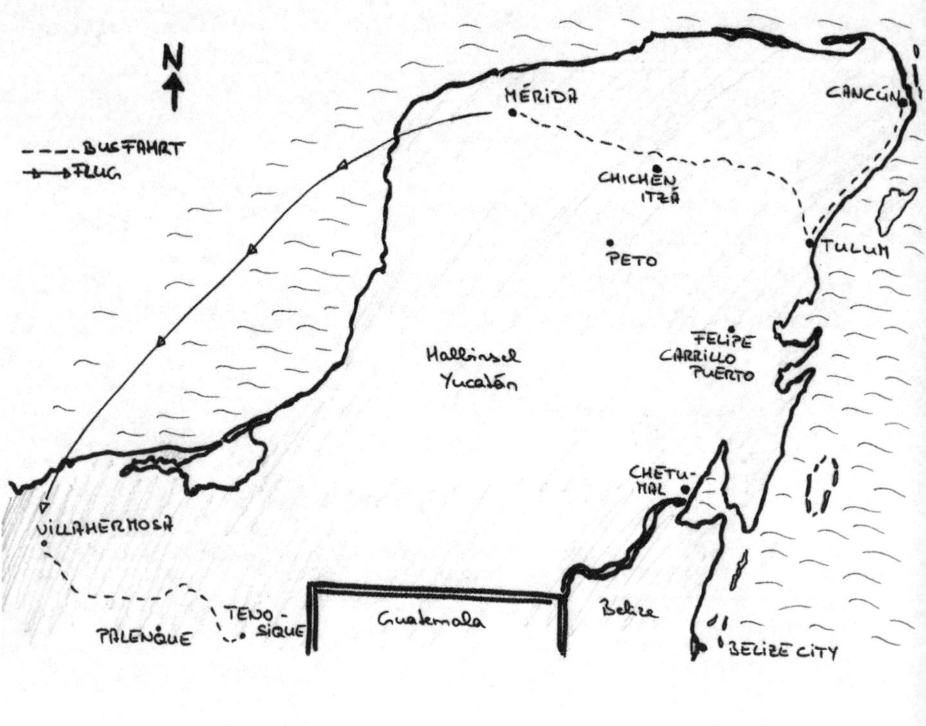

N
BUSFAHRT
FLUG
MÉRIDA
CANCÚN
CHICHÉN ITZÁ
PETO
TULUM
FELIPE CARRILLO PUERTO
Halbinsel Yucatán
CHETUMAL
VILLAHERMOSA
TENOSIQUE
PALENQUE
Guatemala
Belize
BELIZE CITY

Kapitel 1

Yucatán: Land der Maya

Cancún

Das Flugzeug durchstößt die Wolken, und für einen winzigen Moment tut sich vor uns ein perfekter Regenbogen auf: fast kreisrund, die Streifen rot, orange, gelb, grün, blau, indigo und violett leuchtend. Über ihm spannt sich, gespiegelt im Regen, sein blasserer Zwilling. Elegant und farbenfroh scheinen die beiden Bögen der eigenen Vergänglichkeit zu trotzen. Ich bin hingerissen. Wie schön! Das Leuchten ist für mich ein gutes Omen.

Unter uns liegt eine knubbelig grüne Landschaft, wie Brokkoli sehen die Pflanzen von oben aus. Ist es Wald, sind es Büsche? Dazwischen ein paar helle Streifen. Rodungen vielleicht, oder Straßen? Bevor ich genauer hinsehen kann, legt sich das Flugzeug in eine Kurve. Schon stecken wir wieder in dunkelgrauen Regenwolken. Wenige Augenblicke später spüre ich, wie ein Ruck durch die Maschine geht. Wir sind in Cancún gelandet. Die Regenbogen sind verschwunden.

Draußen hat der Regen anscheinend gerade aufgehört, nur der Asphalt der Landebahn glänzt noch feucht. Doch als ich wenig später aus dem Flughafengebäude trete, geht schon der nächste Guss nieder. Das ist merkwürdig, denn es ist Mai, eigentlich sollte die Regenzeit noch nicht begonnen haben. Am nächsten Tag werden die Zeitungen dennoch von Überschwemmungen in Cancún berichten.

Der Taxifahrer, der mich zu meiner Unterkunft bringt, scheint nicht so recht zu wissen, was er von mir halten soll. Was macht eine allein reisende Frau außerhalb der Hochsaison in diesem Ferienort? »Willkommen«, sagt er, »wie geht's? Wie war die Anreise?« Ein wenig Smalltalk, um gleich danach zu fragen, wo denn meine Familie ist. Mein Mann? Meine Kinder?

Das fängt ja gut an. Derlei indiskrete Fragen werden mir in den kommenden Wochen noch häufiger gestellt. Ich merke, als Frau allein zu verreisen, ist hier eher nicht so üblich. Und Vorsicht! Macht man dazu noch den Fehler, zuzugeben, dass man keine Kinder hat, so wie ich, zieht das leicht ungebetene medizinische Ratschläge nach sich. In Guadalajara empfiehlt mir ein anderer Taxifahrer ein paar Wochen später den besten Arzt Mexikos für Reproduktionsmedizin. Sein Sohn habe mit ihm die allerbesten Erfahrungen gemacht, erzählt er, und breitet dessen ganze Odyssee vor mir aus, ohne irgendwelche Rücksicht auf private Details. Dem Sohn müssen die Ohren klingen. Seinem Vater ist vermutlich an der Geschichte nur wichtig, dass sie gut ausgeht. Heute ist sein Sohn stolzer Vater, sagt er – und ich könnte mir vorstellen, dass er auch ganz schön erleichtert darüber ist, keine väterlichen Ratschläge zur Familienplanung mehr ertragen zu müssen.

In Cancún aber verschont mich der Taxifahrer glücklicherweise mit weiteren Familienthemen. Ich erkundige mich, wie die Stadt so sei. Ganz in Ordnung, meint er, solange man einen Job hat. Er selbst kommt aus dem ärmeren Süden Mexikos und ist wegen der Arbeit hierhergekommen. Cancún sei auch sicherer als andere Orte im Land. »Niemand in dieser Stadt ist von hier«, sagt er. »Alle kommen sie hierher, um zu arbeiten.«

Tatsächlich kann es in Cancún gar nicht viele Einheimische geben. Es ist eine Retortenstadt, erbaut an der Karibikküste ausschließlich zum Vergnügen der Touristen. Bis vor ein paar Jahrzehnten gab es hier nur Fische und Meeresschildkröten, ein paar Fischerdörfer, Dschungel, Mangroven, Strand – und eine ungefähr 20 Kilometer lange Sandbank, die zwei Lagunen vom Meer trennt. Vielleicht bestimmte ein Computerprogramm deshalb den Ort zum idealen Urlaubsziel. Innerhalb kürzester Zeit ließ die mexikanische Regierung daraufhin Cancún aus dem Boden stampfen.

Heute ist die Sandbank vor der Küste voller Hotels, die ihren Gästen in einer außergewöhnlichen Lage All-inclusive-Urlaub anbieten. Die Strände sind immer noch besonders schön. Kreuzfahrtschiffe legen an, und Studenten aus den USA feiern in den Semesterferien exzessive Partys. Cancún boomt. Hotels und Supermärkte suchen Arbeitskräfte. Gerade wird ein ganzes Hotelviertel hochgezogen, erzählt der Taxifahrer.

Für mich ist die Stadt nur der Ausgangspunkt, um Mexiko zu erkunden. Ich will das Land einmal durchkreuzen, von Ost nach West, von Süd nach Nord. In zwei Monaten will ich in Tijuana sein. Von meiner Route dorthin habe ich eine ungefähre Vorstellung, in Cancún werde ich nur einen Tag lang bleiben.

Ich nutze ihn, um in der Stadt nach den Spuren der Maya zu suchen – immerhin wird der Küstenstreifen hier als Riviera Maya vermarktet. Aber was findet man in Cancún noch von der alten Kultur?

Viel entdecke ich nicht. Vor den Reisebüros und Hotels hängen Plakate, die für Ausflüge zu den alten Ruinenstätten werben. Maya-Glyphen ersetzen an manchen Wänden die sonst üblichen arabischen Ziffern. An den Kiosken hängt die Tageszeitung La Jornada, die hier teilweise auf Maya erscheint. Später erfahre ich, dass die in Yucatán gebräuchliche Variante des Maya von rund 800 000 Menschen gesprochen wird, Tendenz steigend.

Zwischen den Luxushotels auf der Sandbank, ein wenig versteckt in einem Park, befindet sich ein kleines Museum, das die Geschichte der Maya erzählt. Neugierig gehe ich hinein. Und erfahre, dass die ersten Maya aus Mittelamerika nach Mexiko gekommen sind und hier in Höhlen gelebt haben, viele Jahre bevor sie ihre prachtvollen Pyramiden- und Tempelstädte bauten. Im Museum sind ihre ersten Werkzeuge, Steinpfeile, Äxte und Messer zu sehen. Später kamen fein gearbeitete Schmuckstücke aus Jade dazu.

Mich ziehen vor allem die *portaincensarios* in ihren Bann, tragbare Räuchergefäße aus Keramik. Es sind wahre Kunstwerke, die entstanden, als sich die Blütezeit der alten Hochkultur schon ihrem Ende entgegenneigte. Die *portaincensarios* im Museum haben die Form kleiner Säulen und sind mit aufwendigen Reliefs geschmückt. Obenauf sitzen Schalen, in denen die Maya bei ihren Ritualen Rauchharz verbrannten. Eines der Rauchgefäße kommt aus Palenque und ist rund 1400 Jahre alt. Seine Vorderseite bedeckt die Darstellung eines geschmückten Gesichts, vermutlich eines Priesters, umgeben von aggressiv aussehenden Vögeln. Gemeinsam ergeben sie ein angsteinflößendes Mischwesen aus Mensch und Tier.

Mir scheint dieses Gefäß in seiner Pracht ein treffendes Symbol für die Macht der alten Hochkultur zu sein. Der Einfluss der Maya reichte weit. Während ihrer Blütezeit trieben sie Handel bis nach Teotihuacán, nördlich vom heutigen Mexiko-Stadt, mehr als 1600 Kilometer von Cancún entfernt. In dieser Zeit gab es mehrere Maya-

Reiche, die sich untereinander bekämpften, einander ablösten, ihre Macht durch Krieg erlangten und sie wieder verloren. Während eine Stadt unterging, stieg die nächste auf. Ihre Herrscher beriefen sich auf einen göttlichen Auftrag, um ihre Macht nach innen zu legitimieren. Nach außen taten sie das durch Krieg.

Als die Spanier im Jahr 1528 die Halbinsel Yucatán zu erobern begannen, war die Glanzzeit der Maya bereits vorbei. Aber es gab sie noch, und sie wehrten sich gegen die Eroberer. Im Grunde genommen tun sie das bis heute.

Die Maya-Siedlung auf der Sandbank von Cancún muss vergleichsweise unbedeutend gewesen sein. Sie erstreckte sich etwa zwei Kilometer weit nach Süden; Dünen schützten sie vor dem Wind und den Wellen des Atlantiks. Im Park neben dem Museum spaziere ich zu dem, was von ihr übrig geblieben ist: Grundmauern, kunstvoll aus ungleich großen grau-weißen Steinen zusammengefügt, ein paar schlichte Stelen und eine kleine stufenförmige Pyramide.

Der Weg dorthin führt durch einen dichten Wald aus hohen Bäumen mit mächtigen Wurzeln. Ceibas, vermute ich, aber ganz sicher bin ich nicht. Ceibas, auch Kapokbäume genannt, würden zum Ort passen, denn sie gelten den Maya als heilig. Die Bäume im Park sind ziemlich eindrucksvoll, mit brettartigen Wurzeln, die einander umschlingen und aus deren Windungen die Bäume gen Himmel streben. Hoch oben sitzen die Kronen. In den Ästen keckern Vögel, Lianen hängen herab, Fächerpalmen breiten ihre Blätter aus. Am Boden streiten sich ein paar schwarzgraubraune Vögel mit auffällig spitzen Schnäbeln um gärende Früchte im Gras. Obwohl der Wald so dicht ist, lässt er doch ein wenig Sonnenlicht durch. Überall glitzern Regentropfen.

Plötzlich bleiben vor mir ein paar Leute stehen, um einen Baum zu fotografieren. Ein Teil des Stammes bewegt sich – und entpuppt sich als eine grüngrau geschuppte, perfekt getarnte Iguana mit stachligem Rücken. Inklusive Schwanz ist das Tier so lang wie mein Arm. Träge beäugt es uns. Offenbar haben wir es beim Fressen gestört, denn es hält etwas im Maul. Dann kriecht es langsam davon, immer weiter nach oben, bis es zwischen den Blättern verschwindet.

Draußen vor dem Museum ist es schnell vorbei mit der Ruhe. Aus einem Hotel nebenan dröhnt Partymusik, dabei ist es kaum Mittag. Abgase wehen herüber. Die Straße vor dem Park ist der einzige Fahrweg, der die Hotels entlang der Sandbank miteinander, mit dem Stadtzentrum Cancúns und dem Flughafen verbindet. Hier müssen alle entlang, Hotelangestellte wie Touristen. Entsprechend dicht ist der Verkehr.

Am Abend schlendere ich noch ein wenig durchs Stadtzentrum. Die Fußgängerzone ist voll von Menschen, die Geschäfte scheinen gut zu laufen. Auf einem Platz, an dem Imbissstände Tacos feilbieten und ein Alleinunterhalter Folklore auf dem Keyboard dudelt, treffen sich Familien zum Abendessen. Alles wirkt fröhlich und entspannt.

Aber nur ein paar Schritte weiter hockt eine schwarz gekleidete Gestalt auf dem Boden, den Kopf in den Armen vergraben; das Gesicht ist kaum zu sehen. Vor ihr steht ein Schild: »Ich bin aus Kuba und suche politisches Asyl«. Der Mann ist einer der vielen Menschen, die auf der Flucht vor Armut und Gewalt oder einfach auf der Suche nach einer Zukunft für sich und ihre Familien nach Mexiko kommen. Er hält den Kopf gesenkt, hebt ihn auch dann nicht, als ich ein paar Münzen vor ihm auf den Boden lege. Es sieht aus, als hätte er aufgegeben.

Tulum

Am nächsten Morgen breche ich auf nach Tulum. Dicke Wolken hängen am Himmel. Der Regen ist zurück und taucht Cancún in tristes Grau. Der Kleinbus schleicht im zähen Berufsverkehr vorbei an Hotels, Supermärkten und einem Casino. Ein paar einsame Bäume biegen sich im Wind. Sie sehen aus, als hätte sie jemand zu Dekorationszwecken hier aufgestellt, aber heute kommen sie gegen das Grau nicht an.

Vor der Stadt wird die Landschaft ein wenig grüner. Wir fahren vorbei an Bäumen, Büschen, wuchernden Schlingpflanzen – und Tankstellen, Schnellrestaurants, Autovermietungen. Dazwischen öffnen sich Einfahrten zu offenbar luxuriösen Ferienresorts, an denen Schilder für Schnorchelplätze, Strände und Bootsausflüge werben. Hinter dem Grün ist die Küste anscheinend völlig zugebaut.

Je weiter wir nach Süden kommen, desto schwerer und dichter fällt der Regen. Das Wasser legt sich wie ein Schleier vor die Autofenster, auf der Straße stehen Pfützen. Dabei dient unser Bus auch als Shuttleservice zu den Stränden. Ein paar Mal hält er unterwegs, und die Leute, die aussteigen, haben tatsächlich nur Strandsachen dabei. Bei diesem Wetter werden sie hier keine Freude haben.

Als der Bus Tulum erreicht, regnet es immer noch. Aber das Glück bleibt mir treu. Kaum bin ich angekommen, hört der Regen auf.

Vor vielen, vielen Jahren muss Tulum ein kleiner, beschaulicher Ferienort im Schatten von Cancún und den berühmteren Maya-Stätten wie etwa Chichen Itzá gewesen sein. Dann wurde es zur Partydestination des US-Jetsets und zum Ziel für Junggesellenabschiede. Heute leidet auch dieser Ort unter dem Massentourismus, mit all seinen ökologischen Folgen. Die Müllkippen quellen über, die Brühe aus den Abfallhalden fließt ins Grundwasser.

Mich wundert es nicht, dass so viele Besucher kommen, denn die Maya-Ruinen von Tulum befinden sich an einem ausnehmend schönen Ort. Der Fußweg dorthin, ein paar hundert Meter lang, führt an einem Wald vorbei. Tiefschwarze Vögel mit strahlend türkisfarbenen Flügeln beobachten die Passanten ohne Scheu. Sie lassen sich sogar fotografieren. Es sind Yucatanblauraben, wie ich später herausfinde. Sogar die Raben tragen hier in den Tropen intensive Farben.

Auf einem Felsen über dem karibischen Meer sehe ich dann die Tempel. Eigentlich sollte das Wasser hier hellblau leuchten, denke ich, zumindest tut es das auf Fotos. Aber heute bläst ein wilder Wind. Über der archäologischen Stätte hängen dichte Wolken, die sich im Meer spiegeln, dessen Farbe zwischen Jadegrün, Dunkelblau und Stahlgrau changiert. Die Wellen tragen weiße Schaumkronen. Ich mag dieses windumtoste Tulum sofort.

Zwischen den Ruinen schlendern Menschen umher, betrachten die Schautafeln, machen Selfies, fotografieren Tempelreste, Iguanas, Meer und Bäume und lassen sich vom Wind durchpusten. Am Fuß der Felsen liegt ein weißer, feiner Sandstrand. Man kann dort baden und nachts sollen an diesem Strand glamouröse Partys steigen. Mich aber interessiert der Strand im Moment gar nicht. Zu schön ist der Blick von den Ruinen aufs Meer.

In seiner Blütezeit war das alte Tulum ein Handelszentrum zwischen Meer und Hinterland. Die Bewohner der Stadt lebten vom Fischfang, gingen auf die Jagd und bauten Mais, Chili, Kürbis, Bohnen und Tomaten an. Sie müssen geschickte Bootsfahrer gewesen sein. Zwar wagten sie sich nicht hinaus aufs offene Meer, aber mit ihren Kanus transportierten sie an der Küste entlang Honig, Salz, Baumwolle, Obsidianmesser und Jadeschmuck. Ihre Handelsrouten auf See reichten im Süden bis nach Mittelamerika, und im Westen bis nach Ciudad del Carmen. Wer von den Felsen Tulums aufs Meer blickt, kann sich gut vorstellen, wie die Boote der Händler einander vor der Stadt begegneten.

Tulu'um bedeutet in der Sprache der Maya von Yucatán angeblich Mauer, und tatsächlich ist der Zeremonialbereich der Stadt immer noch von Mauerresten umgeben. Innerhalb des Walls lebten die Bessergestellten. Die einfachen Bauern und Arbeiter bauten draußen ihre Hütten. Einst soll die Mauer bis zu fünf Meter hoch gewesen sein. Ob sie auch der Verteidigung diente, ist nicht ganz klar. Die ursprünglichen Bewohner der Stadt nannten sie aber nicht Tulum, sondern *zama*, Sonnenaufgang, denn weil Tulum so weit im Osten liegt, treffen die Sonnenstrahlen hier morgens früher aufs Land als anderswo.

Viele der Tempel von Tulum waren aufwendig bemalt und mit Stuck verziert. Die Reliefs zeigten Masken, Götter und Priester. Die Farben – Rot, Schwarz, Grün und Blau – gewannen die Künstler aus Pflanzen, Erde und Mineralien. Heute sind davon nur blasse Reste auf grauem Stein übriggeblieben.

Mein Lieblingsort ist der Tempel des Windgottes Kukulkán, der gefiederten Schlange. Er befindet sich an einer besonders exponierten Stelle am Ende der Bucht, hoch auf einem Felsen über dem Meer, dort, wo es heute besonders heftig stürmt. Ich finde, es ist ein sehr passender Platz für einen Windgott. Kukulkán bewohnt ein eher schlichtes zweistöckiges Bauwerk, nur mit etwas Stuck an den Außenwänden. Die obere Etage sitzt wie eine Treppenstufe auf der unteren. Es gibt prächtigere Gebäude in Tulum, doch Kukulkán hat den schönsten Blick aufs Meer.

Krieg der Kasten

Den Höhepunkt seiner Macht, lese ich auf einer Schautafel, erreichte Tulum nach dem Fall von Chichen Itzá, etwa um 1450 nach Christus. Knapp 70 Jahre später, 1518, tauchte das erste Schiff der Spanier am Horizont auf. Ein paar Jahrzehnte später hatten die Kolonialherren die Halbinsel Yucatán besetzt. Die Stadt Tulum eroberten sie 1544.

Was dann folgte, war laut Schautafeln eine *fusión cultural*, eine kulturelle Fusion. Das klingt ziemlich harmonisch, doch die Unterworfenen würden dieser Wortwahl ganz sicher nicht zustimmen. Denn die Maya wehrten sich gegen ihre Unterdrücker, und auch Tulum war ein Schauplatz ihrer Kämpfe. Noch im Jahr 1847, fast dreihundert Jahre, nachdem die Spanier in Yucatán an Land gegangen waren, erhoben sich die Maya gegen die Landbesitzer der herrschenden Klasse, weil diese immer mehr Boden für ihre Sisal- und Zuckerrohrplantagen beanspruchten. Ein Krieg begann, der Krieg der Kasten. Er dauerte länger als fünfzig Jahre.

Das Zentrum der Aufständischen in diesem Krieg war die Stadt Chan Santa Cruz, nicht weit von Tulum, die heute Felipe Carrillo Puerto heißt. Der Name wird mir später noch begegnen. *Chan Santa Cruz* bedeutet auf Maya »kleines heiliges Kreuz«, und tatsächlich gab es in der Stadt ein Kreuz, das von den Maya als Orakel genutzt wurde. Ein Bauchredner soll so getan haben, als würde das Kreuz zu den Kriegern sprechen. Auf diese Weise habe er sie motiviert, ihren Kampf nicht aufzugeben. In einem der Tempel von Tulum stand ein ähnliches Kreuz. Als Chan Santa Cruz fiel, fanden die Aufständischen dort Unterschlupf.

Auf dem Rückweg von den Ruinen nach Tulum-Stadt komme ich an ein paar Bäumen mit merkwürdigen Stämmen vorbei. Sie wirken angeschwollen, so wie bauchige Flaschen, und sind mit Stacheln gespickt. Ceibas, erklärt ein Führer gerade einer Touristengruppe, als ich vorbeigehe. Gemäß der Mythologie der Maya steht eine große Ceiba genau im Zentrum der Erde. Sie ist die Achse der Welt, so groß, dass ihre Wurzeln bis tief in die Unterwelt hinabreichen und die vier Himmelsrichtungen auf ihrer Krone aufsitzen. Somit verbindet die Ceiba Himmel, Erde und Unterwelt – die drei Bestandteile des Universums. Sie hält alles zusammen.

Weil die Ceiba erst sehr weit oben eine Krone ausbildet, erinnert ihre Gestalt an ein hohes Kreuz. Vermutlich besaß das Kreuz der Aufständischen im Krieg der Kasten deshalb eine so große Kraft, sie zum Kampf zu motivieren. Und vielleicht haben sich die grünen Kreuze der Maya deshalb bis heute gehalten. Sie werden mir auf meiner Reise durch Mexikos Süden, zwischen Yucatán und Chiapas, immer wieder begegnen.

Hier in Yucatán ist die mythische Unterwelt, bis zu der die Wurzeln der Ceiba reichen, übrigens gar nicht so weit weg. Die ganze Halbinsel besteht aus Kalkstein, der so porös ist, dass praktisch aller Regen versickert. Oberirdische Flüsse gibt es im Norden Yucatáns deshalb keine. Die Gewässer sind unterirdisch – sie versorgen die tropischen Wälder hier mit Feuchtigkeit. Wo die Decken der unterirdischen Höhlen eingestürzt sind, entstanden Löcher im Kalkstein, die man man Cenotes nennt. Ihre Zahl geht in die Tausende. Über sie versorgten sich die Menschen in alten Zeiten mit Trinkwasser. Für die Maya waren sie der Eingang zur Unterwelt.

Nach Mérida

Tags darauf breche ich auf nach Mérida. Dort bin ich mit Yazmín Novelo verabredet, Kulturwissenschaftlerin, Radiosprecherin, Sängerin – und vor allem: Maya. Mit ihr will ich darüber sprechen, wie es ist, heutzutage Maya zu sein.

Die Busfahrt von Tulum nach Mérida dauert ein paar Stunden. Kurz vor dem Ziel geraten wir in eine Kontrolle. Migrationspolizisten steigen ein und überprüfen unsere Ausweise, einen Passagier nehmen sie mit. Durchs Fenster kann ich sehen, wie er sein Gepäck aus dem Bus lädt; die Polizisten stehen daneben und schauen zu. Wir fahren ohne ihn weiter. Ich muss an den Mann denken, der in Cancún als Asylsuchender um Almosen bettelte. Ob seine Papiere in Ordnung sind? Vermutlich eher nicht.

Mérida gilt als Tor zum Land der Maya. Ihr Territorium erstreckt sich von hier aus in Richtung Süden, bis über die Grenze nach Guatemala, Belize, Honduras; in Mexiko reicht es bis in den Bundesstaat Chiapas im Westen. Selbst wer noch nicht in der Gegend war, kennt die Fotos: Strände, Urwälder, Kolonialstädte – und die alten Tempel der Maya. Heute sind die meisten von ihnen Ruinen. Aber wer sie besucht, begreift, wie mächtig dieses Volk einst war.

Wie leben die Maya heute? Darüber hatte ich vor meiner Reise mit Genner Llanes Ortiz gesprochen. Er ist ebenfalls Maya und arbeitet als Sozialanthropologe an der Uni Leiden in den Niederlanden. Wir haben lange telefoniert. Genner sagte mir: Die große Herausforderung für die Maya sei es heutzutage, die alte Kultur zu bewahren, ohne sich der Moderne zu verweigern. Dann vermittelte er mir den Kontakt zu Yazmín.

Yazmín

Ich muss mich beeilen, um den Treffpunkt zu finden, zu dem Yazmín mich bestellt hat: einen Platz neben einer Kirche etwas südlich vom Stadtzentrum. Aber wo ist Süden? Ich war schon immer schlecht darin, mich zu orientieren. Dass die Straßen von Mérida rechtwinklig angelegt sind wie auf einem Schachbrett und deshalb für mich alle ähnlich aussehen, macht es nicht einfacher. Als ich endlich ankomme, wartet Yazmín schon, und mit ihr wartet ihre Mutter. Noch während Yazmín uns bekanntmacht, ruft sie einen Fahrer ihres Vertrauens an. Ihre Musiker sind schon dort, wo wir hinwollen.

Yazmín verliert keine Zeit. »Ich muss euch warnen, ich werde gleich komische Geräusche machen«, sagt sie, während wir nach Süden aus der Stadt fahren, »bitte lasst euch davon nicht stören.« Und schon singt sie erste Aufwärmübungen. Der Fahrer tut, als fände er es ganz normal, eine merkwürdig singende Frau auf dem Beifahrersitz zu haben. Im Vorort Dzununcan setzt er uns ab.

Ich schaue mich um. Wir befinden uns auf einem kleinen, betonierten Platz mit ein paar Rasenflecken, um uns herum ein paar einstöckige, schlichte Gebäude. Es gibt ein paar Läden, ein paar Bäume, Sitzbänke aus gelb angestrichenem Beton, einen

Spielplatz und eine Polizeiwache, die ebenfalls gelb gestrichen ist. Mit dem Auto ist Dzununcan nur eine halbe Stunde von Méridas Zentrum entfernt, aber es wirkt wie ein Dorf.

Die Band baut im Schatten eines Baums schon ihre Instrumente auf. Ein paar Meter weiter basteln Kinder an Klapptischen Drachen aus dünnen Stäben und Papier. Es gab einen Spiel- und Bastelnachmittag für die Kinder des Viertels, erklärt mir Yazmín, organisiert von Freiwilligen. Der Platz sollte für alle da sein, aber er wird von den Nachbarn kaum genutzt. Dafür nehmen ihn die örtlichen Drogenkonsumenten in Beschlag. Mit dem Spielenachmittag wollen die Ehrenamtlichen und Nachbarn den Ort zurückerobern – zumindest ist das ihre Hoffnung. Yazmín und ihre Musiker wollen ihren Teil dazu beitragen.

Musik auf Maya

Dann singt Yazmín. Die Hitze des Tages hat nachgelassen, die Sonne wirft lange Schatten durch die Äste der Bäume. Kinder spielen, rennen, rufen; eines lässt seinen Drachen steigen. Über allem liegt Yazmíns klare Stimme, getragen von E-Gitarre, Bass und Percussion. Yazmín singt darüber, was es bedeutet, Maya zu sein, und sie singt in Maya, ihrer Muttersprache.

Familien schlendern heran, um die Musik zu hören, mehr Frauen als Männer, viele Jugendliche, Kinder. Eine Mutter lässt sich auf dem harten Boden nieder und nimmt ihr Baby auf den Schoß. Eine grauhaarige Frau im Rollstuhl wird von ihren Begleiterinnen ganz nach vorne geschoben. Offensichtlich will sie die Band gut sehen können. Sie lässt die Musiker nicht aus den Augen. Yazmín – klein und zierlich, im dünnen Sommerkleid, mit Federschmuck im Haar und langen gelb-roten Anhängern in den Ohren – strahlt sie an, während sie weitersingt.

Yazmín macht Musik in ihrer Freizeit. Hauptberuflich ist sie Sprach- und Kulturwissenschaftlerin. Sie hat sich auf Mesoamerika spezialisiert, den alten Kulturraum, der von Südmexiko über Guatemala, Belize, Honduras, El Salvador und Nicaragua bis nach Costa Rica reicht, und schreibt gerade an ihrer Doktorarbeit.

Doch obwohl sie nur nebenbei singt, ist die Musik für sie viel mehr als nur ein Zeitvertreib. Das Motto ihres Instagram-Accounts drückt das ziemlich gut aus: *Yo no canto por cantar, ni por tener buena voz,* steht da, Ich singe nicht einfach, um zu singen, und auch nicht, weil ich eine schöne Stimme habe. – Warum dann?

Das Instagram-Motto ist ein Zitat des chilenischen Sängers Victor Jara, der die Zeile in seinem Lied *Manifiesto* (Manifest) sang, einem seiner bekanntesten Stücke. Jaras Lieder handeln vom Alltag der Arbeiter und einfachen Leute im Chile der 60er- und 70er-Jahre. Es war eine sehr ungleiche Gesellschaft, und Jara war Kommunist. Wenige Tage nach dem chilenischen Militärputsch im September 1973 wurde er von Soldaten ermordet. Viele Musiker haben ihn seither besungen, auch prominente Bands wie The Clash und U2. Bruce Springsteen ehrte ihn bei einem Konzert am 12. September 2013 in Santiago de Chile: »Wenn du ein politischer Musiker bist«, las Springsteen damals auf Spanisch vom Blatt, »dann ist Victor Jara bis heute eine große Inspiration.« Dann sang er vor dem gebannten Publikum *Manifiesto* in gebrochenem Spanisch, mehr schlecht als recht. Aber Springsteens mangelnde Sprachkenntnisse waren an dem Abend unwichtig. Seine Geste bewegte das Publikum.

Auch für Yazmín ist Victor Jara eine Inspiration. Auch ihre Lieder tragen eine Botschaft, so wie Jaras Lieder. Yazmíns Botschaft lautet: Wir sind Maya, und wir vergessen unsere Herkunft nicht.

Ich kann kein Maya, deshalb verstehe ich fast nichts von dem, was sie singt. Aber für Leute wie mich übersetzt Yazmín eine Zeile: *Todavía hablamos con el maíz,* Wir sprechen immer noch mit dem Mais. Die Maya glauben, dass die heutigen Menschen aus Mais gemacht sind. Vor ihnen gab es Menschen aus Holz und Lehm, doch die waren fehlerhaft. Die ersten vollständigen, lebensfähigen Menschen waren aus Mais.

Yazmíns Lied heißt *Viene la Vida*, Das Leben kommt. Es erzählt von der Widerstandskraft der Maya. Nach dem Konzert wird Yazmín mir den Text übersetzen: »Schau uns an. Unsere Blume wird nicht sterben, denn der Regen kommt. Unsere Hände arbeiten in der Stadt und auch in den Dörfern. Jeden Tag erneuern wir unsere Wurzeln, um zu leben.«

Sie und ihre Band spielen auch ein Stück von Mercedes Sosa: *Cuando tenga la tierra,* Wenn mir die Erde einst gehören wird. Es ist ein Lied für die Bauern, die Lehrer, die Arbeiter; und darüber, was möglich wäre, wenn das Land ihnen gehören würde. Yazmín singt es auf Spanisch und Maya. Ich frage mich, ob die Frau im Rollstuhl Maya versteht, denn als ihre Angehörigen sie weiterschieben wollen, beharrt sie darauf, zu bleiben. Sie setzt sich durch. Alle bleiben, bis zum Schluss.

Früher habe sie auf Spanisch gesungen, erzählt mir Yazmín nach dem Konzert. »Aber ich kam mir mehr und mehr wie ein Clown vor. Wie jemand, der nur zur Unterhaltung der anderen dient.« Sehr hässlich habe sich das angefühlt. Aber auf Maya zu singen sei anders. »Mir ist klar geworden: Wenn wir unsere Sprache nicht benutzen, wird sie verschwinden. Sie braucht so viel Raum, wie sie nur kriegen kann.« Zwar hat sie nichts gegen Mehrsprachigkeit, im Gegenteil, sie mag sie sehr. »Aber warum soll ich auf Spanisch singen, wenn diese Sprache schon so stark ist?«

Yazmín ist nicht die einzige, die Musik auf Maya macht. Es gibt hier eine ganze Bewegung. Yazmín erzählt mir von Pat Boy, einem Rapper und Produzenten, der in Felipe Carrillo Puerto ein Musikkollektiv namens ADN Maya gegründet hat, Maya-DNA – also in genau der Stadt, in der sich während des Kriegs der Kasten das religiöse und politische Zentrum der Aufständischen befand.

Pat Boy gibt sein Können ehrenamtlich an die jüngeren Musiker von ADN Maya weiter, erzählt Yazmín. Ich würde ihn gerne treffen, aber er ist leider gerade nicht in der Gegend.

»Wir wissen nicht, wer wir sind«

Später beim Abendessen in einem Schnellrestaurant in der Innenstadt von Mérida frage ich Yazmín, wie es ist, heutzutage Maya zu sein. »Unser Volk ist gespalten. Wir wissen nicht einmal, wer wir sind; wir kennen unsere eigene Geschichte nicht«, antwortet sie. In der Schule zum Beispiel sei ihr immer nur mexikanische Geschichte und Kultur vermittelt worden. Man habe ihr etwa von den Helden des Bürgerkriegs erzählt, den *niños heroes*, aber nie von den Maya. »Sie haben uns nie gesagt, wer wir sind.«

Die *niños heroes* waren junge Soldaten, zwischen zwölf und zwanzig Jahren alt, die 1847 im Krieg zwischen Mexiko und den USA starben. Sie werden als Helden verehrt, denn sie sollen bis zum Tod gekämpft haben, selbst als sie schon den Befehl zum Rückzug erhalten hatten. Dass ihre Geschichte Teil des Schulunterrichts ist, wundert mich nicht. Mich erstaunt etwas anderes. Mitten in Yucatán, wo niemand die Vielzahl an archäologischen Stätten und die Errungenschaften der Maya-Hochkultur ignorieren kann, soll Yazmíns Volk in der Schule kein Thema sein?

Doch, das sind die Maya schon, sagt sie, aber nur im archäologischen Sinn. »Wir lernen die historischen Epochen: Präklassik, Klassik, Postklassik. Dann wird ein Schnitt gemacht, und es scheint, als wären die Maya plötzlich verschwunden. Als gäbe es uns seitdem nicht mehr.«

Und selbstverständlich findet die Schule auf Spanisch statt und nicht auf Maya – auch wenn die Forderungen nach Unterricht in der Muttersprache inzwischen mit mehr Nachdruck gestellt werden. Yazmín selbst hat erst mit 23 Jahren begonnen,

Maya zu sprechen. Damals habe sie sich gefragt, wer sie eigentlich sei. »Heute ist mir ganz klar: Ich bin Maya. Meine ganze Familie ist von hier. Und selbst wenn spanische Vorfahren darunter wären, könnte mir das meine Wurzeln nicht nehmen.« Sie kämpft um ihre Identität. Und sie ist entschlossen, sie sich nicht mehr nehmen zu lassen.

Was aber bedeutet es für sie, Maya zu sein? Yazmín überlegt und sucht nach den richtigen Worten. Kategorien und Konzepte, das sei doch was für Akademiker, sagt sie dann. »Das Volk erlebt das nicht so.« Aber offenbar ist sie mit der Antwort selbst nicht zufrieden, denn sie spricht weiter. »Vielleicht ist das Maya-Sein so etwas wie unser kulturelles Erbgut, auch wenn wir es gar nicht bewusst wahrnehmen, unsere DNA.« Vieles in ihrem Alltag gehe auf Maya-Traditionen zurück. Die alten Überlieferungen aus dem *Popol Vuh*, dem heiligen Buch der Maya, seien noch lebendig.

Ich bitte sie um Beispiele. »Etwa wie wir die Zeit verstehen. Eines der Lieder, das ich gerade gesungen habe, handelt davon. Für die Maya verläuft Zeit zirkulär, das heißt, die Dinge kommen und gehen, und wenn man nichts daraus lernt, wird sich alles genauso wiederholen. Das bedeutet auch: Alles hat seine Zeit. Wie in der Natur gibt es auch für die Menschen eine Zeit der Ruhe und Besinnung, in der sie Energie sammeln – und eine, in der sie sich mit frischer Kraft in neue Vorhaben stürzen. Oder nimm das Essen. Die Art, wie ich meine Tortillas zubereite. Viele Gerichte, die als typisch für Yucatán gelten, stammen von den Maya.«

Und natürlich hat das alles – wie bei Victor Jara – auch eine politische Dimension. Die Maya haben eine vollkommen andere Vorstellung davon, was Entwicklung bedeutet, als die westliche Mehrheitsgesellschaft, erklärt mir Yazmín. Für mich klingt das erst einmal sehr abstrakt. Aber für die Bewohnerinnen und Bewohner Yucatáns geht es dabei um sehr konkrete Dinge. Während ich durchs Land reise, werden hier Felder mit genveränderter Soja angelegt, und die Behörden genehmigen Großmastbetriebe für Schweine und Hühner, obwohl Anwohner und Umweltschützer protestieren. Die Kritiker befürchten, dass die Gülle so vieler Tiere das Grundwasser verseucht. Sie wollen lieber sauberes Wasser als Wirtschaftswachstum.

Yazmín sagt, selbst vermeintlich grüne Projekte seien nur an der Oberfläche umweltfreundlich. Zum Beispiel wird für die Erzeugung von erneuerbaren Energien Wald gerodet. »Das ist doch auch neoliberal. Letztlich geht es immer um den Markt.« Sie jedenfalls will sich dem herrschenden System nicht anpassen, sondern ihren eigenen Weg finden.

Auch der Tourismus, der doch von der Vermarktung der alten Maya lebt, bringt deren Nachfahren nichts außer vielleicht Arbeitsplätze, sagt sie. »Aber die sind schlecht bezahlt, wie alle anderen Arbeitsplätze auch.« Mir wird klar: Wenn Erwerbsarbeit so wenig einbringt, dann gibt es für Leute wie Yazmín auch keinen Grund, sich den Erfordernissen des Marktes zu beugen. Sie haben andere Vorstellungen. Ich will wissen, welche. »Ganz einfach«, sagt Yazmín. Ihr Großvater hat sein Land noch ohne Maschinen bestellt, und zwar nicht für den Export. »Sein Tisch war immer voll. Für *uns*. Damit *wir* zu essen hatten.«

Yazmín verwendet ihre gesamte Zeit darauf, ihre Sprache und Kultur wiederzubeleben. Sie ist Teil eines Radiokollektivs, das immer montags sendet – natürlich auf Maya. Sie macht ihre Musik – auf Maya. Und in ihrer Doktorarbeit erforscht sie, wie sich die in Yucatán gesprochene Maya-Variante, das Maya Yucateco, in ihrem Heimatdorf Peto entwickelt, abhängig von den politischen, wirtschaftlichen, sozialen und kulturellen Lebensumständen der Sprechenden.

Sie macht das alles ehrenamtlich. Als wir uns treffen, ist das Stipendium über umgerechnet rund 600 Euro, das sie eine Zeit lang über Wasser gehalten hat, gerade ausgelaufen. Jetzt hat sie keine Einkünfte mehr und sagt, sie mag gar nicht darüber nachdenken, wie sie sich weiter finanzieren soll. »Vermutlich werde ich meine Familie um Unterstützung bitten müssen.« Ich bewundere die Energie, mit der sie ihre Sache vorantreibt.

Das Angebot, an der Universität von Mérida gegen ein geringes Entgelt einen Kurs zu geben, hat sie ausgeschlagen, obwohl sie das Geld sicherlich hätte gebrauchen können. Doch die Sache der Maya hat Vorrang. »Es ist wichtig, dass wir wiederentdecken, wer wir sind«, sagt sie. »Nur wenn wir uns kennen und uns selbst schätzen, können wir entscheiden, in welche Richtung wir gehen wollen.«

In ein paar Wochen will ich Yazmín im Radiosender besuchen. Bevor wir uns für diesmal verabschieden, gibt sie mir zum Üben noch ein paar Maya-Wendungen mit auf den Weg:

Bix a beel – Wie geht's?
Ma'alob K'iin – Guten Tag
Wi'ijen – Ich habe Hunger
Uk'ajen – Ich habe Durst
Ka'ananen – Ich bin müde
Ki'imak in wóol – Ich freue mich
Diosbo'otik – Danke
Mixba'al – Keine Ursache

Aber mein Gedächtnis ist ein Sieb. Die Vokabelliste ist zwar nicht lang, jedoch als ich Yazmín ein paar Tage später wiedersehe, merke ich, dass ich fast nichts behalten habe.

Maya, Spanier, Gottheiten

In den kommenden Tagen lerne ich Mérida besser kennen – auch wenn ich immer noch Schwierigkeiten habe, mich im Schachbrettgrundriss der Straßen zu orientieren. Es ist verflixt, die Häuser ähneln sich einfach zu sehr. Zu allem Übel ist es auch noch besonders heiß und schwül, denn mittlerweile ist die Regenzeit endgültig angebrochen. Wenigstens muss ich mich nicht beeilen. So kann ich, angepasst an die Hitze, langsam meinen Weg finden.

Auf meinem Spaziergang durch die Straßen sehe ich, wie reich Mérida einst gewesen sein muss. Der Handel mit Sisal brachte der Stadt – oder besser: einigen Familien – von etwa 1870 bis 1915 großen Wohlstand. Vor allem in den USA war der Bedarf an Säcken und Seilen groß, und Yucatán lieferte. Die vielen prachtvollen Gebäude im Zentrum Méridas erinnern daran: blau, gelb und rosa gestrichen, die Fassaden reich mit Stuck verziert, ausladende Freitreppen vor den Eingängen und an den Wänden Statuen, die von ihren Nischen aus die Straßen überblicken. Manche Gebäude sind aufwendig restauriert. In anderen nisten Vögel, und die Wände stehen nur noch, weil sie von Eisenstangen gestützt werden. Neben den Türen hängen Plaketten, die anzeigen, dass auch diese Häuser unter Denkmalschutz stehen.

Am prächtigsten sind die Paläste am Paseo de Montejo. Viele der Villen dort sind Geschäftshäuser. Andere gehören auch heute noch reichen Familien, so wie zu der Zeit, als sie gebaut wurden. Man muss wohl ziemlich viel Geld haben, um solche Prachtbauten zu unterhalten.

Das Erbe der Maya befindet sich in Mérida versteckt zwischen und unter den Häusern aus jüngerer Zeit. Bevor die Spanier hier ihre Stadt errichteten, stand am gleichen Ort die Maya-Stadt Ti'ho'. In manchen Gebäuden aus der Kolonialzeit sind Steine aus Maya-Bauwerken verbaut. Zum Beispiel im ehemaligen Wohnhaus des Stadtgründers Francisco de Montejo, das heute ein Museum ist. Von seiner Fassade blicken Statuen spanischer Soldaten herab, die aussehen, als seien sie direkt der Kolonialzeit entsprungen. Drinnen zeigen Wandbilder den Eroberungskampf: Spanier gegen Maya. In den Mauern der Kathedrale sollen ebenfalls Steine aus einer alten Maya-Pyramide stecken.

Als ich an dem Gotteshaus vorbeigehe, verlässt eine merkwürdige Prozession das Kirchenschiff. Vorneweg geht ein Mann, der einen Bogen aus metallisch schimmernden Blüten so über dem Kopf hält, dass die Blüten ihn umrahmen. Ihm folgt ein zweiter Mann, der eine dunkle Jesusfigur vor sein Gesicht hält, die in eine kunstvoll mit Blüten bestickte Schärpe gehüllt ist. Es folgt eine Gruppe von Frauen in traditionellen *huipiles*, den weißen, bunt bestickten Blusenkleidern der Maya Yucatáns. Sie tragen große, schwere Blumengestecke in Arm.

Ich frage die Frauen, was sie feiern. Sie sagen unbestimmt etwas von einem Patronatsfest – und schweigen dann. Ganz offensichtlich haben sie keine Lust, sich ausfragen zu lassen. Später stoße ich auf die Geschichte des Cristo de las Ampollas, des Christus der Brandblasen, einer dunklen Christusfigur, die seit der Kolonialzeit in der Region verehrt wird. Offenbar tauchte sie auf und vollbrachte Wunder, als Franziskaner und ordensferne Priester sich darum stritten, wer in Zukunft über die Seelsorge in der Gegend bestimmen und damit die Gläubigen kontrollieren sollte. Der Priester, der den Cristo de las Ampollas besaß, war kein Franziskaner. Er gewann die Auseinandersetzung mit Hilfe einer Legende. Ihr zufolge überstand die Figur einen Brand, der um sie herum eine ganze Kirche in Schutt und Asche legte. Heute gehört der Cristo de las Ampollas immer noch zu den wichtigsten Heiligenfiguren in Mérida.

Neben der Kirche schlendern die Passanten entspannt über den Hauptplatz der Stadt. Durch die Menge drängen sich junge Frauen und Mädchen in Tracht, die bestickte Blusen, ausgestopfte Stoffherzen und andere Handarbeiten feilbieten. In einem Eiscafé unter den Arkaden treten zwei Gitarristen – schwarze Hosen, weiße Hemden, Strohhüte – ungebeten an einen Tisch und fangen an zu singen. Die beiden Damen, die dort gerade ihr Sorbet löffeln, kennen den Text und fallen spontan ein. In Deutschland würden Gäste sich in der gleichen Situation vermutlich belästigt fühlen. Hier jedoch singen Musiker und Gäste jetzt mehrstimmig. Die vier wirken sehr vertraut, sie scheinen sich zu kennen. Und dann ist das Lied zu Ende und der Moment genauso plötzlich vorbei, wie er gekommen war.

Als mir die Hitze zu viel wird, flüchte ich ins Gran Museo del Mundo Maya, das große Museum der Maya-Welt. Der futuristische Bau liegt im Norden der Stadt an einer Ausfallstraße, ein elliptisches Gebäude, von grünem Geflecht überzogen, errichtet auf einer Plattform und über Kellerräumen. Seine Architektur soll an die Ceiba erinnern, den heiligen Baum der Maya. Erkannt hätte ich das so ohne weiteres nicht, aber die Idee gefällt mir. Eine ausladende, steinerne Treppe führt von der Straße hinauf zum Museum. Ich eile die Stufen hoch, will möglichst schnell aus der Mittagssonne in den Schatten dieser Ceiba aus Stahl, Beton und Glas.

Drinnen werde ich überrascht. Schon im ersten Raum der Ausstellung lande ich mitten im heutigen Leben der Maya. Ich hatte erwartet, dass der Rundgang wie üblich mit der ruhmreichen Geschichte des Volkes beginnt und mit alten Traditionen. Stattdessen stehe ich einem wandfüllenden Foto einer modernen Maya-Großfamilie gegenüber, aufgenommen im Jahr 2006 in Los Angeles. Bin ich hier richtig oder versehentlich ans falsche Ende der Ausstellung geraten? Egal. Das hier interessiert mich im Moment mehr als Archäologie.

Ich sehe Handarbeiten – Blumen und Girlanden, in feinstem Kreuzstich auf weißen Blusenkleidern, den *huipiles* oder *hipiles* –, getrocknete Pflanzen, die Heilung versprechen, Bilder von Bäuerinnen, Priestern, Kellnern, Näherinnen und Lehrern in Maya-Tracht. In einer Ecke geht es um Rituale. Dort steht ein grünes Kreuz, mit einer bestickten Schärpe geschmückt. Solche Kreuze wurden schon seit Beginn der spanischen Kolonisierung verehrt, lese ich auf einer Tafel, und man findet sie bis heute in zahlreichen Kirchen und an vielen Ortseingängen Yucatáns. In ihnen verbindet sich die katholische Anbetung des Kreuzes mit der Verehrung für die Ceiba, der Achse des Maya-Kosmos.

Mir gefällt, wie es den Maya gelungen ist, ihre alte Weltsicht innerhalb der Religion der Kolonisatoren zu wahren. Das grüne Kreuz zum Beispiel: Es beschützt die Menschen und verwehrt bösen Geistern den Zugang zu wichtigen Orten. Dafür bringt man ihm Kerzen, Blumen, Mais, Räucherwerk und Böller dar. Es gewährt Gnadenbeweise, und im Krieg der Kasten sandte es Botschaften an die Aufständischen. Manchmal verehren die Menschen auch drei Kreuze zugleich: ein Mutterkreuz und zwei Töchter. Das hat mit dem christlichen Glauben an die Dreieinigkeit zu tun, lese ich, aber auch mit alten Maya-Gottheiten.

Auch hinter der Jungfrau Maria, die sehr verehrt wird, verbergen sich alte Maya-Göttinnen. Zum Beispiel Ixchel, die Leben schenkt, bewahrt und heilt, so wie die Erde selbst. Manchmal scheint es auch eine ausgefeilte Aufgabenteilung zu geben. Dann sind die katholischen Heiligen dazu da, einzelne Personen und ihre Gemeinden zu schützen, und die alten Geister und Gottheiten verantworten das große Ganze: Sie sind zuständig für das Gleichgewicht der Welt und den Schutz von Wäldern, Gewässern und Tieren – und Wetterphänomenen wie Wolken, Stürmen und Gewittern.

Ich bleibe lange im Museum, schlendere durch die Säle der alten Kulturen, bestaune die alten Bilder, die den Schöpfungsmythos des *Popol Vuh* nacherzählen, eine Statue des Maisgottes, eine Begräbnismaske aus Jade, Obsidian und Muscheln und eine Nachbildung der üppigen weißen Stuckfassade der Casa Blanca de la Lectura aus Ek Balam. Deren Eingangstür scheint wie durch riesenhafte Fangzähne geschützt, sie erinnert an ein großes, offenes Maul. Daneben reißen angsteinflößende Gesichter mit leeren Augenhöhlen ihre Münder auf. Über allem thront der Mann, der den Tempel hat erbauen lassen: Ukit Kan Le'k Tok'. Begraben ist er im Originalbau der Casa Blanca in Ek Balam.

Radio Yúuyum

Ein paar Wochen später komme ich noch einmal nach Mérida, denn ich will den Radiosender kennenlernen, in dem Yazmín arbeitet: Radio Yúuyum, benannt nach einem Vogel. Also stehe ich an einem Montag gegen halb fünf am Nachmittag, kurz bevor Radio Yúuyum auf Sendung geht, vor einem alten Gebäude im Zentrum der Stadt. Dunkle Holztüren, weiße Säulen, schnörkeliger Zuckerbäckerstuck, ringsum Souvenirläden, Restaurants, eine Autovermietung, eine Kreditgenossenschaft. Drinnen gruppieren sich Säle um einen Lichthof, in dem ein paar Plastikstühle herumstehen. Hier hat die Universität Instituto Universitario Puebla ihren Sitz, und von hier aus sendet Radio Yúuyum.

Yazmín ist schon da. In einem kleinen, mit Möbeln vollgestellten Seminarraum in der Nähe des Patio baut sie mit einem *compañero* die Sendeanlage auf: ein Mischpult, einen Rechner, Mikrofone. Ich werfe meine Sachen auf die Tische, die in der Ecke zusammengeschoben sind. Yazmín sieht müde aus. Zu wenig Schlaf, sagt sie. Mit ihrem Kollegen stöpselt sie Kabel ein und testet die Anlage.

Seit zwei Jahren gibt es Radio Yúuyum bereits. Elf Leute machen das Programm, Yazmín eingeschlossen. Fünfeinhalb Stunden die Woche, immer montags von fünf bis halb elf Uhr nachts, weltweit via Internetstream zu empfangen. Alle arbeiten ehrenamtlich. Manche Sendungen, zum Beispiel der Sprachunterricht von Mirna und Tere, werden zeitgleich als Live-Video bei Facebook übertragen und bleiben danach abrufbar.

Mirna ist heute als erste dran, und sie nimmt mich gleich in Beschlag. Ob ich nicht Lust hätte, *live on air* ein wenig Maya zu lernen, fragt sie mit einem einnehmenden Lächeln. Manchmal lädt sie Kinder als Schüler ein, heute aber ist sie allein. Ohne nachzudenken, sage ich zu, klar mache ich gerne mit! Erst als wir auf Sendung sind, merke ich, wie löchrig mein Kurzzeitgedächtnis ist.

Dann wird es leider ein wenig peinlich. Mirna spricht mir Sätze vor, ich spreche nach. Manche Wendungen sollte ich eigentlich schon von Yazmín gelernt haben. Aber alles klingt für mich neu: *Bix a beel?* – Wie geht es? *Tu'ux a taal?* – Woher kommst du? *Ba'ax ka beetik?* – Was arbeitest du? *Kin ts'íib?* – Ich schreibe. Dann wechselt Mirna zu den Körperteilen: Herz, Augen, Ohren. Als sie plötzlich die erste Lektion erneut abfragt, gerate ich schwer ins Schleudern. Ich habe keine Notizen, von denen ich spicken könnte, und ohne schriftliche Gedächtnisstützen bin ich völlig aufgeschmissen, wie ich leicht beschämt feststelle.

Mirna aber bleibt unbeeindruckt. 50 Minuten lang wechselt sie zwischen neuen Begriffen und den anfangs behandelten Wendungen, zwischendurch gibt es Musik, aber trotz der Pausen gerate ich ins Schwitzen. Zum Glück ist meine Lehrerin nachsichtig und nimmt es mit Humor. Sie bleibt freundlich, aber unnachgiebig, und verliert keinen Moment lang ihr Lächeln. Ich kann nur hoffen, dass unsere Hörer meine Blamage ähnlich gelassen aufnehmen.

Glücklicherweise schauen live nur wenige zu. Meist rufen nach der Sendung noch ein paar Hundert Hörerinnen und Hörer von Radio Yúuyum das Video auf, sagt Yazmín. Aber ganz egal, wie viele das Programm verfolgen, »Wir senden auf jeden Fall, weil wir wissen, dass es wichtig ist.«

In den Nachrichten von Radio Yúuyum geht es meist um Themen, die die Maya betreffen und in den kommerziellen Medien kaum vorkommen: den Kampf um Land, Enteignungen, die wirtschaftlichen Großprojekte, Migration. Es gibt auch eine Sendung über Maya-Literatur. Angeblich wird in keiner der mehr als 60 indigenen Sprachen Mexikos so viel schriftlich veröffentlicht wie im Maya Yucateco. Nur das Nahuatl der Azteken wird von noch mehr Menschen gesprochen. Radio Yuyúum sendet ausschließlich auf Maya, die einzige Ausnahme ist der Sprachunterricht.

Das gute Leben

Eins will ich von Yazmín noch wissen, bevor ich mich von ihr verabschiede. Wie sähe für sie ein gutes Leben aus?

Ihre Antwort überrascht mich. Sie denkt lange über die Frage nach. Dann sagt sie: »Weißt du, was das Erste war, was mir in den Sinn gekommen ist? Ein Leben, in dem ich mich ohne Angst mit anderen treffen und gemeinsam mit ihnen etwas unternehmen kann.«

Angst? Das ist ein starkes Wort. Ich bin verwirrt. Was meint Yazmín damit? »Wir passen ständig auf uns auf, sind jederzeit vorsichtig«, erklärt sie. »Vor allem die Frauen. Uns ist immer bewusst, dass man sich vor den Männern in Acht nehmen muss. Zum Beispiel vor ein paar Tagen, da bin ich von einem Baseballspiel nach Hause gefahren, und als ich aus dem Bus stieg, hat jemand meinen Hintern gepackt. Einfach so.«

»Das ist normal«, sagt Yazmín, korrigiert sich aber sofort. »Nein, es ist nicht normal. Aber es passiert ständig. Es passiert Frauen wie mir, die sehr aktiv sind und ständig im öffentlichen Nahverkehr und auch in der Dunkelheit unterwegs sein müssen.«

Man merkt, wie wütend sie das macht. »Ich streite mit den Tätern. Ich möchte es ihnen mit gleicher Münze heimzahlen. Sie sollen begreifen, dass ihnen das nicht zusteht. Aber es macht so müde. Und es ist immer da, im Berufsleben und selbst in den persönlichen Beziehungen.«

Ich hätte erwartet, dass sie etwas über die Maya sagt. Zum Beispiel, dass ein gutes Leben für sie bedeutet, ihre Kultur leben zu können. Das patriarchale System sei eben gewalttätig, entgegnet Yazmín. Und daraus ergebe sich alles andere. Was sie sagt, erinnert mich an #MeToo – nur auf mexikanisch.

Sie überlegt noch einmal. »Ein gutes Leben wäre für mich, ohne Furcht leben zu können«, sagt sie dann. »Das gilt für Genderfragen wie für alle anderen. Meine Antwort ist also: Ein gutes Leben, das heißt für mich, in einer Welt zu leben, in der Macht bedeutet, wählen zu können. In der sie nichts mit Gewalt zu tun hat und jeder selbst über sein Leben entscheiden kann. In der wir menschlich miteinander umgehen. Und nicht in einer Welt, in der Macht bedeutet, dass Männer über Frauen stehen und Nichtindigene über den Indigenen, Ober- über Unterklasse, Unternehmer über Landeigentümern, und in der immer jemand versucht, den anderen zu schaden.«

Kann sie denn frei wählen, wie sie ihr Leben gestaltet? »Nicht immer.« Aber manchmal könne sie selbst dafür sorgen, dass sich die Zahl der Wahlmöglichkeiten erhöht. »Zum Beispiel, wenn ich Radio auf Maya hören möchte und es keines gibt. Dann beteilige ich mich an einem Projekt, das mir und anderen diese Möglichkeit eröffnet. So wie hier.« Ich denke: So geht Selbstermächtigung auf Maya.

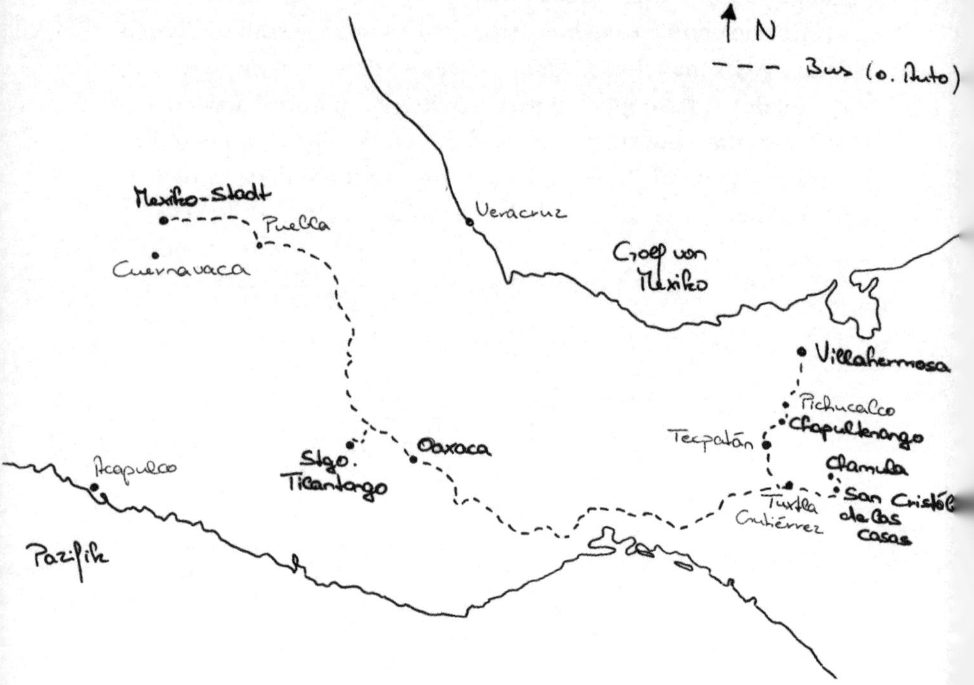
N
Bus (o. Auto)
Mexiko-Stadt
Puebla
Cuernavaca
Veracruz
Golf von Mexiko
Villahermosa
Pichucalco
Chapultenango
Tecpatán
Chamula
San Cristóbal de las casas
Tuxtla Gutiérrez
Oaxaca
Stgo. Tilantongo
Acapulco
Pazifik

Kapitel 2

Tenosique: Auf der Flucht

Villahermosa

Ein schwarzes, schimmerndes Band ist das Erste, was ich von Villahermosa sehe: ein Fluss, der Río Grijalva. Dann kommen die ersten Lichter der Stadt in Sicht. Um zwanzig vor zehn landet das Flugzeug in der warmen, feuchten Dunkelheit.

Villahermosa – die schöne Stadt – liegt im südostmexikanischen Tiefland, ein paar Kilometer vom Meer entfernt. Hier gibt es Rinderzüchter, Zuckerrohr-, Bananen- und Kakaobauern. Reich geworden ist die Stadt aber mit Erdöl. Auf der Landkarte ist ganz in der Nähe eine Siedlung verzeichnet, die so heißt wie der staatliche mexikanische Erdölkonzern: Pemex-Stadt. Doch in den vergangenen Jahren ist Villahermosas Reichtum verblasst.

Seit die mexikanische Regierung die Erdölindustrie für ausländische Investoren geöffnet hat, sollen in der Region viele Arbeitsplätze verlorengegangen sein.

Villahermosa ist auch die Stadt der Olmeken, einer alten Hochkultur, die in Südostmexiko heimisch war, lange bevor es die Azteken weiter im Westen gab und die Maya im Osten ihre großen Städte bauten. Berühmt sind die Olmeken für ihre steinernen Kolossalköpfe, enorm große, tonnenschwere Skulpturen. Vielleicht stellen sie Kriegerfürsten dar, jedenfalls tragen die Köpfe oft Helme oder Kappen, wie Soldaten, und sie haben einen ziemlich entschlossenen Gesichtsausdruck. In Villahermosa werden die Kolosse ausgestellt.

Ein Taxi bringt mich in meine Unterkunft. Eigentlich wollte ich gar nicht hierherkommen. Mein Ziel ist die Stadt Tenosique, die weiter südöstlich liegt, fast schon an der Grenze zu Guatemala. Dort gibt es eine Herberge für Migranten, manche würden sagen: für Flüchtlinge. Die meisten von ihnen kommen aus Honduras und wollen weiter in die USA. Zigtausende versuchen jedes Jahr, Mexiko auf dem Weg dorthin zu durchqueren. Wenn sie in Tenosique ankommen, haben sie bereits eine lange Strecke zurückgelegt, doch der größte Teil ihres Weges liegt noch vor ihnen.

Mexiko ist das Land der Migranten, und ich will ihre Geschichten hören. Ohne einen Besuch in Tenosique wäre meine Reise nicht vollständig.

Mein ursprünglicher Plan war, mit dem Bus von Mérida direkt nach Tenosique zu reisen, aber leider fährt der Bus auf dieser Strecke nur bei Nacht, und dann gelten die Überlandstraßen der Gegend als unsicher. Das Auswärtige Amt warnt davor, sie im Dunkeln zu bereisen. Als auch eine mexikanische Journalistin, die das Land gut kennt, mir ebenso diplomatisch wie deutlich davon abrät, einen Nachtbus zu nehmen, disponiere ich um. Ich buche einen Flug von Mérida nach Villahermosa. Von dort aus gelange ich auch bei Tageslicht an mein Ziel.

Ich habe Glück, ich kann es mir leisten, auf einen Flug auszuweichen. Andere können das nicht. Aus Sicherheitsgründen muss ich mich manchmal vorsehen, aber für viele andere ist Mexiko noch viel gefährlicher. Ich bin eine Ausländerin mit heller Haut, legal eingereist, als Touristin unterwegs. Ich gelte hier als wohlhabend, und im Vergleich zu vielen Einheimischen bin ich das ja auch. Ich muss mich nicht vor der Polizei verstecken. Manche Routen und Viertel meide ich besser, vor allem nachts; und im Zweifel ist Wachsamkeit in diesem Land immer besser. Das kann anstrengend sein.

Aber das ist nichts im Vergleich zu den Gefahren, die zentralamerikanische Migranten auf sich nehmen, um durch Mexiko in die USA zu gelangen, denn sie reisen im Verborgenen, ohne Einreisestempel in den Papieren und ohne Geld. Und sie sind deshalb ständig angewiesen auf Hilfe, abhängig von dem Wohlwollen der Polizei und den Launen der Kriminellen. Viele verschwinden, ohne dass ihre Angehörigen je wieder von ihnen hören. Eine Menschenrechtsorganisation aus El Salvador schätzt, dass vielleicht ein Fünftel von ihnen die USA erreichen – nicht mehr. In der mobilen Welt unserer Tage gehen die Migranten ohne Papiere die größten Risiken ein.

In der Gegend um Tenosique trifft man die Männer, Frauen und Kinder aus Honduras, El Salvador und Guatemala, die in der Hoffnung auf ein besseres Leben alles zurückgelassen haben. Es sind viele, und es werden immer mehr. Im Sommer 2018 ergab eine Schätzung der Vereinten Nationen, dass jährlich 500 000 Menschen versuchen, Mexiko in Richtung USA zu durchqueren. Nur wenige schaffen es bis zur Grenze im Norden.

Tenosique

Als ich am nächsten Morgen aufbrechen will, bleibt mein Taxi erst einmal im Stau stecken. Acht Uhr. Das scheint hier die Tageszeit zu sein, zu der alle unterwegs sind, die in Villahermosa ein Auto besitzen. Der Verkehr kriecht. Die Sonne wärmt schon. Zum Glück komme ich noch pünktlich am Busbahnhof an.

Der Kleinbus nach Tenosique steht schon bereit, gerade wird das Gepäck eingeladen: Taschen, Kisten, Rucksäcke. Aus einem Karton kräht es so laut, dass der Behälter wackelt. Aus einem anderen Karton schallt prompt und ebenso laut eine Antwort. Es krähen zwei Hähne, die mitreisen werden, jeder sorgsam verstaut im eigenen Privatkarton. *Linea Nova Gallos – La Clave del Triunfo* steht auf den Kisten, Hähne von Linea Nova, der Schlüssel zum Erfolg. Zwei Männer in abgetragener Kleidung beobachten, wie die Kisten verstaut werden. Sie wollen sichergehen, dass ihre Hähne einen guten Platz bekommen.

Wir verlassen Villahermosa, überqueren den Río Grijalva und sind sofort auf dem Land. Draußen ziehen Bäume vorbei, Bananen- und Maisfelder. Ab und an überholt uns ein Tanklastwagen. Wir passieren Rinderweiden, auf denen die Tiere unter Bäumen Schutz vor der Sonne suchen, denn die verbreitet schon jetzt, kurz nach neun Uhr am Vormittag, eine ziemliche Hitze.

Die Leute im Bus dösen. Ich ziehe die Lichtblende zu, damit es drinnen kühl bleibt. Ein kleiner Spalt zwischen den Gardinen gibt die Sicht frei auf einen Militärposten, eine Lagune, ein paar Häuschen, grüne Hügel, dann wieder Rinderweiden. Ein Schild: Palenque. Die Maya-Pyramiden sind nicht weit. Nach drei Stunden Fahrt überqueren wir einen grünen Fluss, auf dem drei kleine Boote fahren. Es ist der Usumacinta, der weiter südlich die Grenze zu Guatemala bildet. Tenosique liegt genau da, wo der Fluss sich, von Südwesten kommend, in eine enge Schleife legt.

Meine Unterkunft befindet sich im Stadtzentrum, in der Nähe des Markts, wo Früchte und Ledersättel feilgeboten werden. Ein Laden verkauft Maschendraht für Zäune. Über den Stacheldrahtrollen lädt ein Plakat zu einer lokalen Ausstellung von Zeburindern ein, ein Poster daneben wirbt für einen Kurs, in dem Viehzüchter in praktischen Übungen lernen können, wie man eine Kuh künstlich befruchtet und später ertastet, wie weit die Schwangerschaft fortgeschritten ist. Dreirädrige Motorrikschas kreuzen die Straße, Autos umkreisen einen Platz. Wenige Ecken weiter thront eine kleine himmelblaue Kirche über dem Gewusel. An einem Haus informiert ein Schild: Hier befindet sich das Konsulat von El Salvador. Auf dem Platz döst ein Schuhputzer, daneben sitzen Liebespaare und Frauen mit kleinen Kindern. Alles wirkt ganz entspannt. Aber das ist es nicht. Tenosique ist Grenzgebiet. Das macht die Gegend hier gefährlich.

Am Nachmittag treffe ich Silvia Colombo, eine zierliche Italienerin mit widerspenstigen Locken und energischer Stimme, die in Tenosique für das Flüchtlingshilfswerk der Vereinten Nationen (UNHCR) arbeitet. Ihr Büro liegt in einem einfachen Gebäude im Stadtzentrum, es ist voller Flyer und Plakate. Gleich rechts von der Eingangstür begrüßt mich unübersehbar ein Verbotsschild: *Zona libre de Armas* steht darauf, Waffenfreie Zone. Ein anderes Schild signalisiert, dass das Büro auch eine zigarettenfreie Zone sein soll. Das Plakat, das daneben hängt, zeigt eine Landkarte Mexikos in bunten Farben und wirbt für eine App, die Migranten helfen soll, sich im Land zu zurechtzufinden. »Egal, wo du herkommst«, steht auf Spanisch darauf, »MigrantApp ist deine App. Mehr als 1500 Schutz- und Hilfszentren für Migranten. Lade sie gleich herunter.«

Silvia bringt Kaffee, für den sich sich sogleich entschuldigt. Er schmecke leider scheußlich, sagt sie. Und leider hat sie recht. Draußen vor dem Fenster bearbeitet jemand Metall, und zwar sehr, sehr laut. Eine Werkstatt oder eine Baustelle. Silvia ignoriert den Lärm. Sie scheint daran gewöhnt.

Seit 2015 ist das Flüchtlingshilfswerk in Tenosique aktiv, sagt Silvia. Sie und ihre Kollegen informieren die Menschen, die aus dem Süden hier ankommen, über ihre Rechte. Zum Beispiel über die Möglichkeit, in Mexiko Asyl zu beantragen. Sie verteilen Flyer an den Grenzübergängen, hängen Transparente auf und halten Vorträge. Sind die Menschen besonders bedürftig, können sie drei Monate lang Geld vom Flüchtlingshilfswerk erhalten. Solange ihr Aufenthaltsstatus nicht geklärt ist, dürfen die Flüchtlinge nicht arbeiten. Viele tun es natürlich trotzdem. Sie brauchen das Geld.

»Wir achten darauf, dass die Grundrechte der Migranten gewahrt werden«, sagt Silvia, auch in der Zusammenarbeit mit den mexikanischen Behörden. Sie ist sehr diplomatisch in dem, was sie sagt. Das sind die Vereinten Nationen und ihre Mitarbeiter immer, schließlich basiert ihre ganze Existenz auf der Idee der friedlichen Kooperation und Konfliktvermeidung zwischen souveränen Staaten. Auch in Tenosique hängt die Arbeit des Flüchtlingshilfswerks vom Wohlwollen der örtlichen Behörden ab.

Doch selbst die Vereinten Nationen sagen: Die Politik, mit der Mexiko unter dem während meiner Reise noch amtierenden Präsidenten Enrique Peña Nieto seine Grenzen schützen will, erhöht das Risiko für die irregulär eingereisten Migranten. »Sie sind Missbrauch, Menschenrechtsverletzungen und Erpressungen ausgesetzt, und weil sie fürchten, identifiziert und abgeschoben zu werden, können sie (die Täter) nicht anzeigen«, schreibt die Internationale Organisation für Migration in einem Dokument zur Lage. Später wird Peña Nietos Partei die Präsidentschaftswahlen verlieren. Sein Nachfolger Andrés Manuel López Obrador wird versprechen, die Migranten besser zu behandeln – aber einlösen muss er sein Versprechen noch.

Der Süden Mexikos ist arm. Viele hier sehen die Flüchtlinge als Konkurrenz. »Die Anwesenheit von Migranten verursacht immer ein gewisses Misstrauen«, sagt Silvia. Auch dagegen wollen sie und ihre Kollegen angehen. In Tenosique hat das Flüchtlingshilfswerk die Sporthalle renovieren lassen und Spielplätze aufgebaut, damit auch die Einheimischen etwas von der Anwesenheit der Helfer haben. Dahinter steht die Idee, dass irgendwann

Einheimische und Migranten hier gemeinsam Sport treiben und ihre Kinder miteinander spielen sollen.

Ich frage: »Wie viele sind es, die hier ankommen?«

Silvia sagt, sie habe keine genauen Zahlen, aber in der Herberge La 72 in Tenosique kämen jeden Monat ungefähr 1300 bis 1400 Personen unter. In Palenque seien es vor einiger Zeit sogar 2300 gewesen, ein neuer Rekord. »Die Zahlen steigen«, sagt sie. »Das ist ein weltweiter Trend. Und was wir in Mexiko beobachten, deutet darauf hin, dass mehr Menschen vor der Gewalt in Mittelamerika fliehen als zuvor.«

»Und wovor laufen die Menschen weg?«

»Dort herrscht überall Gewalt. Es ist wie im Krieg. Nur dass über diesen Krieg nicht so viel berichtet wird wie über andere.«

Die Vereinten Nationen haben das nördliche Dreieck Mittelamerikas, also El Salvador, Honduras und Guatemala, einmal als die gewalttätigste Region der Welt bezeichnet – wegen ihrer hohen Mordraten. In dieser Gegend herrschen die Maras, extrem gewalttätige Jugendbanden.

Ich kann mir also denken, wovon Silvia spricht. »Was meinst du mit Krieg?« frage ich trotzdem.

»Geschäftsleute werden erpresst. Sie müssen eine Kriegssteuer bezahlen. Die Kinder können nicht mehr zur Schule gehen, weil sie dafür vom Gebiet einer Bande in das der nächsten wechseln müssten, und das ist lebensgefährlich. Täglich werden Menschen umgebracht. Ich war in San Pedro Sula und Tegucigalpa, ich habe es selbst gesehen. Die Staatsmacht hat in vielen Gegenden die Kontrolle verloren. Jugendliche und junge Erwachsene werden gezwungen, für die Maras zu arbeiten. Manchen gelingt es, zu fliehen. Homosexuelle und Transsexuelle werden brutal verfolgt. Frauen werden misshandelt, oft innerhalb der Familien. Die *mareros* werben um junge Mädchen, aber sobald die Mütter mitbekommen, was los ist, packen sie ihre Töchter und verschwinden, bevor es zu spät ist. Sofort. Es ist ihre Art, die Mädchen zu schützen.«

»Eine merkwürdige Art von Schutz«, sage ich. »So eine Flucht ist doch auch lebensgefährlich.«

»Das wissen die Menschen«, entgegnet Silvia. »Viele versuchen zunächst, innerhalb ihres Heimatlandes umzuziehen, aber diese Länder sind so klein, und der Arm der Maras reicht weit. Die Leute haben oft keine andere Wahl, als ihr Land zu verlassen. Viele, mit denen ich rede, sagen: Zu Hause habe ich in so großer Angst gelebt, dass ich mich lieber unterwegs in Gefahr bringe. Da habe ich wenigstens Hoffnung auf ein neues Leben.«

Für drei Versuche, die Grenze zwischen Guatemala und Mexiko abseits der offiziellen Grenzübergänge zu überqueren, zahlt man derzeit angeblich ein paar Tausend Dollar. Dafür begeben sich die Migranten oft in die Hände organisierter Banden, denn diese kennen das Terrain am besten.

Die Herberge La 72

In den vergangenen Tagen allerdings kamen nicht so viele Menschen wie sonst nach Tenosique. Vielleicht liegt es an der Hitze. Es ist Mai, der heißeste Monat des Jahres, in dem die Temperatur regelmäßig bis auf 40 Grad steigt und die Luftfeuchtigkeit sehr hoch ist. Es ist anstrengend, in so einem Klima unterwegs zu sein, selbst wenn man keine Angst vor der Migrationspolizei haben muss.

Die Herberge La 72 (gesprochen: *La Setenta y dos*) liegt am Rand von Tenosique in der Nähe des Bahnhofs. Ich bin pünktlich um halb zehn Uhr morgens am Tor, denn Ramón Márquez, der Direktor von La 72, hatte mich gebeten, um diese Zeit zu kommen. Das dreirädrige Mototaxi, das ich nehme, braucht vom Zentrum aus nur wenige Minuten hierher, der Fahrer verlangt acht Pesos, umgerechnet etwa 37 Eurocent, und fährt leer zurück. Die Bewohner der Herberge gehen lieber zu Fuß, um das Geld zu sparen.

Die Lage am Bahnhof ist günstig für die Migranten, die in der Herberge Unterschlupf finden, denn hier, am Bahnhof von Tenosique, beginnt die Route von La Bestia. Die Bestie – so wird der Güterzug genannt, an den sich viele wortwörtlich klammern, um von hier aus weiterzureisen. Menschen, die kein Geld für ein Bus- oder Flugticket haben, und die hoffen, auf diese Weise die Kontrollen der mexikanischen Migrationspolizei zu umgehen.

Später werde ich noch einen kurzen Abstecher zum Bahnhof machen und ihn verschlafen vorfinden, dösend in der Hitze. Von seinen Wänden bröckelt der Putz, zwischen den Gleisen wächst Gras, daneben liegen Schienen und Schwellen nutzlos im Gestrüpp herum. Wäsche trocknet auf einer Leine, aber kein Mensch ist zu sehen. Doch wenn La Bestia kommt, wird das Gelände lebendig. Von La 72 aus kann man den Zug gut hören. Nähert er sich, dann packen die Migranten ihre Rucksäcke und rennen los.

Die Herberge liegt gut geschützt hinter einem weiß lackierten, hohen Eisentor. Dahinter öffnet sich eine Anlage aus ein paar schlichten gemauerten Gebäuden. Die meisten Wände sind bunt bemalt. Die Graffiti sind politische Botschaften – oder sie geben den Bewohnern von La 72 praktische Tipps für die Weiterreise.

Ein wütendes Gedicht, illustriert mit einer bunten Silhouette Lateinamerikas, fordert den Fall aller Grenzen. Übersetzt[1] lautet es so:

Ich möchte meine Faust
an jede Mauer der Welt legen
an jede Linie im Staub
an jede Grenze
an jede Begrenzung

1 Die deutschen Übersetzungen der Gedichte stammen von der Autorin.

denn ich bin es leid
die Menschen draußen zu lassen
und ich bin es leid
mich einzuschließen.

Daneben steht der Name des Autors: Joaquín Zihuatanejo, ein texanischer Slam-Poet.

Die detaillierte Route von La Bestia durch Mexiko sieht man gleich mehrfach an den Wänden. Das ist praktische Hilfestellung für die Migranten, die hier durchkommen. Ein La-Bestia-Poster gibt Auskunft über sämtliche Haltestellen, Herbergen, Essensausgaben und Krankenstationen entlang der Strecke; ein Graffito zeigt, wo Wegzoll bezahlt werden muss, wo Razzien oder Überfälle zu erwarten sind oder die Gegend schlicht als besonders gefährlich gilt.

In La 72 gibt es eine Kirche und eine Küche, ein paar Büros und Beratungsräume. Der Innenhof trägt den Namen Plaza Dignidad, Platz der Würde. Zwei Männer schlendern Arm in Arm den Weg entlang. Es gibt Unterkünfte für Frauen und für Männer, und an der Unterkunft für queere Menschen hängt eine Regenbogenfahne. Drinnen stehen die Stockbetten dicht an dicht. Zentrum der Herberge sind die Bänke, an denen sich alle zum Essen treffen, und der mit Wellblech überdachte Sportplatz daneben.

Der Gründer der Herberge ist ein Franziskanermönch: Bruder Tomás González, ein entschlossen wirkender Mann, der auf Fotos oft in seiner braunen Soutane und mit einem hellen Strohhut auf dem Kopf zu sehen ist. Auf einem Bild steht er an den Gleisen von Tenosique, ein mannshohes Kreuz in der Hand, den Blick in die Ferne gerichtet, in seiner ganzen Haltung ein lebendiges Symbol seiner Mission. Ich werde ihn an den beiden Tagen, in denen ich hier bin, kaum zu Gesicht bekommen. Er hat zu viel zu tun. Wochen später schreibt er mir, wie die Geschichte von La 72 begann.

»2010 schickte mich der Franziskanerorden nach Tenosique, damit ich mich um das Migrationsprojekt kümmere«, schreibt Tomás. »Das stand damals noch ganz am Anfang. Als ich ankam, merkte ich, dass die Lage sehr kompliziert war. Ich erfuhr von vielen kriminellen Handlungen gegen die Migranten: Raub, Entführungen, sexuelle Gewalt, Amtsmissbrauch, Menschenhandel, Diskriminierung – und so weiter. Viele waren unter den Zug geraten und hatten verstümmelte Gliedmaßen. Und ich entdeckte, dass alle Behörden völlig in die Verbrechen gegen die Migranten verstrickt sind. Die städtische Polizei, das Militär, die Generalstaatsanwaltschaft.«

Damals seien viele Menschen in die Pfarrei gekommen, so viele, dass der Platz nicht reichte. Tomás schreibt, ihm sei immer deutlicher klar geworden, dass man etwas tun müsse.

Dann, im August, seien drei Menschen an den Gleisen von La Bestia mit Stöcken erschlagen worden. Wenig später geschah weit entfernt, im Norden Mexikos, das Massaker von San Fernando. Dort wurden 72 Menschen ermordet, weil sie sich weigerten, für das Drogenkartell der Zetas zu arbeiten: Frauen und Männer aus Brasilien, Ecuador, Honduras, Guatemala und El Salvador, die über Mexiko in die USA gelangen wollten. Beide Vorkommnisse, sagt Tomás, waren die Hauptmotivation für die Gründung der Herberge. Ihr Name La 72 soll an die Toten von San Fernando erinnern.

Seither widmet Tomás sein Leben der Arbeit für die Migranten. »Sie kommen immer noch aus demselben Grund, gezwungen durch Armut, Gewalt, Ungleichheit und völlig korrupte Regierungen, die ohne Strafe davonkommen.« Früher seien nur Männer gekommen. Dann auch Frauen. Dann Kinder und Jugendliche. »Jetzt nehmen wir ganze Familien auf. Heute nennt man sie Flüchtlinge. Einige internationale Organisationen sind jetzt hier. Aber ich glaube, die Lage ist nicht besser geworden. Im Gegenteil. Sie wird schlechter.«

Ramón, der Helfer

Ramón ist kein Mönch, aber er könnte einer sein: schmal, rasierter Kopf, asketische Erscheinung, offener Blick. Der 41-jährige Spanier leitet die Herberge. Ramón ist Historiker und Pädagoge. Früher arbeitete er in der Tourismusbranche und im Bildungswesen, erzählt er. Dann wollte er ein anderes Leben. 2011 kam er nach Mexiko. »Ich wollte mich für die Menschenrechte einsetzen«, sagt er. »Anderen Menschen helfen.«

2013 begann er, als freiwilliger Helfer in La 72 zu arbeiten. 2015 übernahm er die Leitung der Herberge. Offenbar macht er das gut, denn als ich später gegenüber von Ramóns Büro im Schatten sitze, höre ich die Mitarbeiterin einer Menschenrechtsorganisation sagen, sie habe selten ein so gut organisiertes Haus gesehen.

Der Tag beginnt in La 72 um halb sechs Uhr morgens. Aufstehen, aufräumen, Morgentoilette. Anstehen zum Frühstück. Frühstück um halb neun. Um neun öffnet das Tor. Manche brechen auf, in die Stadt zum Konsulat oder zum Einkaufen. Andere helfen in der Küche. Räumen auf. Spielen mit den Kindern. Warten. Warten. Warten. Damit der Betrieb funktioniert, müssen alle mitmachen.

Ramón schließt eine Tür auf, hinter der sich ein kleiner, schattiger Raum befindet, und stellt als erstes die Klimaanlage an. Das Gerät rappelt und keucht. Ramón sagt, für Migranten sind es keine guten Zeiten. Früher konnten sie sich leichter durchs Land bewegen. Es kamen Männer, von Gewalt vertrieben oder auf der Suche nach einer besseren Zukunft. Man nannte sie Migranten. Heute sagt man Flüchtlinge zu denen, die kommen: Familien, Männer, Frauen, Schwangere, Alte, unbegleitete Jugendliche, Queere, Mütter mit Säuglingen, Väter mit Kindern, Mütter mit einem, zwei, drei, vier, fünf Kindern. Es sind verletzte Menschen, und Mexiko bedrängt, verletzt, verwundet sie noch mehr.

»Früher kamen die Leute, und sie gingen schnell wieder. Sie waren in Bewegung«, erinnert sich Ramón. »Es konnte passieren, dass die Herberge voll war. Dann kam der Zug, und übrig blieben vielleicht zehn oder fünfzehn Personen.«

Doch im Jahr 2014 änderte sich alles. Damals beschloss die mexikanische Regierung unter Enrique Peña Nieto, die Migranten an der Südgrenze des Landes aufzuhalten. Sie tat das mit finanzieller Unterstützung aus den USA und auf Bitten der dortigen Regierung.

Die USA verschieben ihre Grenze immer weiter nach Süden, sagt Ramón, immer tiefer hinein nach Mexiko. Von der Mauer, die US-Präsident Donald Trump im Norden bauen will, weiß jeder. »Aber inzwischen ist ganz Mexiko wie eine Mauer«, findet Ramón.

Menschenrechtsorganisationen und Dokumente des US-Kongresses bestätigen, was er berichtet. Zwar kann niemand die südliche Grenze Mexikos, die nach Guatemala, lückenlos überwachen, und eine durchgängige Mauer kann man dort erst recht nicht bauen, weil das Gelände zu unwegsam ist. Also lässt Mexiko die Menschen ins Land – und schneidet ihnen danach den Weg ab. Auf den Straßen um Tenosique muss man überall damit rechnen, in Kontrollen der Migrationspolizei zu geraten. Auch das Militär sucht nach Migranten, obwohl es dazu gar nicht befugt ist, berichtet Ramón. »Sie sagen einfach, sie suchen in den Fahrzeugen nach Waffen und Drogen.«

Die USA unterstützen die Kontrolle der Straßen entlang von so genannten Sicherheitskorridoren, die von der Grenze aus 160 Kilometer weit ins Land führen. Sie fördern die Überwachung aus der Luft und zu Wasser. Sie bilden mexikanische Grenzpatrouillen aus und geben Millionen Dollar für Kommunikations- und Identifikationstechnik. Die Autorin Jeannette Erazo Heufelder schreibt, Mexiko habe den USA erlaubt, in den Abschiebezentren an der mexikanischen Südgrenze die Daten zentralamerikanischer Migranten zu sammeln, unter anderem auch Fingerabdrücke, Narben oder Tattoos. Durch den Abgleich der Daten könnten die US-Behörden schon in Mexikos Süden

»jene Personen (herauspicken), die zum wiederholten Mal illegal in die USA einzureisen versuchen«.

Die mexikanische Regierung erklärt, durch die Grenzkontrollen wolle sie die Migration in geordnete Bahnen lenken und die Rechte der Migranten besser schützen. Ramón behauptet, das Gegenteil sei der Fall. Die Präsenz so vieler Sicherheitskräfte zwinge die Menschen dazu, sich zu verstecken, und bringe sie erst recht in Gefahr. Die Soldaten stoppten Grenzgänger mit Gewalt. »Sie setzen Taser ein, Elektroschockpistolen. Sie haben uns verboten, schutzsuchende Personen in die Herberge zu bringen. Weil das Schlepperei ist, sagen sie.« Es sind ähnliche Argumente, wie man sie in Europa gegen die Seenotretter im Mittelmeer hört.

Ramón sagt, manche Behörden seien am Menschenhandel und an Lösegelderpressungen beteiligt. Es gebe »schwer durchschaubare« Verbindungen zur organisierten Kriminalität. So gut wie niemand traue sich, Misshandlungen, Überfälle und Entführungen anzuzeigen.

Aufhalten kann das die Menschen trotzdem nicht. Sie kommen aus El Salvador, Honduras, Guatemala, aus noch schlimmeren Verhältnissen. «Sie kommen aus einem Krieg.« Nicht so einem wie in Syrien, wo Bomben fallen. Dieser Krieg sei stiller. In den Medien finde er kaum statt. Ein Krieg sei es trotzdem, mit den zahllosen Morden, den Vertreibungen, Misshandlungen, den kriminellen Banden, der brutalen Armut, die in den Heimatländern der Migranten herrscht.

Auch Silvia vom UN-Flüchtlingshilfswerk hatte von einem Krieg gesprochen und den Vergleich mit Syrien gezogen. Die Organisation Ärzte ohne Grenzen erklärt ebenfalls, was die Menschen in Honduras, El Salvador und Guatemala erleiden müssen, sei »mit den Erfahrungen in Kriegsgebieten vergleichbar, in denen Ärzte ohne Grenzen seit Jahrzehnten präsent ist«.

Die Frauen sind in dieser Situation besonders verwundbar, sagt Ramón. »Sie fliehen vor familiärer Gewalt, sexueller Gewalt. Vor Verhältnissen, in denen Gewalt einfach überall ist.«

Gewaltsame Verhältnisse. Ich muss daran denken, was Yazmín mir in Mérida über Macht, Gewalt und ihren Traum von einem guten Leben erzählt hat. Ramón berichtet, dass manche Mütter allein mit mehreren Kindern in der Herberge ankommen. Früher habe es das nicht gegeben. »Wie können wir diese Verletzungen heilen? Wie können wir die Menschen stabilisieren, sie wieder aufbauen? Wir sind von einem Haus, das Migranten vorübergehend beherbergt hat, zu einem Flüchtlingscamp geworden.«

In La 72 finden die Menschen Schutz vor dem Chaos draußen. Der strenge Tagesablauf gibt wenigstens ein wenig Halt: Mittagessen gegen zwei, Reis, Bohnen, ein bisschen Gemüse. Wäschewaschen in Schichten. Neuankömmlinge, die sich registrieren lassen. Warten – auf einen Telefonanruf von zu Hause, ein Hilfsangebot, auf Informationen. Darauf, dass es weitergeht. Immer warten. Nachmittags, wenn die Sonne nicht mehr so brennt, gibt es vielleicht ein Fußballspiel auf einem Gelände nebenan. Abendessen um halb acht, Nachtruhe um neun. Und am nächsten Morgen beginnt die Routine von vorne.

Die Menschen kommen erschöpft, dehydriert und verwundet in Tenosique an. Viele haben tagelang nicht genug gegessen und getrunken. Sie haben wunde Füße. Manche wurden überfallen, ausgeraubt, ausgezogen, verprügelt, entführt, vergewaltigt. Schwer zu sagen, wer die Täter sind. Die Maras Mittelamerikas sollen mittlerweile auch in Südmexiko aktiv sein. Und wie es heißt, steckt die Polizei mit drin. Ramón zufolge sind in der Regel lokale Kriminelle die Gewalttäter. Die Menschen seien arm, mit ehrlicher Arbeit könnten manche Familien nicht einmal den Arzt für ihre Kinder bezahlen. »Was tust du dann, wenn dein Kind krank wird und der lokale Mafiaboss dir Geld für die Behandlung anbietet?«, fragt mich Ramón. Ich habe keine Antwort. Wie würde ich mich wohl entscheiden?

Die Ärztin Candy Lizbeth Hernández Martínez, die für die Organisation Ärzte ohne Grenzen in der Herberge arbeitet, berichtet von Patienten mit aufgeschürfter Haut, Knochenbrüchen und tiefen Schnitten, die genäht werden müssen, verursacht von Macheten. Ihre Kollegin Miriam Rivas Lorenzo, Psychologin, erzählt von schweren Traumata.

Theoretisch könnten die Verfolgten in Mexiko längerfristig Schutz finden, denn die Gesetze versprechen ihnen Asyl. Doch im Jahr 2016 stellten nur 8800 Personen überhaupt einen Antrag, und nicht einmal ein Drittel davon wurde als Flüchtling anerkannt. Zum Vergleich: Im selben Jahr wurden 140 000 Menschen aus Mexiko nach Zentralamerika abgeschoben.

Allein der Zahlenvergleich zeige doch, worauf es den mexikanischen Behörden ankommt, sagt Ramón. »Auf die Menschenrechte jedenfalls nicht.« Menschenrechtsorganisationen und politischen Beobachtern zufolge war die Zahl derer, die den Weg durch Mexiko an die nördliche Grenze schaffen, seit Anfang der 70er-Jahre nicht mehr so niedrig wie heute. Sie berichten auch von Menschen, die ohne Papiere in die USA gekommen sind, dort eine Familie gründeten und nach Jahren abgeschoben wurden, nach El Salvador oder Honduras – von wo die Maras sie gleich wieder vertrieben. Jetzt sitzen sie in Mexiko fest und können weder vor noch zurück.

Im Jahr 2017 ist die Zahl der Asylanträge von Menschen aus El Salvador, Honduras und Guatemala in Mexiko allerdings auf 100 000 gestiegen. Es heißt, viele Flüchtlinge wollten gar nicht mehr in die USA. Mexiko werde vom Durchgangsland zum Ziel. Ramón hört von denen, die in La 72 Schutz finden, andere Geschichten. Fast alle träumen von den USA. »Erst gestern saß ein 17-jähriges unbegleitetes Mädchen vor mir. Sie ist gerade als Flüchtling anerkannt worden, und ich wollte mit ihr über ihre

Pläne sprechen. Und was ist? Sie denkt jetzt schon darüber nach, in die USA zu gehen. Sie glaubt, hier sowieso keine Chance zu haben.« Und vermutlich hat sie damit sogar recht.

Bis zur US-Grenze sind es von Tenosique aus noch mindestens 1600 Kilometer, nach Reynosa zum Beispiel oder nach Matamoros. Die Route dorthin verläuft ungefähr parallel zur mexikanischen Ostküste. Sie führt durch Gegenden, die zu den gefährlichsten in Mexiko gehören.

Je länger Ramón spricht, desto weniger kann er seinen Zorn verbergen. Seine Entschlossenheit, für Verbesserungen zu kämpfen, ist spürbar. In La 72 jedenfalls finden die Menschen Schutz, solange sie wollen – andere Herbergen lassen das nicht zu. In La 72 aber sind manche schon ein Jahr lang geblieben, manche sogar deutlich länger.

Im Moment leben 261 Migrantinnen und Migranten in der Herberge. Die meisten kommen aus Honduras. So wie Eda und Isabel, die das Leben mit einem trinkenden Gewalttäter nicht mehr ertragen haben. Wie Alberto, der weggelaufen ist, um zu überleben. Johana, die zu Hause in einer Konditorei arbeitete, aber von einem besseren Leben träumt, und ihr kleiner Sohn David. Franklin, Johanas Mann, der zuerst nicht weg wollte von zu Hause und dann doch seiner Frau und seinem Sohn hinterherfuhr. Und Bayron, der schon zweimal in den USA Arbeit gefunden hat, zweimal abgeschoben wurde und den Weg dorthin jetzt noch einmal riskiert. Sie alle erzählen mir ihre Geschichte.

Isabel will Ärztin werden

Auf dem kühlen Betonboden im Hof, dort, wo lange Tische und Stühle für die Mahlzeiten bereitstehen, spielen zwei Mädchen mit Bauklötzen. Sie schichten sie zu Türmen auf. Dann ziehen sie einzelne Klötzchen heraus. Wie lange der Turm wohl hält?

Ihre Mütter sitzen daneben und lassen die Kleinen nicht aus den Augen.

Woher kommen sie? Warum sind sie fortgegangen? Die Frauen sind wortkarg. Dann erzählt mir Eda Cruz – freundliche Augen, ein heller Rosenkranz um den Hals, ein schwarzes Top über der kurzen Jeans – doch etwas von sich. Besonders redselig ist sie allerdings nicht, denn sie hat immer noch Angst. Sie sorgt sich um ihre fünfjährige Tochter Isabel. Vor allem aber fürchtet sie ihren gewalttätigen Ehemann, vor dem sie und Isabel weggelaufen sind. Trotz der 700 Kilometer Distanz, die sie zwischen ihn und sich gebracht hat, lebt sie immer noch in Angst vor ihm. Er hat gedroht, ihr das Kind wegzunehmen und sie von den Maras töten zu lassen, sagt sie. Deshalb möchte sie nicht fotografiert werden. Und deshalb sollen Eda und Isabel, die in Wahrheit andere Namen tragen, hier so genannt werden.

Eda ist Mitte vierzig und kommt aus Honduras. »Mein Mann hat getrunken und mich geschlagen, und Isabel hat er auch geschlagen.« Die Narben auf ihren Armen stammten von Machetenhieben und kochendem Wasser. Für ihre Tochter will Eda eine bessere Zukunft. Deshalb ist sie gegangen.

Für die Reise hatte sie zweitausend Lempira zurückgelegt, umgerechnet etwa 72 Euro. An der Grenze zwischen Honduras und Guatemala nahm ihr ein Beamter die Hälfte davon ab. Eda zahlte. Sie hatte keine andere Möglichkeit, denn ihrer Tochter fehlte die schriftliche Einwilligung des Vaters für die Reise. Hätte sie dem Grenzer kein Geld gegeben, hätte er sie nicht aus dem Land gelassen. Zwei Tage lang fuhren sie in Bussen durch Guatemala. Flüsse überquerten sie mit dem Boot. Als sie in Mexiko ankamen, war das Geld aufgebraucht.

Sie liefen zu Fuß weiter. Isabel schaffte sechs Stunden Fußmarsch in der Hitze, dann klappte sie zusammen. Als Eda Anwohner um Wasser bat, hetzten die ihre Hunde auf sie. Irgendwann, sagt Eda, setzten hilfsbereite Menschen Mutter und Tochter in ein Taxi zur Herberge. »Wir kamen krank hier an, mit wunden Füßen, und der ganze Körper hat uns wehgetan, vom Gehen und von der Sonne. Hier hilft man uns. Dafür bin ich dankbar.«

Als ich die beiden treffe, sind Eda und Isabel schon seit zwei Wochen in der Herberge. Eda träumt von einer guten Ausbildung für ihre Tochter. Aber solange sich die beiden ohne reguläre Einreisepapiere in Mexiko aufhalten, kann Isabel nicht zur Schule gehen. Jetzt übt Eda mit ihrer Tochter die Buchstaben. Und beide träumen von den USA.

»Isabel will Ärztin werden«, sagt die Mutter. »Sie erklärt mir: ›Mami, wenn du nicht arbeitest, kann ich nicht zur Schule gehen.‹ Aber ich weiß nicht, wie das gehen soll. Die Uniform kostet, die Schulsachen kosten. Alles kostet. In Honduras hatten wir immer Bücher.«

Wie soll es weitergehen? Eda hat keine Arbeit und kein Geld. »Ich hoffe, dass Gott uns hilft«, sagt sie. »Nach Honduras kann ich jedenfalls nicht mehr zurück.«

Die einzige Art, sich ohne Geld von Tenosique aus nach Norden zu bewegen, ist auf dem Dach von La Bestia. Eda weiß, wie riskant das ist. »Die Leute fallen runter, werden überfallen, sterben. Alle sagen, der Zug ist viel zu gefährlich. Aber die meisten nehmen ihn dann doch.« Ich hoffe, dass Isabel und sie eine andere Möglichkeit finden werden.

Angst vor Tätowierten

Alberto González hat das breiteste Lächeln in La 72. Er sagt, dass ihm die Psychotherapie hilft, es nicht zu verlieren. Ich treffe den großen, schlanken Mann mit den schlammigen Stiefeln in der Küche, als er gerade aus dem Garten kommt. Er kümmert sich dort um die Bohnen und den Mais.

Alberto kennt sich aus mit der Feldarbeit. Er stammt aus dem Ort Danlí, rund 90 Kilometer östlich der honduranischen Hauptstadt Tegucigalpa. In Danlí bewirtschaftete er mit seiner Familie einen kleinen Bauernhof. Sie pflanzten Bohnen und Mais, hielten Kühe und Schweine, ernteten Mangos, Papayas und Orangen. »Danlí war eine ruhige Gegend«, sagt Alberto. Dann kamen die Maras. Und Danlí wurde gefährlich.

Alberto und seine Frau verließen ihren Hof mit den Bohnen, den Schweinen und den Mangobäumen und zogen in die Stadt San Pedro Sula. Freunde hatten ihm erzählt, dass es dort gute Arbeit gebe. Sie vermittelten ihm eine Stelle in einer Textilfabrik. »Sie war sehr gut bezahlt«, sagt Alberto. »Ich wollte vorankommen. Ich wollte diese Gelegenheit nicht verschenken.«

Gemeinsam eröffneten sie einen Kiosk. Während Alberto in der Fabrik arbeitete, stand seine Frau hinter der Theke. Das war ihr Unglück, denn auch San Pedro Sula war voller Maras. Sie verlangten eine »Kriegssteuer« von den beiden, so wie von allen anderen Geschäftsleuten in San Pedro Sula. Aber Alberto und seine Frau ignorierten die Forderung. »Wir zahlen den Maras doch nichts! Wir dachten, ihre Drohungen würden ohne Folgen bleiben.«

Sie irrten sich. Am 5. Dezember 2016, Alberto wird das Datum nie vergessen, töteten die Maras seine Frau. »Das ist das Schlimmste, was mir je in meinem Leben passiert ist.« Für einen Moment verliert er sein Lächeln und ringt um Fassung.

Nachdem er zum Witwer geworden war, ging Alberto zurück nach Danlí, doch die Bande folgte ihm. »Als eine Nachbarsfamilie mit dem Tod bedroht und aus ihrem Haus vertrieben wurde, da habe ich mich entschlossen, nach Mexiko zu gehen. Ich hatte Angst, dass mir das Gleiche passiert.« Fünf Tage brauchte er, um Honduras und Guatemala zu durchqueren. Seit fünf Monaten lebt er in La 72.

Anders als die meisten hier will Alberto in Mexiko bleiben und hat bei den Behörden Schutz als Flüchtling beantragt. Mit seinen 53 Jahren fühlt er sich zu alt, um in den USA noch einmal neu anzufangen. In Mexiko glaubt er sich sicher. Nur wenn Tätowierte in der Herberge ankommen, kehrt die Angst zurück. Tätowierte könnten Bandenmitglieder sein.

Was ist seine Hoffnung? »Ein eigener Laden wäre schön«, sagt Alberto. »Das hat mir gefallen. Ein Laden, das wäre ein Traum.« Dann steht er auf und geht zurück in den Garten. Er will heute noch einen Papayabaum pflanzen.

Johanas Traum

Johana Moreno ist 28 Jahre alt, ungefähr halb so alt wie Alberto, und sie lässt keinen Zweifel an ihrem Ziel. Sie will in die USA. Ihre Sehnsucht nach dem amerikanischen Traum war so stark, dass sie ihren Mann Franklin Molina in Tegucigalpa zurückließ, ihren erst zwei Jahre alten Sohn David nahm und sich mit ihren Geschwistern auf den Weg machte.

»Wir haben uns ins Abenteuer gestürzt, auf der Suche nach einer besseren Zukunft«, sagt sie. Franklin wollte seine Heimat zuerst nicht verlassen. Dann folgte er Johana doch, denn ohne sein Kind und seine Frau hielt er es zu Hause nicht mehr aus.

In Honduras, sagen beide, gibt es kaum Arbeit. Keine Möglichkeiten, aber dafür viel Unsicherheit. »Dort herrschen die Maras«, sagt Johana, »die Armut ist extrem und die Gewalt ist überall.«

Die beiden sind jung und zuversichtlich genug, um ihr altes Leben hinter sich zu lassen. Dabei hatten sie in Honduras Jobs und damit ein Einkommen. Johana arbeitete in einer Konditorei, Franklin für einen Sicherheitsdienst. Trotzdem wollte sie weg.

Jetzt warten sie in La 72 darauf, dass es irgendwie weitergeht. Wie? Das wissen sie nicht. Er vertraue auf Gott, sagt Franklin nur. Was soll er auch sonst tun? Johana sagt: »Ich hoffe, dass wir ankommen, wo wir hinwollen. Damit unser Leben sich verändert.«

Seine Träume sind bescheidener und wohl auch realistischer: »Ich hoffe, sie lassen uns dort arbeiten. Und sei es nur für eine begrenzte Zeit.«

Bayron und La Bestia

Der 36-jährige Bayron Moreno riskiert schon zum dritten Mal sein Leben für den amerikanischen Traum. Zwei Mal hat er es schon geschafft, in die USA zu kommen, erzählt er. Er arbeitete auf dem Bau, verdiente Geld. »Es ist eine ganz andere Welt. Man ist weit weg von den Schwierigkeiten, den Überfällen, den Todesdrohungen, mit denen wir in unserem Land zu tun haben. Man hat die Chance, wirtschaftlich voranzukommen.« Zwei Mal flog er auf und wurde abgeschoben. Jetzt versucht er es zum dritten Mal.

Bayron sitzt an einem Tisch im Hof von La 72 und wartet auf La Bestia. Er hat sein Heimatland Honduras allein verlassen. Frau und Sohn blieben zurück. Natürlich seien sie traurig über seinen Entschluss, sagt er. Traurig – mir scheint das ein sehr kleines Wort für das Gefühl zu sein, das man vermutlich empfindet, wenn einen der Partner und wahrscheinlich auch Ernährer der Familie auf unbestimmte Zeit verlässt, noch dazu unter Lebensgefahr. Aber was weiß ich schon von den Verhältnissen in Honduras.

»Wegzugehen ist gefährlich, man riskiert sein Leben«, sagt Bayron. »Aber ich konzentriere mich auf den amerikanischen Traum. Ich kann nicht zurück.« Seinem Heimatland gehe es zu schlecht, dort gebe es keine Arbeit für ihn. Er hofft, dass ihm in den USA seine Schwester helfen kann. Sie lebt seit ein paar Jahren ganz legal in New Orleans.

Auf dem Weg durch Guatemala hat Bayron sich mit anderen Leuten zusammengetan, die ebenfalls nach Norden wollten. Seine Reisegenossen sind schon weitergezogen. Doch er kann La 72 im Moment nicht verlassen. Er kam verletzt in der Herberge an, mit wunden Füßen und einem lädierten Knie. Er zeigt auf den Verband. »Seit zwölf Tagen warte ich darauf, dass es besser wird.«

Die Reise auf dem Zug ist lebensgefährlich – wegen der Razzien der Migrationspolizei entlang der Strecke und wegen der Banden, die den Zug überfallen und die Passagiere ausrauben, entführen, töten, vergewaltigen, die Frauen mitnehmen, um sie in die Prostitution zu zwingen. Und wer sich während der Fahrt nicht gut festhält, kann vom Dach fallen und dabei Arme und Beine verlieren oder sterben.

Trotzdem ist La Bestia ein Grund dafür, dass so viele Migranten ausgerechnet nach Tenosique kommen. Obwohl sie um die Gefahren wissen, erscheint ihnen der Zug als die aussichtsreichste Möglichkeit, voranzukommen.

Bayron beschreibt den Weg, den er nehmen will, ganz nüchtern: »Von Tenosique aus muss ich mit dem Zug weiter – ein totales Risiko. Aber natürlich nehmen wir den Zug trotzdem; 80 Prozent der Migranten aus Zentralamerika tun das. Auch wenn La Bestia viele verstümmelt hat, sie die Beine gekostet hat oder sogar das Leben– der Zug ist die einzige Möglichkeit, um in die Vereinigten Staaten zu kommen.«

In letzter Zeit fährt La Bestia absichtlich schneller, hat mir *La-72*-Direktor Ramón erzählt. Auch das sei eine Maßnahme, um die Migranten loszuwerden.

Kontrollen

Ich steige nicht auf La Bestia, sondern in einen ganz normalen Linienbus, der mich zurück nach Villahermosa bringt. Es ist die gleiche Strecke wie auf der Hinfahrt. Ein paar Mal treffen wir auf den Usumacinta-Fluss, fahren an seinem Ufer entlang vorbei an Mangobäumen, Wellblechhütten und den Menschen, die dort wohnen. Unterwegs passieren wir mehrere Militär- und Zollkontrollen. Mir fallen sie jetzt noch mehr auf als zuvor. Kurz nach Tenosique hält ein Posten den Bus an. Ein junger Migrationspolizist steigt ein und lässt seinen Blick durch die Sitzreihen wandern. Offenbar findet er nichts zu beanstanden. Er steigt aus, bedankt sich und winkt uns weiter.

Das war einfach. Für die Menschen, die ich in La 72 getroffen habe, wird die Reise nicht so leicht sein, und in den Monaten danach wird es für die Migranten aus Zentralamerika noch schwieriger werden, durch Mexiko in die USA zu gelangen. Doch es kommen immer mehr. Ob Alberto, Johana, David, Franklin, Bayron, Eda und Isabel wohl eine Chance bekommen haben, ihren amerikanischen Traum zu verwirklichen? Ich habe nichts mehr von ihnen gehört.

Kapitel 3

Chapultenango: Die Provinz der Zoque

In die Berge

Am nächsten Morgen fahre ich von Villahermosa aus in die Berge von Chiapas. Dicke, graue Regenwolken hängen am Himmel. Ich will ins Dorf Chapultenango, das über schmale Gebirgsstraßen nur umständlich erreichbar ist – erst recht jetzt in der Regenzeit, in der Erdrutsche häufig sind und Autos leicht im Schlamm stecken bleiben. In Chapultenango lebt die Dichterin Mikeas Sánchez. Sie schreibt auf Zoque, einer sehr alten Sprache – ihrer Muttersprache –, und das macht ihre Gedichte so besonders. Weil ich mehr darüber erfahren will, hat Mikeas mich eingeladen, sie in Chapultenango zu besuchen.

Die Zoque verstehen sich als direkte Nachfahren der Olmeken, einer der ältesten Kulturen Mittelamerikas, vielleicht sogar die älteste. Heute gehören dem Volk schätzungsweise mehr als 80 000 Menschen an; zwischen 60 000 und 70 000 sprechen noch die alte Sprache. Die ist sehr wichtig für die Zoque. Sie nennen ihre Sprache *Ore'* und sich selbst *Ore'pät* oder *Ore'yomo* – Männer und Frauen des Wortes. Die Zoque waren immer sehr pazifistisch, sagt Mikeas. Sie haben Außenstehenden immer gastfreundlich aufgenommen – selbst die spanischen Eroberer hießen sie willkommen.

Für Fremde wie mich ist der Weg von Villahermosa nach Chapultenango nicht ganz leicht zu finden. Das Dorf liegt relativ abgelegen auf 600 Metern Höhe. Die großen Überlandbusse fahren es gar nicht erst an. Um hinzukommen, halte ich mich genau an Mikeas' Anweisungen: Von Villahermosa aus soll ich mit dem Unternehmen Transportes Sultana nach Pichucalco fahren. Dann umsteigen nach Ixtacomitán, und von dort aus geht es direkt weiter nach Chapultenango. Geschätzte Reisedauer insgesamt: vier Stunden. Ein Zimmer für die Nacht hat Mikeas schon für mich reserviert.

Fahrkarten im Voraus zu kaufen ist nicht möglich; ich muss also früh aufbrechen, um auf jeden Fall einen Platz im Bus zu bekommen und meine Anschlüsse nicht zu verpassen. Wie genau es dann weitergeht, werde ich unterwegs sehen. Es fühlt sich ein wenig abenteuerlich an, aber ich verlasse mich ganz darauf, dass Mikeas weiß, welche Route sie mir da empfiehlt.

Im Auto, das mich zum Busbahnhof bringt, spielt das Radio ein schwungvolles Liebeslied. Ich muss schmunzeln. Es gibt wohl kein Thema, dem die Mexikaner sich musikalisch mit ähnlicher Inbrunst widmen wie der Liebe. Leider ist es in der Regel eine zutiefst unglückliche Liebe, die da besungen wird. Drama, Baby! Auch der Sänger im Radio erinnert sich an den tiefen Schmerz, den es bedeutet, jemanden verlassen zu müssen. Ich stutze. Verlassen müssen? – und höre auch schon das Wort *deportación*, Abschiebung, aus dem Text heraus.

Selbst die Liebeslieder beschäftigen sich hier damit, was es bedeutet, ohne die richtigen Stempel im Pass auswandern zu wollen. Migration, die Arbeitssuche im Ausland, die Armut zu Hause, die Abschiebungen – all das begegnet mir hier im Süden immer wieder.

Im Sultana-Bus fahren wir später durch flaches, bewaldetes Sumpfland. Am Wegrand sehe ich kleine Häuser mit Wellblechdächern, die Mauern blau und pink, apricot, grasgrün und mintfarben gestrichen. Manchen hat das tropische Klima schon arg zugesetzt. Dann folgen Tankstellen, Imbissstände, Parkplätze für Fernfahrer, ein Lkw-Friedhof. Ausgedehnte Viehweiden, Bananenpflanzungen. Die Früchte reifen unter blauen Plastikfolien, die aus dem Grün der Stauden hervorblitzen, wenn Sonnenlicht sie trifft. Als wir die Berge erreichen, biegt der Bus von der Hauptstraße nach rechts ab und beginnt einen kurvigen Aufstieg.

Bis Pichucalco brauchen wir nur eine gute Stunde. Und ich habe Glück. Als wir dort um die Ecke biegen, steht abfahrbereit genau gegenüber der Endhaltestelle der Kleinbus nach Ixtacomitán. Fast alle Plätze sind noch frei. Ich nehme gleich den hinter dem Fahrer – und lerne: Bevor wir zum Zielort aufbrechen, müssen wir noch die anderen Passagiere einsammeln. Wir zockeln also durchs Städtchen, vorbei an einer landwirtschaftlichen Kooperative, an Läden und Wohnhäusern, und halten immer wieder an, damit Fahrgäste einsteigen können. Erst als auch der letzte Sitzplatz vergeben ist, geht es los.

Draußen grasen Rinder. Ein Reiter mit Cowboyhut und Lasso kommt uns gemächlich entgegen, und gemächlich rollt auch der Bus. Auf Zuruf hält der Fahrer immer wieder an, um Passagiere aussteigen zu lassen. Andere steigen zu, leerer wird es nicht. Wir passieren ein Dorf, Passanten winken, Schulkinder spielen auf einem Sportplatz. Wenig später kommen wir in Ixtacomitán an. Am Marktplatz ist Endstation. Direkt gegenüber stehen ein paar Pick-ups: der Nahverkehr nach Chapultenango.

Noch aber fährt hier keiner ab. In aller Ruhe verspeist der Fahrer, der als erstes aufbrechen soll, ein spätes Frühstück. Die Zutaten hat er auf der Motorhaube ausgebreitet: Tüten, Tupperdosen, Tortillas. Mit seinen Kollegen verstaut er meinen großen Rucksack in einem Drahtkorb über der Fahrerkabine. Dann kehrt er zu seinem Imbiss zurück. Ich solle schon mal auf der Rückbank Platz nehmen, sagt er. Dort sitze ich nun etwas beengt neben zwei ungeduldigen, schwitzenden, schnurrbärtigen Männern in Hüten und Arbeitsklamotten, den zweiten Rucksack auf dem Schoß, und warte. Keine Ahnung, wie lange das hier noch dauern wird.

Meine beiden Mitreisenden jedenfalls haben es offenbar ziemlich eilig. »*¡Vamonos! ¡Que hace calor!*«, rufen sie dem Fahrer zu. »Fahren wir los, es ist heiß!« Aber niemand achtet auf sie. Die Fahrer plaudern, kauen, scherzen. Ganz offensichtlich halten sie den Pick-up noch nicht für voll genug. Dabei sitzen auch hinten auf der Ladefläche schon viele Passagiere.

Angesichts der Hitze bitten mich meine Sitznachbarn, ihnen ein Wasser zu spendieren, das es gegenüber im Supermarkt zu kaufen gibt. Ich falte mich aus dem Wagen, froh, einen Grund zu haben, mir die Beine zu vertreten, und tue ihnen den Gefallen. So kommen wir ins Gespräch. Die beiden sind *campesinos* aus der Gegend, wie sie erzählen. Einer arbeitet in Pichucalco auf einer Bananenpflanzung, die einer US-Firma gehört. Der andere hat seinen Lebensunterhalt früher im Norden verdient, in den USA und Kanada. »Die Farmer dort suchten kräftige Arbeiter für die Tomaten- und Baumwollernte.« Sie boten Halbjahresverträge an, mit denen man ein Arbeitsvisum bekam, und nach der Erntesaison gingen die Arbeiter wieder zurück nach Mexiko. Lang ist's her.

»Mir hat es dort gefallen«, sagt der Mann, »owohl es kalt war und ich Heimweh hatte.« Er konnte seiner Familie Geld schicken, und darauf kam es an. Doch seit etwa 15 Jahren kommen keine

Anwerber mehr. Der Norden scheint die Erntearbeiter aus Chiapas nicht mehr zu brauchen.

Als wir endlich losfahren, ist der Pick-up übervoll. Vorsichtig und mit quietschenden Achsen umkurvt der Fahrer die Schlaglöcher und Risse in der Fahrbahn. Die Straße wird schmaler, sobald wir Ixtacomitán verlassen haben. In Serpentinen folgt sie einem Tal, vorbei an Bäumen und Viehweiden. Grüne Berge schälen sich aus dem Dunst. Zwischen den Bäumen öffnet sich nach jeder Kurve ein neuer Blick hinab ins Tal. Gegen Mittag, früher als ich erwartet hatte, halten wir neben der Kirche von Chapultenango.

Chapultenango

Chapultenango ist winzig, so winzig, dass wirklich jeder, dem ich auf der Straße begegne, mich freundlich grüßt. Es ist auch eine nette Art zu zeigen, dass man Fremde im Auge behält, denke ich. Die Siedlung besteht aus einer Handvoll Straßen, die von Nord nach Süd verlaufen und von einem knappen Dutzend weiterer Straßen gekreuzt werden; einem Platz, auf dem ein paar Jugendliche mit ihren Fahrrädern herumkurven und die Zeit totschlagen; einem Rathaus, dessen Uhr immer halb neun zeigt; einer Dorfschule, ein paar Läden, ein paar Marktständen, die heute schon zu sind; Wohnhäusern, vor denen Kinder spielen und Alte auf Veranden sitzen. Umgeben ist Chapu, wie die Einheimischen es nennen, von Wald und Rinderweiden. Die alte Kirche, düster, klobig und gedrungen, mit dicken Mauern und einem quadratischen Glockenturm, stammt aus dem Jahr 1590. Die Spanier errichteten sie in den ersten Jahrzehnten ihrer Kolonialherrschaft. Die Zoque aber waren schon viel früher hier.

Im Dorf leben rund dreitausend Menschen, zur Gemeinde gehören aber auch 27 weitere, noch viel kleinere Orte in der

Umgebung. Mit ihnen zählt Chapu ungefähr siebentausend Einwohner. Fast drei Viertel von ihnen sprechen Zoque. Das Haus von Mikeas befindet sich ein Stück den Berg hinauf. Sie lebt dort mit ihrem Mann und ihrer Tochter Matza. Auf Zoque heißt das Stern.

Aber bevor ich Mikeas treffe, muss ich erst einmal meine Unterkunft finden. Ich müsse an der Kirche vorbei, hatte sie mir erklärt, rechts um die Ecke, und am Laden für Veterinär- und Tierzuchtbedarf solle ich nach Don Rigo fragen. Bei ihm könne ich unterkommen. Dann solle ich mich bei ihr melden. Nicht telefonisch, denn hier oben gibt es kein Mobilfunknetz. Aber ich kann im Internetcafé WLAN-Minuten kaufen und ihr eine Nachricht schicken.

Don Rigo

Der Laden für Veterinärbedarf ist leicht zu finden. Es stellt sich heraus, dass Don Rigo ihn selbst betreibt. Don Rigo – wache Augen, laute Stimme, voller Name Rigoberto Gómez – ist ein Mann mit vielen Berufen: Händler für alles, was die Viehzüchter hier oben so brauchen, Pensionswirt und auch noch Lehrer in der Dorfschule von Chapultenango. Vermutlich ist seine Stimme deshalb so kräftig und klar. Er scheint ziemlich geübt darin, sich durchzusetzen.

Mit mir spricht er Englisch, was mich ziemlich irritiert. »*Welcome*«, sagt er und bittet mich durchs Gartentor. »*This way, please*.« Ich bedanke mich auf Spanisch, doch Don Rigo lässt sich nicht beirren. »*Here is your room.*« Später stellt sich heraus, dass auch Don Rigo schon in den USA gelebt hat. Jetzt freut er sich ganz offensichtlich über meinen Besuch und über die Gelegenheit, Englisch sprechen zu können.

Seine Pension befindet sich in einem flachen Anbau direkt hinter dem Laden und besteht aus einer Handvoll geräumiger, zweckmäßig eingerichteter Zimmer. In meinem stehen ein großes Bett, ein Stuhl, ein Tisch, es gibt eine Dusche, Bettwäsche und Handtücher. Alles da. *»¡Gracias!«*, sage ich, froh, mein Gepäck absetzen zu können. Don Rigo erkundigt sich, was ich in Chapultenango vorhabe. Ob ich vielleicht den Vulkan El Chichonal sehen will, das Wahrzeichen der Gegend?

Vor meinem Zimmer rupfen Schafe am Gras, ein Hund döst im Schatten. Bananenstauden und Bäume schützen das Grundstück vor fremden Blicken. Chapultenango wirkt sehr friedlich auf mich, geradezu idyllisch. Die Luft ist frisch, die Bäume grün, im Hintergrund ragen erhabene Berge auf. Hier haben die Stunden der Nachmittagshitze noch nicht begonnen.

Seit 25 Jahren unterrichtet Don Rigo schon in der Dorfschule, erzählt er. Früher kamen die Lektionen per TV mit der Sendung *Telesecundario* ins Dorf, einer Art Telekolleg für Schulen. Heute aber müssen die Lehrer alles selbst entwickeln. Ihm ist es wichtig, dass seine Schüler fürs Leben lernen. »Der Tag beginnt mit Chemie, und die Jungs lernen bei mir alles über Kunststoffe. Warum? Weil die Wasserleitungen heutzutage aus Plastik sind und nicht mehr aus Alu, so wie früher.«

Tatsächlich ist die Wasserversorgung ein Thema in Chapu. Während ich im Dorf bin, gibt es Probleme mit den Rohren, und der Einzige, der dafür zuständig und offenbar in der Lage ist, den Schaden zu reparieren, ist stundenlang nicht greifbar. Aber irgendwie behelfen sich die Leute auch so. Sie scheinen Kummer mit der Wasserleitung gewohnt. Don Rigo jedenfalls hat rechtzeitig Vorräte angelegt. Auch in der Dusche meines Zimmers steht ein großer, mit klarem Wasser gefüllter Bottich nebst einer improvisierten Schöpfkelle. Am Morgen werde ich beides brauchen.

Im Moment unterrichtet der Lehrer die 14- bis 15-Jährigen. »Oh, schwieriges Alter«, sage ich. »Ach was«, erwidert Don Rigo, »kein Problem. Ich kann mich noch genau erinnern, wie man sich mit 15 fühlt.« Er scheint mit den Jugendlichen gut klarzukommen.

Am nächsten Tag wird der Unterricht vorerst das letzte Mal stattfinden. Dann gehen die Schüler vorzeitig in die Sommerferien, denn die Lehrer in Chiapas haben beschlossen, gemeinsam gegen schlechte Arbeitsbedingungen und niedrige Gehälter zu streiken.

Don Rigo bietet mir an, mich zu Mikeas zu begleiten. Ich will ihr zuerst noch Bescheid geben, dass ich angekommen bin, und fragen, wann ihr mein Besuch passt. Also bringt mich der Lehrer ins Internetcafé nebenan, ich schicke meine Nachricht ab, und Mikeas lädt uns ein, gleich zu kommen.

Mikeas, die Dichterin

Der Weg zu Mikeas ist kurz. Don Rigo und ich gehen den Hang hinauf, biegen rechts um die Ecke in eine Seitenstraße und steigen wieder ein paar Treppenstufen hinab. Schon stehen wir in Mikeas' Vorgarten. Nachbarn beobachten uns, Don Rigo grüßt, sie grüßen zurück. Mikeas' Haustür steht offen. »*¡Pasen!*«, ruft sie. »Kommt herein!«

Sie kommt uns bereits entgegen. Mikeas Sánchez, Zoque und Dichterin und damit eine *Ore'yomo*, eine Frau des Wortes im doppelten Sinn; Nachfahrin eines Schamanen, Musikers und Tänzers; vor 38 Jahren in Chapultenango geboren. Mikeas ist einen Kopf kleiner als ich. Ihr langes, glattes, schwarzes Haar fällt offen über ihren Rücken. Sie begrüßt uns zurückhaltend, aber freundlich und zugewandt. Auf mich wirkt sie auf eine verhaltene Art selbstbewusst, so wie es nur jemand sein kann, der genau weiß, wer er ist und was er kann – und der für sein Seelenheil nicht darauf angewiesen ist, dass andere mit ihm übereinstimmen.

Als wir ankommen, bereitet Mikeas in der Küche gerade das Mittagessen für ihre Tochter Matza vor, die jeden Moment aus der Schule kommen muss. Für uns unterbricht sie das Kochen für einen Moment. Sie und Don Rigo bringen einander auf den neusten Stand. Mikeas fragt ihn nach dem Streik der Lehrer – ich höre heraus, dass nicht alle Eltern über den Unterrichtsausfall begeistert sind –, er erkundigt sich nach der Umweltschutzgruppe, in der sie aktiv ist.

Sie unterhalten sich auf Spanisch. Doch Mikeas' erste Sprache ist Zoque. Das Gefühl für die Melodie ihrer Muttersprache muss sie von ihrem Großvater geerbt haben, dem Schamanen, Musiker und Tänzer. Von ihm lernte sie auch die traditionellen Verse.

Erst in der Schule, mit sieben Jahren, begann Mikeas, Spanisch zu sprechen. Sie ging zur Uni und machte einen Abschluss in Bildungswissenschaften. Mit einem Stipendium studierte sie dann in Barcelona und erwarb einen Masterabschluss in Didaktik für Sprache und Literatur. Bevor sie nach Chapultenango zurückkehrte, arbeitete sie in Copainalá, rund dreieinhalb Stunden entfernt, für den Radiosender Xecopa AM, der sein Programm auf Zoque, Tsotsil und Spanisch sendet. Für ihre Gedichte gewann sie Preise. Heute gibt sie einmal in der Woche in Villahermosa einen Kurs in der Interkulturellen Universität des Staates Tabasco. Aber sie fährt nur zum Arbeiten hinunter ins Tal. Villahermosa kann gefährlich sein, sagt sie. Ihr Leben ist hier, in Chapultenango.

Später, als Don Rigo gegangen ist, frage ich Mikeas nach der Kultur der Zoque. »Es ist eine sehr alte Kultur«, sagt sie. »Sie ist reich an mündlicher Überlieferung, an Musik und Tänzen. Nicht im Sinne von Besitz. Unser Reichtum ist anders. Wir haben eine reiche Natur, die Felder, die Berge, die Tiere.«

Für die Zoque sind all diese Dinge beseelt. Jeder Hügel, jeder Fluss besitzt eine eigene Energie, einen Geist, der ihn beschützt, und die Menschen sind verpflichtet, ihn zu respektieren. Diese Art der Naturverbundenheit ist mir bei den indigenen Völkern Lateinamerikas immer wieder begegnet. Und natürlich verträgt sie sich, wenn man sie ernst nimmt, überhaupt nicht mit der westlichen Vorstellung, dass man Wohlstand und Entwicklung durch die Förderung von Rohstoffen, wettbewerbsfähige Exporte und Wirtschaftswachstum erreichen muss. Mikeas nimmt sie ernst. Deshalb kämpft sie gegen Fracking-Projekte, die im Gebiet der Zoque geplant sind.

Anders als die Maya haben die Zoque weder imposante Bauwerke noch schriftliche Kodizes, jene aufwendigen, aus Papier gefalteten Bilderhandschriften, in denen die alten Traditionen festgehalten sind. Deshalb, sagt Mikeas, hat man die Kultur lange kleingemacht und als primitiv missachtet.

»Mikeas, du sagst, Musik und Tänze sind euch wichtig. Was ist das für eine Musik? Und was für Tänze gibt es bei euch?«

»Unsere Instrumente sind Flöte und Trommel. Und in unseren Tänzen geht es um den Austausch mit der Natur, um Mythologie, um die Einheit der Gemeinden. Sie sind wie Theaterstücke. Sie erzählen Geschichten.«

Ich frage nach: »Kannst du mir ein Beispiel geben, damit ich es mir besser vorstellen kann?«

»Da gibt es zum Beispiel den Tanz des Sämanns, den wir im Februar aufführen. Die ganze Gemeinschaft ist daran beteiligt.« In dem Tanz kommt – natürlich – ein Sämann vor. Außerdem Säerinnen und Tiere, etwa der Hirsch, Elemente der Natur wie der Regen und das Feuer.

»Bevor der Tanz aufgeführt wird, geht der Darsteller des Sämanns durchs Dorf«, erzählt Mikeas. »Er klopft an jedem Haus und sammelt Saatgut: Maiskörner, Kürbiskerne, Bohnen. Jede Familie spendet etwas, und jede gibt etwas anderes. So ist das Ritual.«

Im Tanz tut der Sämann dann so, als würde er aussäen, was er eingesammelt hat, und bezieht sein Publikum mit ein. »Die

Leute reagieren, obwohl sie selbst nicht tanzen. Aber sie lachen und laufen mit. Und am Ende verschenkt der Sämann seine Saatkörner.« So wird das Saatgut unter den Familien getauscht, denn nach dem Tanz des Sämanns hat jede Familie andere Körner als zuvor.

In der Gemeinschaft zu leben sei für die Zoque wichtig, sagt Mikeas. Wer sich für die anderen engagiere, sammle Punkte fürs Jenseits. »Wie sieht das Jenseits aus?«, will ich wissen. »Wie ein Labyrinth. Wir nennen es *ipstäjk,* 20 Häuser. Dort erwarten dich 26 Richter. Sie wissen genau über dein Leben Bescheid, und sie beratschlagen, was aus dir werden soll. Wenn du zum Beispiel deinem Nachbarn bei der Aussaat geholfen hast, dann werden sie sich daran erinnern.«

Auch Mikeas ist ihre Gemeinschaft wichtig. Sie ist nach Chapultenango zurückgekehrt, um das Wissen, dass sie anderswo erworben hat, mit ihren Leuten zu teilen. Manchmal verstünden die Nachbarn freilich nicht so ganz, was sie zu Hause tue, sagt sie. Steht ihre Haustür offen, rufen sie nach ihr oder kommen auf ein Schwätzchen vorbei, weil sie nicht begreifen, dass Schreiben auch Arbeit ist.

Und wenn Mikeas beruflich Männerbesuch hat, schauen sie schräg. »Bei dir ist das etwas anderes«, sagt sie nüchtern, »du bist ja eine Frau.« Höre ich da ein wenig Ironie heraus? Ich bin mir nicht sicher. Jedenfalls muss ich schmunzeln.

Die Zoque glauben, wer sich zu Lebzeiten um die Gemeinschaft verdient macht, hat später im Jenseits bessere Chancen. Setzen sich vor Gericht die wohlgesonnenen Richter durch, dürfen die Toten an einen Ort wechseln, an dem es zugeht wie auf einem immerwährenden Fest. *Tzuan* heißt dieser Ort. Alle anderen Verstorbenen – mit Ausnahme von Selbstmördern, die an einem dunklen Ort ohne Ausweg gefangen sind – müssen im Labyrinth bleiben, bis sie auf Erden vergessen werden. Erst dann könnten sie wiedergeboren werden in ein neues Leben.

Deshalb versuchten die Zoque, ihre Toten so schnell wie möglich zu vergessen. »Damit sie nicht leiden.« Merkwürdig, denke ich. Anderswo ehrt man die Toten, indem man ihrer lange gedenkt. Und wie geht das überhaupt, jemanden bewusst zu vergessen?

Bevor ich fragen kann, kommt Matza. Später zeigt mir Mikeas eine Hausaufgabe ihrer Tochter aus dem Geschichtsunterricht: Wogegen protestierten die Mexikaner früher, und warum demonstrieren sie heute? Matza soll darüber etwas schreiben. Falls es der Zweck der Aufgabe sein soll, den Kindern zu zeigen, wie sehr sich das Leben seit der Zeit der Mexikanischen Revolution verbessert hat, so hat sie den glatt verfehlt. Matza kommt zum genau entgegengesetzten Schluss. »Heute ist die Welt genau so eine Scheiße wie damals«, findet sie.

Sie weiß von ihrer Mutter, dass Demonstrationen nicht der Vergangenheit angehören. Denn mit ihrer Anti-Fracking-Gruppe geht Mikeas auf die Straße, obwohl ihr viele Leute sagen, dass das doch sowieso nichts bringt. Mit dabei sind Kirchenleute, *campesinos*, Unidozenten, Menschenrechtsaktivisten und Mitglieder eines Kultur- und Sprachzentrums der Zoque. Morgen will Mikeas mich zu einem Treffen mitnehmen.

Zum mexikanischen Schulsystem hat sie eine eigene Meinung. Es sei dafür verantwortlich, dass so viele die Gebräuche und Traditionen der Alten vergessen hätten. Mich erinnert das an Yazmín, die Maya-Sängerin aus Yucatán, die ebenfalls beklagte, in der Schule nichts über ihre eigene Geschichte gelernt zu haben.

»Wenn das Bildungssystem eines geschafft hat, dann das: die eigene Kultur zu vernichten«, sagt auch Mikeas. »Das ist schrecklich. Man geht doch zur Schule, weil man über sich hinauswachsen will. Weil man besser werden möchte als die eigenen Eltern – aber dabei vergisst man völlig, dass schon die Eltern und Großeltern Teil einer Zivilisation waren, die es schon immer verstanden hat, gut zu leben. Die Schule aber trennt dich von deinen Wurzeln. Sie verwandelt dich in ein Objekt, dessen Lebenssinn darin besteht ist, Sachen zu kaufen.«

Mikeas aber will in ihren Gedichten die Wurzeln ihrer Kultur lebendig erhalten. Einen Schlüsselmoment für ihre Arbeit erlebte sie, als sie in ihrer Sprache zu schreiben begann. Ich muss erneut an Yazmín denken, für die ihre eigene Sprache ähnlich wichtig ist. Mikeas besuchte damals ein Literaturseminar. »Unser Lehrer sagte immer: Ihr müsst eure eigene Stimme finden! Kopieren ist nicht erlaubt. Ihr müsst etwas Besonderes schaffen.« Sie lacht. »Damals war ich 18. Da weiß man doch noch nicht mal, wer man sein will im Leben – und noch viel weniger, wie man eine eigene Stimme entwickelt!«

Sie fand ihre Stimme dann trotzdem: in ihrer eigenen, uralten Kultur. In ihren Gedichten schreibt sie gegen das Vergessen an. Die Poesie, sagt sie, sei dafür eine gute Strategie.

Mikeas wünscht sich, dass die Zoque sich mit ihren Gedichten identifizieren können, weil sie kennen, worüber sie schreibt, und sich deshalb in ihrer Poesie wiederfinden. Nicht immer gelingt das. Aber manchmal, wenn Mikeas in die Dörfer geht, in denen nur Zoque gesprochen wird, und ihre Gedichte vorliest, dann kommen Leute aus dem Publikum danach zu ihr. »Sie sagen: ›Das hat mich berührt. Diese Worte hätten wir alle aufschreiben können. Wie gut, dass du es getan hast!‹« erzählt sie. »Das kann nicht jeder. Aber ich schreibe ja nicht allein. Meine Gedichte werden aus unserer Gemeinschaft geboren und kehren zu ihr zurück. Und deshalb berührt es die Leute. Sie haben genau das, was ich schreibe, auch schon einmal gedacht.« Würde sie über eine andere Kultur schreiben, es wäre nicht dasselbe.

Ich bitte Mikeas, mir ein Gedicht vorzulesen. Sie wählt eines über ihre Großmutter:

Jesucristo'is Ja' Ñäjktyäj'ya Äj' Tzumama'is Kyionuksku'y

Äj' tzumama'is ja' myuspäkä' kastiya'ore
natzu' jyambä'ä ngyomis'kyionukskutyam
natzu' xaä' tumä nabdzu'
jyambäukam yanuku'is musokiu'tyam
Äj' tzumama'is wyanjambana' jujche' ore'omorire'na
Muspabä tä' tzamä'sawa'jin
tese' kujtnebya'na eyabä' ngomis wyinan'omoram
tese'na konukspa chokoyjin ni'ijse
Jesucristo'is ja' myajna kyonujksku'y
te' yore äj' dzumamas'ñye
ñä' ijtu'na pomarrosas yoma'ram
tese' sunkbana' tumä' matza
wyrün'omoram wadbasenaka'
San Miguel Arkangel'is ja' myajna' kyänuksku'y
äj'tzumama'is kyänuksku'y wenen'omo yaxonguy'tyam'dena
jukis'tyt numbana' tese' poyajpana te' toya'ram
patsoke wejpana' tese' te' Sungä mita'na yängu'kyämä
Te' yängu'kyämärike pänayaju' kuyay'yune'ram

Jesus hat die Bittgebete meiner Großmutter nie verstanden

Meine Großmutter lernte nie Spanisch
sie hatte Angst, ihre Götter zu vergessen
sie hatte Angst, morgens aufzuwachen
und die Wunder ihrer Nachkommenschaft vergessen zu haben
Meine Großmutter glaubte, dass man nur
auf Zoque mit dem Wind sprechen könne
aber sie kniete vor den Heiligen
und betete mit mehr Inbrunst als irgendjemand sonst
Jesus hat sie nie gehört
Die Zunge meiner Großmutter
duftete nach Jambusenfrüchten

und wenn sie sang, leuchteten ihre Augen
mit der Helligkeit eines Sterns
Der Erzengel Michael hat sie nie gehört
Die Bittgebete meiner Großmutter
waren manchmal blasphemisch
jukis'tyt sagte sie und die Schmerzen hörten auf
patsoke rief sie und die Zeit stand unter ihrem Bett still.
Es war das gleiche Bett, in dem sie
ihre sieben Söhne geboren hatte

Die Geschichte, die dahintersteckt, geht so: Mikeas Großmutter wurde sehr alt. Sie sprach kein Spanisch. »Aber sie gehörte zu den katholischsten Menschen, die man sich nur vorstellen kann.« Jeden Tag stieg die Großmutter von ihrem Haus hinab in die Kirche. Bei Sonnenschein, bei Regen, bei Gewitter. Selbst in hohem Alter noch. »Eines Tages sagte meine Mutter: ›*Ay*, ich weiß nicht, warum deine Großmutter ständig in die Kirche geht, sie weiß ja nicht einmal, wie man betet.‹ Ich antwortete: ›Wie, sie kann nicht beten?‹ Meine Mutter erwiderte: ›Hör ihr nur zu, und du wirst schon sehen.‹«

Mikeas setzte sich neben ihre Großmutter und hörte zu. Die Alte murmelte auf Zoque vor sich hin, aber es waren nicht die Gebete, die in der Kirche gesprochen wurden. »Als Kind dachte ich, vielleicht hat sie die Gebete vergessen, weil sie schon so alt ist. Aber je mehr ich darüber nachdachte, desto klarer wurde mir: Meine Großmutter leistete den Kolonisatoren Widerstand. Sie tat nur so, als würde sie in die Kirche gehen, um zu beten. Aber in Wahrheit betete sie gar nicht.« Stattdessen richtete sie ihre Bitten an die alten Geister der Zoque. Alte Rituale in katholischem Gewand – auch das begegnet mir in Mexiko immer wieder.

Es regnet, als ich mich von Mikeas verabschiede und den Berg hinunter zu Don Rigos Laden gehe. Der Chef sitzt noch hinterm Tresen, neben Saatgut und Draht.

Gegen Fracking

Am Morgen werde ich von lautem Glockenläuten geweckt. Das Geläut ruft zur Frühmesse in die katholische Kirche nebenan – dieselbe Kirche, in der Mikeas' Großmutter statt der katholischen ihre eigenen Heiligen anrief.

Der frühe Tag ist frisch und klar. In der Nacht hat es heftig gewittert und der Regen hat die Luft gereinigt. Mikeas und ihre Anti-Fracking-Gruppe wollen in den Ort Tecpatán, um sich dort mit Gleichgesinnten zu treffen, und ich darf sie begleiten. Wir wollen aufbrechen, solange es noch kühl ist, also packe ich meine Sachen, lade mir den großen Rucksack mit seinen 20 Kilo auf den Rücken und den kleineren mit noch ein paar Kilo vor den Bauch und gehe langsam hinüber zum Kirchvorplatz. Tecpatán ist nicht allzu weit von Chapultenango entfernt, nur gut 60 Kilometer. Aber jetzt in der Regenzeit sind die Straßen schlecht. Wir werden wohl zwei, drei Stunden unterwegs sein.

Am Kirchplatz lade ich mein Gepäck ab. Mikeas ist noch nicht da. Die Glocken sind verstummt, Stille liegt über dem Platz. Bis auf zwei Männer, die gegenüber auf einer Bank sitzen und ebenfalls zu warten scheinen, ist niemand hier. Plötzlich weht eine Walzermelodie ganz leise herüber. Walzer in den Bergen von Südmexiko? Die Musik kommt aus der Schule gegenüber. Am Ende des Schuljahres tanzen die Schüler hier Walzer, sagt Mikeas wenig später, als sie kommt. Es ist ein fester Bestandteil der Abschlussfeier.

Wir warten, aber der Fahrer kommt nicht. Wie spät ist es? Die Uhr am Rathaus zeigt stoisch halb neun. Wir sollten schon längst unterwegs sein, und wir sind auch nicht mehr die einzigen, die warten. Etwa ein Dutzend Frauen und Männer stehen um den Platz herum und werden langsam ungeduldig. Der Koordinator der Gruppe ist mit seinem Privatwagen vorgefahren, aber er kann nur eine Handvoll Leute mitnehmen. Der Pick-up, der gebucht wurde, damit alle mitkommen können, ist nirgends zu sehen.

»Wahrscheinlich hat er gestern gefeiert«, vermutet Mikeas. Der Vortag, Fronleichnam für die Katholiken, ist auch ein wichtiger Feiertag für die Zoque. Es ist der Tag des Señors von Tila, einer dunklen Christusfigur, die in den Bergen von Chiapas als wundertätig verehrt wird. An seinen Festtagen pilgern Menschen aus der ganzen Region, aus Chiapas und aus den Bundesstaaten Veracruz und Puebla nach Tila, um dem Christus dort ihre Bittgebete vorzutragen. Ganz offensichtlich war unser Chauffeur unter den Wallfahrern.

Auf Fotos ist die gelbe Kirche, die den Christus von Tila beherbergt, weithin sichtbar. Sie steht auf einem Hügel über dem Dorf, und neben ihr steht ein Kreuz. Mikeas aber sagt, der wahre heilige Ort sei nicht die Kirche, sondern eine Höhle am Berg. Dort beten die Männer. Frauen haben keinen Zutritt. Mikeas' Vater bat den Señor von Tila um einen Sohn. »Wir waren schon sieben Frauen. Aber dann bekam ich einen Bruder.« Ihr Onkel hingegen bat den Heiligen um Vieh. Und seine Bitte wurde erfüllt.

Worum unser Fahrer den Señor bat, bleibt leider offen, aber irgendwann wird es dem Koordinator der Gruppe zu bunt. Er fährt zu dem Mann nach Hause und holt ihn aus dem Bett. Wenig später fahren wir los, endlich. Mikeas und ich quetschen uns auf die Beifahrerbank – es ist ein privilegierter Platz, aber so eng, dass Mikeas jedes Mal ihre Beine aus dem Weg nehmen muss, wenn der Fahrer schaltet.

Die Straße windet sich durch grüne Berge. Manche Bergspitzen tragen bewaldete Kronen, aber die Viehweiden schieben sich schon weit nach oben. An manchen Stellen kann man sehen, dass die Bäume gerade erst gefällt und das Gelände durch Brände gerodet wurde. Mikeas zeigt auf eine Stelle, wo der Wald noch dicht steht. »So sah es in Chapu früher auch aus«, sagt sie.

Wir kommen durch Guadalupe Victoria. Hier wurde Mikeas geboren. Auf Zoque trägt der Ort den poetischen Namen Tujsübajk, Fluss des grünen Wassers. Mikeas' Familie besitzt hier ein Stück Land, das sie gerne bewirtschaften würden. »Aber manchmal, so wie jetzt in der Regenzeit, ist der Weg dorthin versperrt. Wir bräuchten mindestens eine kleine Hütte, um dort leben zu können, denn sonst kann die Ernte leicht gestohlen werden.« Doch solange Matza noch in Chapu zur Schule gehe, ist das nicht möglich. Später vielleicht, sagt Mikeas.

Einmal sehen wir von weitem die scharfe Spitze des Vulkans El Chichonal. Die Zoque nennen ihn Tzitzunhkotzäjk. Im Jahr 1982 brach er aus, ein Drittel der Fläche Chapultenangos wurde unbewohnbar, viele Bewohner mussten ihre Heimat verlassen.

Auf der Rückbank sitzen Männer aus dem Dorf. Sie unterhalten sich auf Zoque und wechseln dann ins Spanische. Sie spötteln über die Umstellung zwischen Winter- und Sommerzeit, so viel kann ich verstehen. Für mich sind die Zeitansagen der Bewohner von Chapultenango etwas verwirrend. Während ich in Chiapas unterwegs bin, gilt in Mexiko die Sommerzeit. Alle staatlichen Einrichtungen richten sich danach; Schulen beispielsweise beginnen mit dem Unterricht zur offiziellen Zeit. Die Bauern aber weigern sich, die Umstellung mitzumachen.

Die Folge ist, dass während der Sommerzeit in Chapultenango und anderen Orten in Südmexiko zwei Uhrzeiten gelten, die offizielle und die *tiempo normal,* die Normalzeit, wie die Leute sie nennen. »Mein Hahn kräht zu seiner eigenen Zeit«, spöttelt einer der Männer auf dem Rücksitz. Die anderen lachen. »Was nützt es, die Uhren vor- oder zurückzustellen?« Mir würde es schon helfen, denke ich, denn mich bringen die parallel geltenden Zeiten ständig durcheinander.

Plötzlich bremst der Fahrer. Ein Erdrutsch versperrt uns den Weg. Oder besser, eine Schlammlawine, denn durch das viele Wasser ist die Erde durchnässt und aufgeweicht. Die Piste vor uns ist ein einziger Brei. Fahrzeuge halten an, schon ist eine kleine Schlange entstanden. Ausgerechnet der Fahrer eines ziemlich kräftig scheinenden Pick-ups traut sich die Durchfahrt nicht zu und dreht um. »So groß, und trotzdem so ängstlich!«, witzeln die Männer auf der Rückbank. Ich muss grinsen. Wir hingegen wagen die Weiterfahrt und geraten böse ins Schwimmen. Aber wir kommen durch. Mikeas wird mir später schreiben, dass es auf dem Rückweg noch schwieriger war. »Aber das ist nicht die Schuld der Erde, sondern unsere, weil wir uns dort Wege bahnen.«

Die anderen sind schon da, als wir Tecpatán erreichen. Abordnungen aus verschiedenen Gemeinden der Gegend treffen sich hier in einer großen Mehrzweckhalle: grün gestrichene Innenwände, quietschende Ventilatoren unter einem Wellblechdach, Klappstühle in Reihen. Von einer historischen Fotografie über der Bühne blickt entschlossen und mahnend ein Reiter mit Sombrero, dickem Schnauzbart, Lasso und Gewehr. Es ist der Revolutionär Emiliano Zapata, der vor ungefähr 100 Jahren den Aufstand der Bauern Südmexikos gegen die Reichen anführte.

Die Aktivisten, die heute unter seinem Blick zusammenkommen, kämpfen gegen Fracking- und Bergbauprojekte, die in der Gegend der Zoque geplant sind. Sie nennen sich Zodevite, eine Abkürzung, deren Langform sich übersetzen lässt mit »Indigene Bewegung der gläubigen Zoque zur Verteidigung des Lebens und der Erde«. Bei ihren Treffen koordinieren sie ihre Arbeit.

Zodevite fürchtet, dass durch Fracking Gewässer verschmutzt, die Fische vergiftet und die Böden für die Landwirtschaft unbrauchbar gemacht werden. Das würde die traditionelle Lebensweise der Zoque in Gefahr bringen. Dabei werden in der Gegend schon einige Großprojekte verwirklicht: Wasserkraftwerke, eine Mine und Ölquellen. Der Staat will weitere Konzessionen vergeben. Zodevite fordert, alle Ausschreibungsverfahren zu stoppen. Die Aktivisten sagen, mit Fracking, Wasserkraft und Bergbau setzt sich nur die alte Unterdrückungspolitik fort, die mit der spanischen Kolonisation begonnen hat und bis heute andauert.

Auch Priester sind anwesend. Sie haben sich auf die Seite der Gruppe gestellt, nachdem Papst Franziskus im Mai 2015 seine Enzyklika *Laudato Sí* veröffentlicht hatte, erzählt Mikeas. »Deshalb gingen die Leute demonstrieren.« Bilder in der Halle zeigen die Geistlichen in weißen Soutanen, wie sie einen Protestzug anführen. Ihre bestickten Schärpen betonen ihre Priesterwürde, das große Banner mit der Jungfrau von Guadalupe, das einer trägt, macht ihren Anspruch klar: Sie stehen unter dem Schutz der Nationalheiligen Mexikos. Die Fotos erzählen eine starke Geschichte.

Die Geistlichen, die heute nach Tecpatán gekommen sind, sieht man nicht auf den Bildern. Aber auch sie haben sich gegen die Öl- und Gasförderung im Zoque-Land eingesetzt. Jetzt werden sie in andere Pfarreien versetzt. Warum, weiß hier niemand so genau. Die Aktivisten wollen sich von ihnen verabschieden und ihnen danken.

Zuerst aber begrüßt ein Redner alle, die neu dabei sind – auch mich, und plötzlich wird das hier ein wenig heikel. Journalisten seien immer willkommen, sagt er, solange sie nicht für Regierungs- oder andere offizielle Medien arbeiteten. Damit meint er: solange sie nicht auf der Seite der Gegner stehen. Die Frage ist klar: Bin ich für Zodevite oder dagegen? Ich danke für den freundlichen Empfang und versuche zu erklären, dass mein Beruf von mir verlangt, möglichst unparteiisch zu beobachten. »Ich möchte nur verstehen, was ihr hier macht, und in meinem Land darüber berichten.«

Ob er versteht, was ich meine? Jedenfalls darf ich bleiben. Es wird eine lange Veranstaltung. Fast drei Stunden lang diskutieren 60, vielleicht 70 Leute über Fracking-Projekte, die schon laufen, über die ständigen Explosionen in der Nähe eines Dorfes, dessen Bewohner bei jedem Knall ein Erdbeben spüren, über einen großen Softdrinkhersteller, der anderswo das Grundwasser abpumpt und die Anwohner auf dem Trockenen sitzen lässt, so dass sie statt Wasser Cola trinken müssen. Einer zeigt auf Karten, wo neue Vorhaben geplant sind. Immer wieder nehmen Redner Bezug auf die Enzyklika *Laudato Sí*. In einer Pause verteilen zwei Frauen *pozol*, ein Getränk aus Maisschrot und Wasser. Es macht sehr satt. *pozol* wird mich durch diesen Tag bringen.

Mikeas verfolgt die Diskussion aufmerksam, aber ohne viel zu sagen. Am Ende wird sie die Teilnehmerlisten für die Organisation des nächsten Treffens führen. Die Zoque müssten ihr Territorium verteidigen, hatte sie am Vortag gesagt. »Für uns ist es sehr wichtig, die Hügel zu respektieren. Dort leben die Energien. Die westliche Kultur nennt sie Götter, aber für uns sind es Energien, die die Natur beschützen. Jeder Hügel hat seine Energie, seinen Herrn oder seine Herrin. Der Vulkan Chichonal zum Beispiel hat eine Herrin, die auf ihn aufpasst. Auch die Flüsse haben ihre Energien. Sie sind schon immer da gewesen. Sie sind wie wir. Und wenn wir sie nicht respektieren, können sie Gestalt annehmen und ihren Ärger ausleben.«

Ich frage nach: »Bedeutet das, dass jedes Wesen in der Natur eine solche Energie hat, die es beschützt?«

Ja, sagt Mikeas, auch die Tiere. »Die Jäger dürfen also nicht zu viel jagen, denn sonst ärgern sich die Herren der Tiere. Und dann suchen diese die Jäger im Traum auf und sagen ihnen: Ihr macht einen Fehler. Ihr nehmt euch zu viel. Was da ist, ist für alle da. Und wer nicht auf ihre Warnungen hört, wird krank.«

»Krank? Wie das?«

»Die Herren jagen ihnen einen Schrecken ein. Wir glauben daran, dass Krankheiten durch unsere Träume zu uns kommen. Wenn das geschieht, kann dich kein Arzt heilen.«

»Und was passiert dann mit mir, Mikeas?«

»Du verlierst den Appetit und magerst ab. Oder du hast Schmerzen, die dir niemand erklären und niemand nehmen kann. Es ist eine Strafe. Du kannst sogar daran sterben. Und dann urteilen die Richter des *ipstäjk* in der Unterwelt über dich.«

Im Jahr 2017 bekam Zodevite einen Preis von der Organisation Pax Christi verliehen. Um ihn entgegenzunehmen, reiste Mikeas nach Rom und bedankte sich mit einem Gedicht, das ich mit ihrer Erlaubnis hier wiedergebe:

Äjte’ te’ dzun̲dy
mokaya’
mojk’jäyä
Kedgä’kätpatzi jojmorambä äj’ n̲wirun̲’jin̲dam
n̲gobigbatzi äj’ dzokoyjin̲ tumdumäbä tämbu
jin̲dire’ suñ’gomujsibätzi yä’ Nasakobajk
Nä’ tzambatzi te’ kotzojk’ komiojnayajpatzi jach’tanä’ram
Dzemiajpatzi te’ joyjoyeram’
äj’ ore’ maka yayi’an̲gas
mumu’is yajk’ mujsä juche n̲kätu äj’ iri yä’ Nasakobajkäjsi

Ich bin eine Säerin
Beschützerin dieser Erde
die Blüte des Maises
Ich beobachte mit meinen uralten Augen
wähle mit dem Herzen jedes Saatkorn
mein Wissen über die Welt ist nicht vergeblich
Ich spreche mit dem Herrn des Hügels
streite mit den bösartigen Pflanzen
Ich bin die Provokateurin der unsichtbaren Wesen
meine Stimme ist bis zu den Grenzen der Berge zu hören
denn niemand wird meinen Weg durch das Universum
leugnen können

»Die Zoque und die Natur sind eine Einheit, nicht voneinander zu trennen«, sagte Mikeas in ihrer Dankesrede. »Wenn die

Gemeinschaft auf die Berge aufpasst, werden die Berge uns auch beschützen und uns ernähren.« Alle lebenden Wesen sind gleich wichtig, um das Gleichgewicht der Ökosysteme zu bewahren. »Eine Ameise, ein Regenwurm, eine Biene ebenso wie ein Fluss, ein Berg oder der Mensch.« Deshalb sind Erdölförderung und Fracking »ein Attentat auf das Leben selbst«.

Immer hätten die Zoque Missachtung, Armut und Unterdrückung ertragen, aber jetzt müssten sie rebellieren, sagte Mikeas weiter. »Dort, wo Bergbau und Ölförderung die Natur zerstören, dort leben wir: Männer und Frauen, die die Welt so, wie wir sie verstehen, auch in Zukunft beschützen wollen.«

Zu mir sagt Mikeas, die Arbeit von Zodevite habe mit Würde zu tun und mit dem Kampf der Vorfahren. »Nur weil es ihnen gelungen ist, mehr als 500 Jahre Widerstand zu leisten, haben wir noch unsere Traditionen. Sie mussten so viele Opfer auf sich nehmen und so viele Demütigungen erdulden, um dieses Land so zu erhalten, wie es heute ist.« Mikeas will die Erinnerung an die Alten ehren. Sie sagt, Widerstand sei Pflicht.

Die Zodevite-Aktivisten weigern sich, mit ihrer alten Kultur zu verschwinden, und was sie tun, ist in einem Land wie Mexiko gefährlich. In Cuetzalan im Bundesstaat Puebla wurde gerade ein Mann ermordet, der gegen Tagebau und Fracking protestiert hatte.

Nach dem Treffen kehrt Mikeas mit ihrer Gruppe nach Chapultenango zurück. Ich will in die andere Richtung, nach San Cristóbal de las Casas. Mikeas vertraut mich Fermín Ledesma an. Er ist Zoque, Forscher und Dozent an der Uni in Tuxtla Gutiérrez, der Hauptstadt des Bundesstaats Chiapas. Vorhin hat er der Gruppe Karten gezeigt, auf denen die geplanten Fracking-Bohrstellen verzeichnet sind, er hat zum Widerstand aufgerufen und zwei mexikanischen Journalisten ein Interview gegeben, in dem er die Bedrohung geschildert hat, die er im Fracking sieht. Eine Studentin begleitet ihn. Beide erforschen und studieren Zodevite, aber sie verstehen sich auch als Aktivisten.

Jetzt aber müssen sie erst einmal ganz alltägliche logistische Hürden nehmen. Sie wollen hinunter nach Tuxtla, zurück zu Uni und Familie. Von Tuxtla aus werde ich bequem nach San Cristóbal weiterfahren können, sagen sie. Aber wir haben Pech. Am Busbahnhof von Tecpatán sagt man uns, dass heute nichts mehr fahren wird.

Fermín und Edward Said

Zum Glück gibt es noch Lucas, einen freundlich blickenden *compañero* aus der Anti-Fracking-Truppe, der uns zum Busbahnhof begleitet hat. Lucas ist hilfsbereit, und er hat ein Auto. Gegen ein wenig Spritgeld bringt er uns zum nächsten Busbahnhof.

Über schmale Wege kurven wir Richtung Tal. Vorne unterhalten sich Fermín und Lucas, auf der Rückbank schweigen wir beiden Frauen samt Gepäck. Draußen ziehen die Berge vorbei. Sie erscheinen mir höher und wilder, der Wald dichter, die Viehweiden weniger zahlreich als auf der anderen Seite des Gebirges. Dort, im Norden, geht es hinunter nach Villahermosa, wir aber fahren Richtung Süden nach Tuxtla. Ein paar Stunden werde ich noch unterwegs sein.

Auf einmal bremst Lucas und hält an. Er zeigt auf einen Baum, sagt etwas, das ich nicht verstehen kann. Die beiden Männer steigen aus und kehren mit dunkelbraunen, schmalen Schoten zurück. Offenbar haben sie die vom Baum gepflückt. »Das ist eine *carao*«, sagt Lucas. »Es gibt nicht mehr viele davon. Sie haben heilende Eigenschaften.« Er reicht mir eine Schote. Sie duftet nach Schokolade, ist fast so lang wie mein Arm – und stahlhart. Vermutlich wäre sie auch als Schlagwaffe gut zu gebrauchen, denke ich. Lucas sagt, die Schote enthalte viel Eisen. Er schenkt jedem eine.

Später finde ich heraus, dass es sich wohl um die Schoten einer *Cassia grandis* handelt, eines Baums mit rotvioletten Blüten, dessen Bestandteile für alle möglichen volksmedizinischen

Zwecke verwendet werden. Aus den Schoten bereitet man mit Milch ein Getränk zu.

Es dauert nicht mehr lange, bis wir in einem Dorf ankommen, von dem aus Minibusse nach Tuxtla fahren. Wir verabschieden uns von Lucas und verladen unser Gepäck. Für meinen großen Rucksack, in dem ich während der zweimonatigen Reise durchs Land meine Besitztümer mit mir trage, scheint in dem kleinen Bus kein Platz zu sein, aber irgendwie gelingt es dem Fahrer doch, ihn zu verstauen. Die anderen Fahrgäste grüßend, besteigen wir den Bus und quetschen uns auf die Rückbank. Ich denke an meinen Rucksack – und komme mir hier ähnlich überdimensioniert vor. Die Menschen um mich herum sind klein und dünn, und man sieht ihnen an, wie hart sie arbeiten müssen, um genug zu essen für sich und ihre Familie aufzutreiben. Der Bus ist eng, das Dach ist niedrig, die Sitze schmal. Niemanden scheint es zu stören. Ich richte mich hinten in meiner Ecke ein, so bequem es geht.

Fermín fragt, was ich in Chiapas mache. »Ich reise durch Mexiko, weil ich darüber schreiben will«, sage ich ganz unbefangen. Er hakt nach: »Kennst du Edward Said?« Der Name kommt mir bekannt vor. Ich ahne, was jetzt kommt. Aber vorsichtshalber stelle ich mich dumm. »Nein, warum?«

Edward Said, geboren 1935, gestorben 2003, war ein US-amerikanischer Intellektueller palästinensischer Herkunft. Er prägte den Begriff des Orientalismus, bekannt geworden durch sein gleichnamiges Buch. Orientalismus war für Said die Art, wie der Westen sein gesammeltes Wissen über den Rest der Welt organisiert, interpretiert und zu Politik macht, es als Werkzeug für kulturelle Dominanz und Unterwerfung nutzt. Said schrieb: Während sich der Westen als aufgeklärt und überlegen sehe, als die einzig wahre Zivilisation der Welt, beschreibe er den Osten – und mit ihm auch andere kolonisierte Gesellschaften – als mysteriös, exotisch, rückständig. So legitimiere die Wissenschaft Kolonisierung und Unterdrückung.

Said veröffentlichte sein Buch 1978. Damals war die Zeit, in der die europäischen Kolonialmächte uneingeschränkt über andere Gesellschaften herrschen konnten, schon fast vorbei. Doch die Vorstellung von rückständigen, exotischen fremden Ländern hält sich bis heute, und sie ist immer noch ein Herrschaftsinstrument.

Durch seine Frage unterstellt mir Fermín, ich könnte auch so jemand sein, der Mexiko – und die Zoque – von oben herab beschreibt und dadurch Halbwahrheiten verbreitet, die dem Land und seinen Menschen nicht gerecht werden. Ich kann sein Misstrauen nachvollziehen. Seit mehr als 500 Jahren hatten die indigenen Völker Amerikas kaum eine Chance, ihre Geschichte selbst zu erzählen. Immer wurden sie von Außenstehenden betrachtet und beschrieben. Sie galten als unzivilisiert, rückständig und exotisch. Bis heute werden sie deshalb diskriminiert. Bis heute kämpfen sie darum, ihr Leben so zu leben, wie es ihrer eigenen Kultur entspricht. Genau deshalb ist die Arbeit von Dichterinnen wie Mikeas, Sängerinnen wie Yazmín und Forschern wie Fermín und Genner, der mir den Kontakt zu Yazmín vermittelt hatte, so wichtig.

Fermíns Vorbehalte ärgern mich dennoch. »Wenn ich schreibe, versuche ich, die Menschen, denen ich begegne, in den Mittelpunkt zu stellen«, erwidere ich. »Ich will, dass sie für sich selbst sprechen. Ich gebe so genau wie möglich wieder, was ich erlebe. Mein Ziel ist, dass man mich dabei so wenig wie möglich bemerkt.« Und wenn doch, dann versuche ich, das möglichst deutlich zu machen.

Das überzeugt ihn nicht. »Es ist eine Herausforderung«, sagt er diplomatisch. »Niemand ist objektiv. Was man sieht und was man schreibt, wird immer dadurch geprägt, wo man herkommt, wer man ist und wo man seinen Weg begonnen hat.«

Ich muss zugeben, dass er recht hat. Auch für mein Buch werde ich später manche Dinge zuspitzen und andere weglassen. Ich werde fokussieren und nach den richtigen Worten suchen –

immer in dem Bestreben, die Wahrheit möglichst gut wiederzugeben, aber letztlich ist es meine Wahrheit. Jemand anderes wäre auf meiner Route ganz anders unterwegs und würde vermutlich völlig anders darüber berichten.

Aber muss ich es deshalb lassen? Das finde ich nun ganz und gar nicht. Ich bestehe darauf: Es muss doch erlaubt sein, den Austausch mit anderen zu suchen und davon zu erzählen. Zu Fermín sage ich, dass ich seine Sicht verstehe. Gerade die Menschen, die seit Jahrhunderten nicht für sich sprechen konnten, müssten jetzt gehört werden. Aber miteinander reden müsse man doch trotzdem. »Wenn jeder nur noch über sich selbst spricht, dann haben wir am Ende keinen Dialog mehr«, sage ich. »Dann führen wir nur noch Monologe.«

Fermín schaut irritiert. Mein Argument wackelt, das weiß ich selbst. Ebenso gut könnte man sagen, dass Angehörige der gesellschaftlich dominierenden Klasse – weiß, wohlhabend, europäisch – sich lieber einmal zurückhalten und den anderen den Raum überlassen sollten, der ihnen zusteht. Nur fühle ich mich selbst gar nicht dominant, im Gegenteil. Ich bin hier, um zu beobachten, zuzuhören, zu reden und zu lernen. Und gerade jetzt lerne ich ziemlich viel.

»Man muss versuchen, die richtige Balance zu finden«, versuche ich es noch einmal, »auch wenn das schwierig ist. Aber man muss doch miteinander sprechen.«

»Es ist eine enorm große Herausforderung«, sagt er noch einmal. *»Hay que sentir pensar.«* Ich verstehe nicht ganz, was er damit meint. Der Satz bedeutet so etwas wie: Man muss fühlend denken. Ich vermute, es geht Fermín um Empathie, um Einfühlungsvermögen als Voraussetzung für gute wissenschaftliche und journalistische Arbeit. Darum, dass man beides nutzen muss, Herz und Verstand.

Kalte Distanz ist jedenfalls nicht seine Sache. Fermín ist Wissenschaftler, aber er ist auch Aktivist. Er mobilisiert die Zoque gegen das Fracking, informiert sie über geplante Bohrungen und fordert sie auf, dagegen zu kämpfen. Gerade arbeitet er an seiner Doktorarbeit. Thema: die Organisation der Zoque im gemeinsamen Widerstand an der Basis.

Kann Wissenschaft so funktionieren? Fermín ist ein Wissenschaftler, der den Gegenstand seiner Forschungen aktiv beeinflusst. Wie seriös kann das sein? Ein paar Tage später, ich bin schon längst in San Cristóbal angekommen und er ist in Tuxtla Gutiérrez, beschließe ich, noch ein bisschen bei Fermín nachzubohren, diesmal via Messenger.

»Ich schreibe ein Reisetagebuch«, schreibe ich ihm, »ich kann deutlich machen, aus welchem Blickwinkel ich meine Geschichten erzähle. Eine Herausforderung, vielleicht, aber keine größere als die, eine Doktorarbeit über einen Organisationsprozess von unten zu schreiben, den man selbst aktiv betreibt. Wo bleibt deine Distanz als Beobachter?«

»Es gibt Teilhabe, Aktivismus, verbindliches Engagement«, kontert er. »Es existiert keine Objektivität. Alles ist subjektiv, und es ist besser, Wissen aus unserer Subjektivität heraus zu generieren. *Sentir-pensar.*«

Ich bleibe dabei: Irgendetwas stimmt daran nicht. »Aber Deine Subjektivität ist eine andere als die Subjektivität der Leute, die sich organisieren. Dennoch erforschst du ihren Organisationsprozess – und du treibst ihn gleichzeitig selbst voran. Das ist wie eine sich selbst erfüllende Prophezeiung.«

»Vielleicht«, antwortet er. »Aber am Ende steht etwas Gemeinsames.« Pause. Dann fragt Fermín: »Wie kannst du distanziert oder neutral bleiben, wenn die Völker enteignet werden? Wie kannst du den Opfern der Polizei gegenüber neutral bleiben? Den Opfern der *narcos*? Der Militärs?« – »Der Schlüssel liegt darin, über das alles zu berichten«, schreibe ich. »Was passiert, spricht doch für sich.« – »Vielleicht«, antwortet er, »aber das ist nicht hundertprozentig sicher.« – »Nein, ist es nicht. Aber man muss das Publikum auch selbst darüber nachdenken lassen.« – »Das ist eine lange Diskussion«, schreibt er, und beendet so unsere Debatte.

Aber das wird erst ein paar Tage später passieren. Im Moment sitzen wir noch gemeinsam im engen Bus nach Tuxtla Gutiérrez, und langsam wird es dunkel. Es regnet heftig, und kurz bevor wir in die Stadt hineinfahren, hält der Fahrer noch einmal an, um einen Reifen zu wechseln. Allmählich werde ich ungeduldig und müde. Ob ich heute noch nach San Cristóbal komme?

Ich erreiche den Anschlussbus ohne Probleme; vermutlich gibt es von Tuxtla Gutiérrez aus selbst am späten Abend noch regelmäßige Verbindungen nach San Cristóbal. Dieser letzte Abschnitt der Fahrt geht sogar besonders schnell vorüber, denn die Straße ist breit, gut ausgebaut und vergleichsweise leer. Müde schaue ich nach draußen. Lichter spiegeln sich auf dem nassen Asphalt.

Kurz nach neun schleppe ich mich und mein Gepäck dann durch die Fußgängerzone von San Cristóbal und freue mich über das, was ich sehe: Vor den Bars sitzen Leute beim Wein und machen Selfies, es gibt Restaurants für alle möglichen Geschmäcker, Kaffeeröstereien, Modedesigner, Läden mit Kunsthandwerk, Yogastudios, Reisebüros. Dazwischen das Hotel, in dem ich ein Zimmer reserviert habe. Leider ist die Rezeption im ersten Stock, und San Cristóbal liegt mehr als 2100 Meter hoch in den Bergen. Ich spüre den Sauerstoffmangel, als ich mich beladen mit meinen Rucksäcken schrittweise die Treppe hochschiebe.

Kaum biege ich oben um die Ecke, stehe ich vor einer Bar, an der sich drei Männer und eine Frau unterhalten. Sie, ganz in Schwarz, Rotweinglas in der Hand, Zigarettenschachtel auf dem Tresen, sitzt auf einem Barhocker und wendet sich mir zu. Dann sagt sie mit kratziger, resoluter Stimme: »Du musst Alexandra sein.« Sie klingt freudig überrascht. Ich muss lachen. Sieht man mir etwa an, wer ich bin?

Die Frau ist Anna, eine Spanierin, die schon seit Jahren in San Cristóbal lebt und das Hotel zusammen mit zwei Freunden führt. Neben ihr sitzt ein anderer Freund, ebenfalls in existenzialistisches Schwarz gekleidet; hinter dem Tresen stehen Annas Kompagnon Guillermo, ein Mexikaner aus Guadalajara, und ihr Mitarbeiter Alejandro. Der dritte Teilhaber ist im Moment nicht da: Favrizio, Galerist und Gastronom, ebenfalls aus Guadalajara. Ihn werde ich später kennenlernen.

»Oh«, sagt Anna, als sie mein Gepäck sieht, »dein Zimmer ist unten.« Alle lachen, und trotz meiner Müdigkeit kann ich nicht anders, als mitzulachen. Ich werde die Rucksäcke nicht selbst wieder nach unten schleppen müssen, versichern sie mir. Das übernimmt Alejandro, schnell und mühelos. »Er ist noch jung«, witzelt Guillermo. Anna bietet mir erst einmal einen Kaffee an, und ich nehme dankend an. In meinem Zustand kann mir gerade nichts Besseres vorstellen. Guillermo reicht mir eine Tasse, der Kaffee ist heiß, schwarz und stark. Er weckt mich wieder auf.

»Ich habe versucht, dich zu erreichen«, sagt Anna, »ich habe schon gedacht, du kommst gar nicht.« Ich erkläre ihr, dass ich in den Bergen unterwegs war, ohne Netz, und dass der Rückweg ziemlich lange gedauert hat. Jetzt erst merke ich, wie hungrig ich bin. Den ganzen Tag habe ich nur *pozol* zu mir genommen, jetzt bestelle ich ein Sandwich mit Huhn.

Anna und Guillermo sind ungefähr so alt wie ich, und Anna arbeitet auch als Journalistin. Wir verstehen uns sofort. Meine Müdigkeit ist weg, und wir reden über Gott und die Welt: über das Leben in Mexiko und in Europa – auch Anna muss sich immer wieder mit den Sorgen ihrer europäischen Familie über die Sicherheitslage in Mexiko auseinandersetzen, darüber, wie sich der Alltag unterscheidet. »Du musst hier vorsichtiger sein«, sagt Anna. »Aber irgendwann gewöhnst du dich daran und es ist ganz normal. Das können sie in Europa oft nicht verstehen.« Und wir reden über das Reisen. »Wir sind früher gereist, um die Welt zu entdecken«, sagt Anna. »Heute kommen die *millennials* hierher, um sich selbst zu finden.«

Ich frage, wie sicher es ist, in Chiapas zu reisen. Vor ein paar Wochen erst sind auf einer Landstraße in der Nähe von San Cristóbal zwei Radfahrer auf besonders brutale Weise ermordet worden. Darüber wurde auch in Deutschland berichtet, denn einer der Toten war Deutscher.

Sie wüssten keine Einzelheiten, sagen Anna und Guillermo, aber vermutlich dächten zu viele Leute, die Gegend sei sicher, weil es im Zentrum von San Cristóbal so friedlich sei. »Hier in der Innenstadt sind viele Touristen, und es ist viel Geld im Spiel.« Deshalb achten die Behörden darauf, dass in der Innenstadt nichts passiert. Aber das bedeutet eben nicht, dass es auch überall sonst ungefährlich ist.

Wir stoßen mit einem Mezcal auf meine sichere Ankunft in San Cristóbal an. Ein paar Minuten später liege ich endlich im Bett und schlummere tief und fest.

Kapitel 4

San Cristóbal de las Casas: Zapatisten

Regen und Feuer

San Cristóbal riecht nach Holzfeuern. Hier im Hochland ist es viel kälter als in Chapultenango, Villahermosa oder gar Mérida. Ganz offensichtlich braucht man in San Cristóbal reichlich Holz zum Heizen. Und es regnet fast die ganze Zeit. Ich finde die Kühle zunächst erfrischend – bis die Feuchtigkeit in meine Klamotten zu kriechen beginnt.

Der Dauerregen macht die Stadt klamm und ungemütlich. Aber er verschafft mir auch eine Verschnaufpause. Ich verbringe mehr Zeit in meiner Unterkunft, als ich das sonst tun würde. Das passt mir ganz gut, und ich muss an Mikeas denken. Als traditionsbewusste Zoque würde sie vermutlich sagen, dass die Natur genau weiß, was sie da tut.

Ich bin nach San Cristóbal gekommen, weil niemand, der durch Mexikos Süden reist, um einen Besuch in dieser Stadt mit ihren alten Kolonialhäusern herumkommt. San Cristóbal gilt als indigenes Zentrum der Region. Die im umliegenden Hochland lebenden Tsotsil- und Tseltal-Maya kommen in ihren traditionellen Trachten hierher auf den Markt, um Obst, Gemüse und Kunsthandwerk zu verkaufen. Besucher bekommen viel zu sehen.

Die Stadt lebt vom Tourismus. Doch die malerische Szenerie kann die Armut der *indígenas* kaum verdecken. In der Innenstadt mit ihren schönen Häusern aus der Kolonialzeit, den vielen Cafés, Souvenirläden und Restaurants gibt es Straßenkinder und Bettler. Kein anderer Bundesstaat ist so arm wie Chiapas. Mehr als drei Viertel der Bevölkerung leben hier in Armut, mehr als ein Viertel sogar in extremer Armut – und das, obwohl durch den Tourismus so viel Geld gemacht wird. Die Ungerechtigkeit ist so groß, die Menschen so arm, dass einige sich vor einem Vierteljahrhundert dagegen erhoben haben. Damals begann der Aufstand der neuen Zapatisten. Auch in San Cristóbal.

Es ist eine widersprüchliche Stadt, und ich möchte herausfinden, wie ihre unterschiedlichen Facetten zusammenpassen. So ganz wird es mir bis zum Ende meines Aufenthalts hier nicht gelingen.

Das Hotel von Anna, Guillermo und Favrizio liegt mitten im Zentrum, in einer Fußgängerzone, die T-förmig in den engen Straßen liegt. Von der Terrasse aus habe ich einen beeindruckenden Blick über die Stadt. Um mich herum breiten sich die rot-schwarz-grau gefleckten Schindeldächer der alten, weiß getünchten Kolonialhäuser aus. Schräg links reckt sich ein strahlend weißer Doppelkirchturm aus den Schindeln empor. Der nahe Hauptplatz, Zócalo genannt, und die Kathedrale sind nicht zu sehen, aber rechterhand erhebt sich auf einem etwas weiter entfernten Hügel noch eine Kirche. Sie ist der Nationalheiligen Mexikos geweiht, der Jungfrau von Guadalupe. Über allem erheben sich im Hintergrund grüne, mit Pinien bewaldete Berge.

Sobald der Regen aufhört, spazieren unter der Terrasse Touristen. Nebenan bieten dreadlockige Aussteiger selbstgemachten Schmuck feil. Einer liest den Passanten aus der Hand. Straßenhändler verkaufen frische Mangos in mundgerechten Stücken. Frauen und Mädchen in dunklen, filzigen Wollröcken tragen Arme voller Stick- und Webarbeiten durch die engen Straßen, in der Hoffnung, wenigstens ein paar davon zu verkaufen. Andere betteln. Stundenlang sind die Verkäuferinnen so unterwegs. Abends, wenn die Sonne weg ist, ziehen sie sich Wollsachen über und machen einfach weiter.

Gegen Abend beginnen auch die spontanen Konzerte der Straßenmusiker, und die Straßen von San Cristóbal füllen sich. Dann ist es in den Fußgängerstraßen im Zentrum am lebendigsten. Morgens aber, wenn die Touristen noch im Bett oder schon zu Ausflügen aufgebrochen sind, wirkt alles recht verschlafen.

In meinem Rücken, hinter bodentiefen Fenstern, befinden sich das Restaurant und die Bar, an der ich gestern Abend mit Anna, Guillermo und den anderen geredet und getrunken habe. In einem Nebenraum, der auch als Galerie genutzt wird, findet gerade ein Acro-Yoga-Kurs statt, eine Mischung aus Akrobatik und Yoga, deren Übungen auf mich ziemlich halsbrecherisch wirken. Die Yogis und Yoginis aber meistern sie mit viel Körperspannung, gelassen und völlig souverän.

Das Hotel, hatte mir Anna am Vorabend erzählt, war ursprünglich nur eine Galerie. Nach und nach kamen Bar, Restaurant, Gästezimmer und Yogakurse hinzu. Man merkt an der minimalistischen Art, in der die Zimmer eingerichtet sind – mit viel Beton, geraden Linien und ohne jede Spielerei –, dass hier Leute mit einer klaren Designvorstellung am Werk waren. Die Ästhetik ist hart, fast industriell, aber die Betten sind sehr kuschelig und das Duschwasser heiß. Nach meiner Reise durch die Berge empfinde ich das als eine wunderbare Mischung und einen schönen Kontrast zur kolonialen Atmosphäre draußen.

In den Regenpausen flaniere ich auch durch die Innenstadt. Es stimmt, was Anna und Guillermo gesagt haben: Sie ist voller Touristen, und die gesamte Infrastruktur ist auf die Besucher ausgerichtet. Die Fußgängerzone ist gesäumt mit Schmuckläden und Textilgeschäften, Banken und Reisebüros, Hotels und Cafés. Es gibt eine französische Patisserie, ein libanesisches Restaurant, argentinische Steaks, mexikanische Spezialitäten, vegane Küche und Mezcal-Bars. Die Ausflugsagenturen bieten Tagesausflüge in die umliegenden Dörfer an, Trekking- oder Radtouren durch die Berge und Mehrtagestrips nach Palenque, in den Lacandonischen Urwald oder gar bis nach Guatemala. Ich denke über eine Tour nach Palenque und in den Urwald nach. Am Ende aber wird mir dafür die Zeit fehlen.

Auf dem Zócalo kauern Frauen hinter Stapeln bestickter Blusen. Selbst kleine Kinder sind auf den Straßen San Cristóbals unterwegs, um durch den Verkauf von geknüpften Armbändern ein wenig Geld zu verdienen: »*¡Compreme, Señora!*«, »Kaufen Sie mir was ab, Señora!«, rufen sie und halten mir ihre Bänder unter die Nase. Es ist schwer, ihnen nichts abzunehmen. Ein einfaches Nein akzeptieren sie nicht. Stattdessen wiederholen sie noch drängender »*¡¡Compreme!!*«, und zwar so oft, bis ich mich am Ende doch geschlagen gebe. Der Kaufpreis der Bänder ist lächerlich gering.

Weil es aber Kinder sind, vergessen sie ihre Arbeit manchmal doch. Am Abend sitzt ein Touristenpaar beim Wein auf dem Gehsteig, die beiden spielen Karten. Neben ihnen sitzt ein kleiner Junge, vielleicht acht, neun Jahre alt, die Kapuze seines Pullis hat er wärmend über den Kopf gezogen. Vor dem Bauch trägt er eine Kiste voller Süßigkeiten, die er jetzt eigentlich verkaufen sollte. Aber das hat der Kleine völlig verdrängt. Ganz versunken schaut er den beiden zu, als sei so ein Kartenspiel die faszinierendste Angelegenheit der Welt. Vielleicht ist es das für ihn in diesem Moment tatsächlich. Die Kinder, die hier als Verkäufer arbeiten, erhalten kaum die Möglichkeit, viel Neues zu lernen. Zur Schule gehen die meisten von ihnen wohl eher nicht oder nur für kurze Zeit.

Der wichtigste Markt befindet sich am Rand der Innenstadt, im Viertel um das ehemalige Kloster Santo Domingo. An den hölzernen Verkaufsständen des Kunsthandwerkermarkts, mit weißen Planen überdacht, liegen bunt bestickte Blusen aus. Ankleidepuppen tragen Kleider in leuchtenden Farben. Daneben hängen Vorhänge aus bunten Pompons, Tierchen aus Filz, Schmuck aus Kunststoffperlen, bestickte Ledertaschen, Wollponchos mit Häkelverzierung. Zwischen den Ständen schlendern ein paar potenzielle Käufer. Viele sind es nicht.

Je weiter man aber den Berg hinauf geht, desto voller wird es, denn dort, wo sich die Stände und Markthallen für Lebensmittel und andere Waren für den täglichen Bedarf ausbreiten, gehen nicht nur die Touristen einkaufen, sondern die Menschen aus der Stadt und den umliegenden Dörfern. Hier im Marktviertel beginnen – und enden – die wichtigsten Transportlinien zwischen den Dörfern und der Stadt. Entsprechend voll sind die Straßen.

Durchs Gewimmel auf den schmalen Bürgersteigen gehe ich langsam den Hang hinauf. Neben mir kriechen Autos. Weiße Kleinbusse schieben sich durchs Gedränge und lassen ihre Passagiere mitten im Durcheinander ein- und aussteigen. Der Stau ist so dicht, dass es an manchen Ecken gar nicht mehr vorangeht. Am Straßenrand und in Garagen warten noch mehr Fahrzeuge auf Passagiere: Sammeltaxis, bislang nur spärlich besetzt. Doch sobald sie voll sind, und das wird bestimmt bald der Fall sein, werden auch sie Teil des Gedränges.

Andenken an die Revolution

Zurück in der Fußgängerzone fallen mir ein paar Läden auf, die Kaffee, Poster und allerlei Krimskrams mit revolutionärem Design verkaufen. Es sind Andenken an den Aufstand der Zapatisten: Täschchen aus pinkfarbenem Stoff mit feministischen Slogans; bunte Drucke idyllischer Szenen, in denen merkwürdigerweise alle Menschen schwarze Sturmhauben tragen; hellrote Postkarten mit der Zeichnung einer maskierten Frau, die demonstrativ die linke Faust erhebt – die Faust, die dem Herzen am nächsten ist. Außerdem trägt die Frau an ihrer linken Brust ein Kind. Die Zeichnung ist eine Ikone der Liebe und des Kampfs. *Sin Mujeres no hay Revolución,* steht darüber, Ohne Frauen gibt es keine Revolution.

Ich frage mich, was ich da vor mir habe. Revolutionskitsch? Merchandiseware, Fanartikel, nur eben zu Ehren der Zapatisten statt irgendwelcher Filmstars oder Fußballvereine? Machen diese Läden einfach nur ihr Geschäft mit der Nostalgie mancher Touristen? Oder sind sie tatsächlich Teil der Bewegung?

Ältere dürften sich noch an den Aufstand der Zapatisten erinnern, der Zapatistischen Armee der Nationalen Befreiung (Ejército Zapatista de Liberación Nacional, EZLN), der vor einem Vierteljahrhundert in Chiapas losbrach. Am 1. Januar 1994, an dem Tag, an dem das nordamerikanische Freihandelsabkommen NAFTA in Kraft trat, besetzten etwa 2000 Kämpfer San Cristóbal und vier andere Städte. Sie protestierten gegen die elenden Verhältnisse, in denen die indigene Landbevölkerung in Südmexiko bis heute lebt, gegen Rechtlosigkeit, Ausbeutung und Armut. Denn sie waren davon überzeugt, dass der Freihandel mit den USA die Menschen in noch schlimmere Existenznot bringen würde.

Und in existenzieller Not waren viele Bauern schon vorher. Chiapas ist arm. Viele Menschen haben keine Arbeit, viele Babys sterben früh, Schulbildung für alle gibt es vielerorts nicht. Die Verhältnisse in Chiapas sind auch besonders ungerecht. Der Grund und Boden ist immer noch im Besitz von einigen wenigen Familien, trotz aller politischen Versprechen, dass es bald eine Landreform geben würde. Viele der meist indigenen *campesinos*, die das Land bestellen, müssen sich als Bauern ohne Land oder als Wanderarbeiter durchschlagen. Sie sind arm, werden ausgebeutet und ausgenutzt, und wenn sie überleben wollen, können sie sich kaum dagegen wehren.

Die Zapatisten kämpfen gegen die jahrhundertealte Diskriminierung der Maya. Sie fordern gleiche Rechte, soziale Gerechtigkeit und kulturelle Autonomie, verlangen also beispielsweise Schulunterricht in den indigenen Sprachen. Sie nennen sich nach Emiliano Zapata, dem Anführer der Mexikanischen Revolution, die im Jahr 1910 losbrach, und dessen Bild in Tecpatán auch über dem Treffen von Zodevite wachte. *»Tierra y Libertad«* war einer der Schlachtrufe der historischen Revolutionäre, Land und Freiheit. Zapata forderte, das Land müsse denen gehören, die es bestellen. Die neuen Zapatisten verlangen dasselbe.

Ein Kämpfer, der sich Subcomandante Marcos nannte, war lange Zeit der Sprecher der neuen Zapatisten. Tatsächlich hieß Marcos anders. Aber er trat stets unter Pseudonym auf, und selbstverständlich war er immer mit einer Sturmhaube maskiert. Sein besonderes Kennzeichen: eine geschwungene Pfeife, die er immer bei sich trug. Der Subcomandante gab Interviews, verfasste Kinderbücher und schrieb metaphernreiche Kommuniqués, die linke Zeitungen dann druckten. Er war ein Rätsel. Dann gab die Regierung seine Identität bekannt. Der Kämpfer für die Rechte der *indígenas* war in Wahrheit ein Universitätsdozent aus dem Norden, Sohn eines Unternehmers und keinesfalls indigener Abstammung. Doch seiner Popularität tat das keinen Abbruch.

Später gab sich Marcos einen neuen Namen und nannte sich Galeano, nach einem zapatistischen Lehrer, der bei einem bewaffneten Überfall getötet worden war. Er zog sich aus der Öffentlichkeit zurück. Heute haben die Zapatisten einen neuen Sprecher.

Im Januar 1994 schickte die Regierung das Militär nach Chiapas, kaum dass der Aufstand losgebrochen war. Doch nach zwölf Tagen ordnete der damalige Präsident Carlos Salinas de Gortari einen Waffenstillstand an. Mit dem Bischof Samuel Ruíz als Vermittler verhandelten Regierung und Rebellen und erzielten schließlich ein Abkommen. Aber die darin vereinbarten Selbstverwaltungsrechte und sozialen Verbesserungen für die Gemeinden wurden nie wirklich umgesetzt.

Die Basis der Zapatisten lehnte die Übereinkunft ein paar Monate später ab. Die Atmosphäre war aufgeheizt. Angeblich stand Chiapas damals, im Herbst 1994, kurz vor einem Bürgerkrieg, obgleich die Rebellen seit dem Waffenstillstand vom 12. Januar 1994 für sich in Anspruch nehmen, ausschließlich gewaltfrei zu protestieren.

Bis heute stehen sich in Chiapas Militär, paramilitärische Banden und Zapatisten gegenüber. Immer wieder kommt es zu bewaffneten Auseinandersetzungen und zu Massakern an Unbeteiligten. Zweimal, in den Jahren 1996 und 2001, versprach die Regierung mehr Autonomie für die indigene Landbevölkerung und soziale Verbesserungen. Beide Male wurden die Versprechen nicht gehalten. Im Jahr 2001 schwächte das mexikanische Parlament einen Gesetzesentwurf, der den Indigenen zu mehr Rechten verhelfen sollte, so stark ab, dass die Zapatisten den Kontakt zur Regierung abbrachen. Sie unterstützen auch den neuen Präsidenten Andrés Manuel López Obrador nicht, obwohl der als links gilt.

Später erfahre ich, dass die Vertreter der EZLN kaum noch mit Medien sprechen, die der Organisation nicht angehören. Sie sagen, die Öffentlichkeit habe ihnen nicht geholfen. Deshalb verbreiten sie ihre Botschaft nur noch über ihre eigenen, revolutionären

Kanäle, etwa im Internet. Statt mit der Außenwelt zu verhandeln, konzentrieren sie sich in den von ihnen kontrollierten Gebieten auf den Aufbau einer Gemeinschaft von unten.

Dass sie sich gegenüber Außenstehenden abschotten, macht es für mich schwierig herauszufinden, welche Rolle die Zapatisten heutzutage noch spielen. Besser gesagt, es ist so gut wie unmöglich. Das erinnert mich an Fermín und seine ablehnende Haltung gegenüber ausländischen Beobachtern. In Chiapas vermittelt man mir so häufig wie nirgendwo sonst in Mexiko, dass ich eine Fremde bin und nicht dazugehöre.

Marichuy

Wie schlagkräftig sind die Zapatisten heute noch? Im Bus nach Tuxtla hatte ich schon Fermín danach gefragt. Er hielt sich, was Details betraf, bedeckt, aber er schilderte mit viel Nachdruck die Mobilisierungskraft der Zapatisten. »Schau dir auf YouTube die Videos von Marichuy an, wie sie in den *caracoles* unterwegs ist, und du wirst sehen, wie viele Menschen dort zusammenkommen, um sie zu sehen.«

Die *caracoles,* wörtlich: Schnecken, sind Orte, an denen die Zapatisten sich versammeln, wenn es wichtige Entscheidungen zu fällen gilt. Und Marichuy ist der Rufname von María de Jesús Patricio Martínez, einer Frau aus dem Volk der Nahua, die im Jahr 2018 als erste indigene Frau in der Geschichte Mexikos eine Präsidentschaftskandidatur gegen die Bewerber der etablierten Parteien anstrebte. Gegen das Establishment hatte sie freilich keine Chance. Aber allein die Tatsache, dass eine wie sie überhaupt antrat, versetzte viele ihrer Landsleute in Begeisterung. Nicht nur die *indígenas* – nein alle, die kein Vertrauen mehr in die herrschende Klasse hatten, empfanden Marichuys Kandidatur als Lichtblick.

Im Oktober 2017 fuhr die Außenseiterin auf Wahlkampftour durch die *caracoles*. In Netz suche ich das Video, von dem Fermín gesprochen hat, und finde einen dreiminütigen Film der Tageszeitung La Jornada. Er zeigt Männer in Uniform und Frauen in traditioneller Tracht. Fast alle Gesichter sind von schwarzen Sturmhauben verhüllt. Einige der Uniformierten reiten in Formation eine Straße entlang. Andere stehen einfach nur da, einer neben dem anderen, ganz ruhig und gelassen, maskierte Soldaten in einem scheinbar endlosen Spalier. Frauen eilen, um Marichuys Auftritte zu sehen. Die Leute erheben die Fäuste, und sie skandieren Parolen. Was ich da sehe, ist tatsächlich eine ziemlich starke Machtdemonstration.

Und es ist eine starke Demonstration gegen den Kapitalismus. »Wir werden gemeinsam kämpfen, und wir werden diesem kapitalistischen System ein Ende bereiten, das unsere Gemeinden zerstört, Mexiko und die ganze Welt«, sagt Marichuy im Video mit ruhiger Stimme.

Vor allem für die Frauen war ihre Kandidatur wichtig. Im Video spricht auch eine Kommandantin der EZLN, mit ähnlich zurückhaltender Stimme wie Marichuy. »Wir werden Mexiko und der Welt zeigen, dass auch wir Frauen in der Lage sind, unser Volk zu regieren«, sagt sie. Im Publikum halten maskierte Frauen Schilder hoch. *Su presencia es símbolo de resistencia*, Eure Anwesenheit ist das Symbol des Widerstands, steht darauf. Und: *Esperanza – Para todas y todos – Las mujeres*. Hoffnung – Für alle (männlich wie weiblich) – Frauen.

Als unabhängige Kandidatin brauchte Marichuy etwa 866 000 Unterschriften von Unterstützern, um tatsächlich zur Präsidentschaftswahl zugelassen zu werden. Das Verfahren sah vor, dass die Unterschriften auch per Mobiltelefon abzugeben waren. Aber im armen Hinterland von Chiapas (und anderen ländlichen Regionen Mexikos) konnte sich offenbar kaum jemand die Smartphones leisten, die dafür notwendig waren. Es dauerte Stunden, um die Formulare zu laden. Das Verfahren war umständlich, teuer und für die meisten kaum zu bewältigen. Am Ende erreichte Marichuy die 866 000 Unterschriften nicht. Das System hatte sie besiegt – aber nur für den Moment. Marichuy führt ihren politischen Kampf für die Sache der Indigenen weiter.

Die Jungfrau der Barrikaden

Wer darauf achtet, sieht in den Straßen von San Cristóbal zwischen all den Yogastudios, Reisebüros, Weinbars und Kaffeeröstereien an vielen Stellen rebellischen Geist aufblitzen. An einer Hauswand in der Fußgängerzone beispielsweise verkündet ein schwarzes Graffito in Großbuchstaben *Sin Mujeres no hay Revolución,* Ohne Frauen gibt es keine Revolution. Eine Wand weiter prangt der Slogan *Ayotzinapa Resiste*, Ayotzinapa leistet Widerstand. Darunter, in Rot und schon nicht mehr ganz so gut erkennbar: *Vivos se los llevaron, vivos los queremos,* Sie wurden lebend geholt, und lebend wollen wir sie zurück.

Die beiden Parolen erinnern an die 43 Lehramtsstudenten aus Ayotzinapa, die am 26. September 2014 entführt und sehr wahrscheinlich ermordet wurden. Zuerst hieß es, ein lokaler Bürgermeister und seine Frau, denen die Studenten lästig gewesen seien, steckten hinter dem Verbrechen. Dann wurden die Täter mit der Drogenmafia in Verbindung gebracht und auch mit dem Militär. Doch was wirklich mit den 43 Studenten geschah, ist bis heute nicht ermittelt. Menschenrechtler und ihre Angehörigen drängen weiter auf Aufklärung.

Im Patio eines Cafés entdecke ich starke Schwarz-Weiß-Fotos von maskierten Frauen, Kindern und ganzen Familien. Ein Bild zeigt einen Kämpfer mit Sturmhaube, der einen kleinen, nackten Jungen in einem Fluss badet. Auf einem anderen Foto hält eine Frau, natürlich maskiert, ein Kind fest im Arm. Auf der Aufnahme daneben steht eine Familie vor einer Bretterhütte mit Wellblechdach, vermutlich ihrem Zuhause. Es könnte ein ganz normales Familienfoto sein, trügen nicht auch diese Leute Sturmhauben oder Tücher vor Mund und Nase. Die Bilder strahlen Kampfgeist und Zartheit zugleich aus.

Angeblich behaupten die Zapatisten, sie trügen Masken, um sichtbar zu werden. Ein Paradox. Aber je häufiger mir hier in San Cristóbal Bilder von maskierten Frauen und Männern begegnen, desto mehr leuchtet mir das ein. Allein die große Zahl der Maskierten und die Uniformität der Sturmhauben sorgen dafür, dass man sie und ihre Forderungen gar nicht übersehen kann.

Auch über den Cafétischen erinnern Plakate an die 43 toten Studenten von Ayotzinapa. »Wir wollen sie lebend!«, steht darauf – eine aussichtslose, aber umso nachdrücklicher immer wieder vorgetragene Forderung. Großporträts zapatistischer und anderer Persönlichkeiten blicken von den Säulen des Patios herab. Unter ihnen sind der französische Schriftsteller Victor Hugo, über dessen Bild ein ihm zugeschriebenes Zitat zum Kampf aufruft; die mexikanische Nonne und Dichterin Sor Juana Inés de la Cruz, die ihr Leben dem Streben nach Erkenntnis widmete; die Dichterin Ruperta Bautista, eine Tsotsil-Maya, und daneben ein ihr zugeschriebener kurzer Text, in dem sie über die Identität ihres Volkes nachdenkt; und der britische Schriftsteller, Maler und Kunstkritiker John Berger.

Der inzwischen verstorbene Berger kam vor Jahren nach Chiapas, um ein Porträt von Subcomandante Marcos anzufertigen. Wie aber zeichnet man einen Mann, der sein Gesicht immer hinter einer Maske versteckt? Berger verfasste darüber einen Text, und er beschrieb darin auch die Verhältnisse, die den Kampf der Zapatisten ausgelöst haben. Über San Cristóbal schrieb Berger: »Vor 20 Jahren musste in dieser Stadt voll enger Gassen und blumenfarbig gestrichener Häuser jeder Indio von den unebenen Bürgersteigen treten, damit es einem ›weißen‹

Mexikaner erlaubt war, seinen Weg ungestört fortzusetzen. Seit die Zapatisten 1994 die Kontrolle über die Stadt übernahmen, hat sich das geändert.«

In den Arkadengängen des Cafés gibt es Läden, die linke Literatur verkaufen oder Kunsthandwerk von Basisorganisationen. Neben dem Tresen liegen holzschnittartige Kunstdrucke mit revolutionären Parolen. Am meisten beeindruckt mich ein Marienbild, die Jungfrau in andächtiger Haltung mit geneigtem Kopf und gefalteten Händen, wie ins Gebet versunken. Das Bild erinnert an die Jungfrau von Guadalupe. Aber diese Maria hat eine Gasmaske über ihr Gesicht gezogen und trägt eine Halskette aus Stacheldraht. Ihr Strahlenkranz besteht aus langen, spitzen Dornen, und auf ihrem Mantel brennen Reifen. Es ist die Heilige Jungfrau der Barrikaden, wie ich später erfahre. Ursprünglich stammt sie aus Oaxaca, wo die sozialen Konflikte ähnlich gewaltsam ausgetragen werden wie hier in Chiapas.

Unter dem Bild steht: *Tu me quieres virgen. Tu me quieres santa. Tu me tienes harta,* Du willst mich als Jungfrau. Du willst mich als Heilige. Ich habe genug von dir. Wütender feministischer Befreiungskampf im Macholand Mexiko, wo viele immer noch der Ansicht sind, Frauen müssten tugendhaft sein wie die Muttergottes, verpackt in *das* Symbol der hiesigen Volksfrömmigkeit – diese Maria haut mich um. Ich kaufe den Druck. Und leiste dadurch womöglich auf ganz kapitalistische Art meinen eigenen kleinen Beitrag zur Revolution.

Menschenrechte

Es gibt in San Cristóbal eine Einrichtung, die schon seit vielen Jahren für die Rechte der indigenen Bevölkerung kämpft: das Menschenrechtszentrum Fray Bartolomé de las Casas, kurz auch Frayba genannt. Gegründet wurde es im Jahr 1989 von Bischof

Samuel Ruíz, jenem Bischof, der 1994 zwischen Regierung und aufständischen Zapatisten vermitteln sollte.

Das Frayba hat seinen Namen vom spanischen Dominikanermönch (*fray*) Bartolomé de las Casas, der von 1544 bis 1546 Bischof von Chiapas war. Ursprünglich hatte er selbst an den Eroberungsfeldzügen der Spanier teilgenommen, später wandelte de las Casas sich zu einem ihrer schärfsten Kritiker. Er prangerte die Verbrechen der Kolonisatoren an den indigenen Völkern Amerikas an und verweigerte jenen, die Sklaven besaßen oder Zwangsarbeiter auf Landgütern und in Goldbergwerken schuften ließen, die Beichte. Dadurch machte er sich viele Feinde.

Das Menschenrechtszentrum sieht sich in seiner Tradition. Die Mitarbeiter des Frayba machen Vertreibungen und Morde öffentlich. Sie protestieren gegen die Gewalt – und vor allem dagegen, dass Täter in aller Regel nicht bestraft werden. Sie begleiten die Arbeit von Organisationen wie Zodevite und schicken Beobachter in jene Dörfer von Chiapas, die von besonders schweren Konflikten zerrissen werden, um etwaige Menschenrechtsverletzungen dort zu dokumentieren. Viele der Beobachter sind Freiwillige, junge Leute aus Europa, den USA oder Lateinamerika, die sich auch zu Hause für die Menschenrechte engagieren und in Chiapas praktische Erfahrung sammeln wollen. In Deutschland bereitet der Verein Carea e.V. sie auf ihre Einsätze vor.

Gerade sind drei Freiwillige in San Cristóbal im Frayba angekommen, junge Frauen, die als Beobachterinnen in die Dörfer wollen. 15 Tage lang werden sie dort in Gruppen im Einsatz sein, immer auf strikte Neutralität gegenüber den Dorfbewohnern sowie allen anderen Anwesenden bedacht, und etwaige Vorkommnisse penibel genau dokumentieren.

Ich nehme an der letzten Vorbesprechung vor ihrem Einsatz teil. Wir treffen uns im Frayba, in einem einfachen Konferenzraum, sparsam möbliert mit einem Holztisch, einer Schreibtafel und ein paar Klappstühlen. Von einer blaugrün gestrichenen Wand schaut das Porträt eines Kirchenmanns auf uns. Es ist Frayba-Gründer Samuel Ruíz.

Was folgt, ist ein Crashkurs über die aktuelle Lage in Chiapas. Es geht um Ortschaften, deren Existenz in Gefahr ist, weil Bergbauunternehmen auf ihrer Gemarkung eine Goldmine einrichten wollen – und um die Einwohner, die wegen ihres Widerstands von Uniformierten schikaniert werden; um Bergbauprojekte, die immer weiter in die Berge vordringen. Ein Zehntel des Territoriums von Chiapas soll bereits konzessioniert sein. Ich höre von der Militarisierung der Gegend und von zerstrittenen Dörfern, in denen Zapatisten und Paramilitärs zuweilen aus derselben Familie stammen und Brüder sich gegenseitig an den Kragen gehen. Von ermordeten, verschwundenen, verhafteten und misshandelten Menschenrechtsaktivisten, denen keine Gerechtigkeit widerfährt; und von dem Ort Acteal, in dem Paramilitärs am 22. Dezember 1997 während eines Gottesdienstes 45 Menschen umbrachten, unter ihnen Schwangere und Kinder. Die Toten gehörten einer pazifistischen und mit den Zapatisten solidarischen Organisation an. Bis heute schützt die Anwesenheit der unabhängigen Beobachter vom Frayba das Leben der Überlebenden von Acteal.

Das Menschenrechtszentrum will die Gemeinschaften stärken, damit die sich selbst besser gegen Gewalt und unrechtmäßige Repressalien wehren können. Die Präsenz der Beobachter soll den bedrohten Menschen Schutz geben und, darauf aufbauend, dazu beitragen, Frieden zu schaffen. Vor allem aber sollen die Beobachter dokumentieren, was während ihrer Anwesenheit geschieht, damit Menschenrechtsverletzungen bekannt werden.

Die indigene Kultur werde in Chiapas vermarktet, weil das wirtschaftliche Gewinne bringe, sagt eine Mitarbeiterin des Frayba später zu mir. »Man nutzt das touristische Bild von San Cristóbal. Aber in Wahrheit ist das hier immer noch ein Krieg.«

Was sie damit meint? Hinter den Kulissen verweigere man den Indigenen »so gut wie alles. Die Kinder sterben an Hunger und Kälte. Die Müttersterblichkeit ist hoch, aber die traditionellen Hebammen werden verfolgt. Und Kliniken gibt es keine.«

Offenbar gibt es auch ein Vierteljahrhundert nach Beginn des zapatistischen Aufstands noch genügend Gründe für eine indigene Revolution, denke ich. Vor allem aber wird mir eines immer klarer: Sich Fremden gegenüber misstrauisch und ablehnend zu verhalten, kann in dieser Gegend überlebensnotwendig sein – für die Einheimischen, aber ebenso für Touristen, die sich abseits der üblichen Pfade bewegen und dabei womöglich Gefahr laufen, zwischen die Fronten zu geraten. Denn für Außenstehende sind die Konflikte hier oft undurchschaubar.

San Juan Chamula

Besonders fremd fühle ich mich ein paar Tage später im Dorf Chamula – und zugleich bin ich fasziniert. Der Ort wird auch San Juan Chamula genannt, denn sein Schutzpatron ist Johannes der Täufer, San Juan Bautista. Doch mit dem Heiligen Johannes aus der Bibel hat dieser San Juan nur begrenzt zu tun. Die Legende, die man sich über ihn erzählt, geht so: Einst war das Land hier von Wasser bedeckt, aber der Heilige hat den See ausgetrocknet und das Land in ein fruchtbares Tal verwandelt. Chamula bedeutet in der Sprache der Tsotsil angeblich »Der das Wasser trocknete«.

Eigentlich wollte ich gar nicht nach Chamula, sondern zuerst nach Oventik. Dort befindet sich das nächstgelegene Versammlungszentrum der Zapatisten. Ich wollte sehen, wie in den *caracoles* diese geheimnisvolle Selbstorganisation von unten funktioniert, von der hier alle reden. Doch dann verschiebe ich Oventik auf später, denn Chamula ist ein besonderer Ort. Freunde haben mir geraten, auf jeden Fall dort hinzufahren. Was sie bei ihrem Besuch gesehen haben, lässt sie immer noch staunen.

»Sie haben dort Rituale, die ich als Außenstehende überhaupt nicht begriffen habe«, erzählt mir eine Freundin. Sie erwähnt die Kirche Chamulas, die zwar dem Heiligen Johannes geweiht ist – aber was in ihr geschehe, sei ganz und gar nicht katholisch. Dann sagt sie noch etwas von Piniennadeln und Kerzen. »Man kann die Kirche betreten, aber fotografieren darf man drinnen nicht.« Auch draußen ist es zuweilen nicht erlaubt. Die Leute von Chamula verlangen von Fremden Respekt. Sie gelten Besuchern gegenüber als äußerst reserviert, und wenn jemand sich nicht an ihre Regeln hält, können sie angeblich auch handgreiflich werden.

Ich muss an Mikeas und ihre Großmutter denken. In Chapultenango hatte sich die alte Frau nach außen hin dem Ritus der katholischen Kirche angepasst, aber in Wahrheit ihren eigenen Glauben behalten. Die Bewohner Chamulas machen es anders. Sie tarnen sich nicht mehr. Stattdessen nehmen sie die katholischen Traditionen, mischen sie mit ihren eigenen Überlieferungen und schaffen so etwas Eigenes, das für Außenstehende kaum zu durchschauen ist. Auch das ist eine Art der Selbstbehauptung.

Von San Cristóbal aus kann man sich geführten Touren nach Chamula anschließen. Ich beschließe, lieber auf eigene Faust hinzufahren als in einer Gruppe. Ein Taxi soll mich hinbringen.

Als ich aufbreche, ist es Sonntagmorgen, die Straßen der Stadt sind noch leer. Im Auto kommen wir schnell voran. Die Fahrt durch grünes Hügelland, vorbei an Pinien, Gemüsefeldern, Blumengärten und Maisäckern, dauert keine halbe Stunde. Kinder kommen uns entgegen, vielleicht acht, neun Jahre alt. Sie tragen Brennholzbündel auf dem Rücken.

Die Menschen in Chamula leben vom Gemüseverkauf, erzählt der Taxifahrer. Er stammt aus dem Nachbardorf Zincantán. Der Gemüsehandel sei kein kleines Geschäft: Mit dem Kühllaster gelangen die Lieferungen bis in die benachbarten Bundesstaaten. In seinem Heimatdorf hingegen hat man sich auf Schnittblumen spezialisiert. Dann erzählt er von früher, als sich die Dörfler noch viel mehr von der Außenwelt abschotteten als heute. »Die Ältesten haben den Menschen verboten, wegzuziehen. Sie hatten Angst, die alte Lebensart würde verlorengehen. Jemanden von außerhalb des Dorfes zu heiraten, war nicht erlaubt. Die Frauen mussten die Tortillas noch von Hand zubereiten. Geräte zu benutzen, war ihnen nicht gestattet.« Sie sollten die alte Technik nicht verlernen. Zum Glück sei das inzwischen anders, sagt er. Dann kommen wir auch schon in Chamula an.

Ich steige etwas oberhalb der Kirche aus dem Taxi und sehe mich um. Heute ist Markttag Die Straßen sind voll, der Weg zur Kirche ist von Verkaufsständen gesäumt. Doch es scheint noch mehr los zu sein als sonst, denn auf dem Kirchplatz hält die Regierungspartei PRI, die Partei der Institutionalisierten Revolution, eine Wahlkampfveranstaltung ab. Es heißt, Chamula sei fest in ihrer Hand.

Der PRI-Kandidat für den Bürgermeisterposten Chamulas heißt Luis Gómez. In einen Überwurf aus schwarzer, verfilzter Schafwolle gekleidet, auf dem Kopf einen traditionellen, mit Bändern geschmückten spitzen Hut, blickt er ernst, aber nicht unfreundlich von einem Wahlplakat am Weg.

Der wollene Überwurf von Luis Gómez hat eine besondere Bedeutung, denn Schafe gelten den Leuten von Chamula als heilig – vermutlich, weil sie mit dem Heiligen Johannes in Verbindung gebracht werden. Es sei verboten, die Tiere zu schlachten und zu essen, hatte mir der Taxifahrer erzählt. Die Schafe zu verkaufen, sei hingegen zulässig. Was der Käufer dann mit den Tieren anstelle, sei nicht mehr die Sache der ursprünglichen Besitzer. Mir scheint das eine ziemlich pragmatische Haltung zu sein.

Wie die Westen der Männer sind auch die traditionellen Röcke der Frauen aus Schafwolle gefertigt. Überall um mich herum sind sie zu sehen. Die Röcke sind schwarz und mit einer besonderen Technik gewebt. Sie sehen so strähnig verfilzt aus, dass sie wirken, als bestünden sie aus naturbelassenem Fell. Die Frauen falten die wollenen Stoffbahnen um ihre Taille, bis sie passen, und fixieren sie dann unter der Brust mit breiten Schärpen. Ihre Blusen, oft aus einem glänzenden Stoff, sind vor der Brust in feine Plisseefalten gelegt und manchmal mit Spitzen verziert. Darüber tragen die Frauen wollene Schultertücher oder Strickjacken, dazu Sandalen.

Der Weg hinab zum Kirchplatz ist voller Autos und Menschen. Alle drängen sie zur Wahlkampfbühne, vorbei an den Marktständen, auf denen Erdbeeren und Mangos, Kartoffeln, Kohl und Kräuter dekorativ drapiert auf Käufer warten (deren Interesse im Moment allerdings vor allem der Bühne gilt). Neben einer Auslage mit rohem Fleisch liegt ein Schweinefuß. Ein paar Meter weiter duften ganze Fische auf einem Grill und in einer Schüssel daneben warten *tamales* aus Maisbrei auf hungrige Käufer.

Man kann sich hier mit Kleidung eindecken, mit Haushaltsutensilien, Lederwaren und Handarbeiten. Doch was mir am meisten auffällt, sind nicht die alltäglichen Gebrauchswaren, die hier verkauft werden, sondern das riesige Angebot an Hähnen und Hühnern. Die Tiere hocken in Käfigen oder werden durch zusammengebundene Füße an der Flucht gehindert. Manche schütteln ihre Federn wie in vergeblichem Protest, andere glotzen schicksalsergeben stumpf vor sich hin. Ich habe gelesen, dass in der Kirche von Chamula Hühner geopfert werden. Gerne würde ich mich mit den Verkäuferinnen darüber unterhalten, was mit ihren Hühnern und Hähnen geschieht. Aber sobald ich mich den Ständen nähere, ignorieren sie mich demonstrativ oder schauen verschlossen. Ich habe den Eindruck, sie haben nicht viel Lust, mit einer *gringa* über ihre Tiere zu plaudern, und so spreche ich sie dann doch nicht an.

Je näher ich der Kirche komme, desto enger und lauter wird es im Gedränge. Auf dem Platz wird gerade Luis Gómez dem jubelnden Volk vorgestellt, allerdings nicht als Bürgermeisterkandidat, sondern bereits als der künftige Amtsinhaber, wie ich erstaunt feststelle. Die PRI scheint sich ihrer Sache sehr sicher zu sein. Die Anwesenden jedenfalls unterstützen die Partei geradezu euphorisch. Sie zünden Böller und schießen Raketen ab. Von irgendwo gellt ein Schrei: »¡Arriba *el PRI!*«, »Los geht's mit der PRI!« Doch Luiz Gómez wird am 1. Juli nicht zum Bürgermeister gewählt werden.

Plötzlich explodiert direkt neben mir ein Böller. Für einen Moment bin ich taub. Erst allmählich dringen wieder Geräusche an meine Ohren.

Schließlich stehe ich vor dem Gotteshaus. Von außen wirkt es mit seiner weiß verputzten Fassade gar nicht so besonders, sieht man einmal von dem Bild über dem Eingang ab, das eine Szene aus der Bibel zeigt: den Heiligen Johannes, wie er Jesus im Jordan tauft. Aber was bedeutet das schon? Auch andere Kirchengemeinden ehren ihren Schutzpatron, indem sie ihm einen besonderen Platz einräumen. Und an dieser Szene ist nichts Außergewöhnliches.

Über das Kirchentor aus massivem Holz wölbt sich ein dreifacher grüner Bogen, der mit bunten Blütenreliefs geschmückt ist. Daneben befinden sich grüne Nischen, die aussehen, als würden aus ihnen normalerweise die Ortsheiligen auf den Platz blicken. Doch sie sind leer. Gegenüber der Kirche steht ein grünes Kreuz, an dem eine kleine Pinie vor sich hin trocknet. Etwas abseits sehe ich drei weitere grüne Kreuze, weiß gemustert, an die ebenfalls trockene Pinienzweige gebunden sind. Ich erkenne in den Kreuzen das alte Zeichen der aufständischen Maya wieder: Symbol für die Ceiba, den Weltenbaum, der auch in Yucatán eine so besondere Rolle spielt.

Für 25 Pesos Eintritt und weitere 100 Pesos Gebühr, umgerechnet knapp fünf Euro, erbietet sich Agustín Hernández, mir die Kirche zu zeigen. Agustín ist ein Führer aus dem Ort, wie er sagt. Am Kirchentor wartet er auf potenzielle Kunden. Nachdrücklich ermahnt er mich, in der Kirche nicht zu fotografieren. Dann erst nimmt er mich mit hinein.

Drinnen duften Piniennadeln. Der ganze Boden ist damit bedeckt. Nur dort, wo Kerzen flackern, haben die Gläubigen die Nadeln etwas beiseitegeschoben. Es sind so viele Wachslichter, dass ich aufpassen muss, keines versehentlich umzutreten. Wahrscheinlich wäre ein Kirchenbrand die Folge, und ich bin nicht sicher, ob meine Haftpflichtversicherung in der Lage wäre, für den Schaden aufzukommen. Die Betenden knien oder kauern am Boden. Links von ihnen stehen gläserne Heiligenschreine eng beieinander, aufgereiht wie ein Spalier. Ich erkenne die Jungfrau Maria, Jesus, Paulus und natürlich Johannes den Täufer. Vor den Heiligenstatuen flackern auf Holztischen noch mehr Kerzen. Hinter den Schreinen sind gerade Handwerker damit beschäftigt, die Wände zu streichen. Sobald sie fertig sind, sagt Agustín, sollen die Heiligen wieder an ihre angestammten Plätze an der Wand zurückkehren.

»Was man hier beobachten kann, ist eine Mischung aus Maya und katholischer Tradition«, doziert mein Führer in jenem etwas steifen Spanisch, das offizielle Würdenträger in lateinamerikanischen Ländern so oft verwenden. Die Taufe sei das einzige katholische Sakrament, das man in Chamula anerkenne. Und ab und zu komme ein Priester aus San Cristóbal, um dieses Sakrament zu spenden oder eine katholische Messe zu lesen. Wenn ich Agustín richtig verstehe, finden diese katholischen Messen aber höchstens alle paar Wochen statt. Ansonsten pflegen die Menschen hier ausschließlich ihre eigenen religiösen Gebräuche. Die Kirche steht ihnen dafür ständig offen.

Und was bedeuten die vielen Kerzen? Sie erinnern mich ebenfalls an Maya-Traditionen, die ich in Yucatán kennengelernt habe. »Mit weißen Kerzen bedankt man sich für alles, was gut läuft im Leben«, sagt Agustín. »Arbeit, Familie, Gesundheit, das Wohlergehen der Kinder.« Mit Kerzen in anderen Farben bringt man

Wünsche vor. Wenn es aber darum geht, Krankheiten zu heilen, dann braucht man Eier, Schnaps oder ein Huhn. Ein Huhn! Ich horche auf. Wird Agustín mir erklären, was es mit den vielen Hühnern draußen auf sich hat?

»Wir gehen hier nur selten zum Arzt«, beginnt er. Stattdessen suchen die Menschen *curanderos* auf, die traditionellen Heiler oder Heilerinnen. Die *curanderos* erspüren die schädliche Energie, die in den Kranken steckt, indem sie ihren Puls tasten. In weniger schweren Fällen reichen Eier oder Schnaps, um die schlechte Energie aus dem Patienten herauszuholen, erklärt Agustín. In schweren Fällen aber müssen die *curanderos* ein Huhn über dem Körper des Kranken bewegen und es dann töten. Anschließend muss die Familie des Patienten das Huhn zu Hause vergraben, denn durch die Zeremonie ist es ungenießbar geworden.

Ich sehe mich um. Hühner werden glücklicherweise gerade keine umgebracht, auch Gackern oder Flügelschlagen ist nicht zu hören. Stattdessen murmeln die Betenden monoton vor sich hin. Vor ihnen flackern Kerzen, daneben liegen Eier und Limonadeflaschen. Die kohlensäurehaltigen Getränke, habe ich gelesen, sind auch wichtig, denn wer sie trinkt, muss rülpsen – und mit den Rülpsern entweicht ebenfalls negative Energie. Ich komme nicht dazu, Agustín danach zu fragen, denn er hat seinen Vortrag schon längst fortgesetzt.

Agustín erzählt mir mittlerweile von den Mayordomos, den wichtigsten Würdenträgern von Chamula. Ursprünglich bedeutet das spanische Wort *mayordomo* Verwalter, Hofmeister, Butler oder Hofmarschall. So, wie ich Agustín verstehe, sind die Mayordomos von Chamula so etwas wie die Hofmeister der Heiligenfiguren aus der Kirche.

Man erkennt die Männer (seltener Frauen) an ihrer Tracht: den langen Schaffellwesten, die sie über blütenweißen Hemden tragen und mit einer breiten Schärpe um den Bauch gürten, und an den spitzen, strohfarbenen, mit gelben, roten und grünen Bändern geschmückten Hüten. Agustín sagt, er wäre gerne einmal selbst Mayordomo. Dann würde er der Heiligen Jungfrau dienen, »denn das ist die Heilige, der ich ergeben bin«. Doch dann gibt er zu bedenken: »Es ist nicht leicht, ein Mayordomo zu werden. Und es kostet viel Geld, 150 000 bis 200 000 Pesos im Jahr.« Das sind umgerechnet etwa 7000 bis 9000 Euro.

Falls Agustíns Angaben stimmen, dann verfügt jeder und jede Heilige in Chamula mindestens über zwei persönliche Mayordomos, die sich um ihn oder sie kümmern. Denn Agustín zufolge gibt es in Chamula 46 Heilige, aber mehr als 120 Mayordomos. Ihnen kommt die Aufgabe zu, alle paar Tage die Piniennadeln in der Kirche zu erneuern, für frische Blumen zu sorgen und sich darum zu kümmern, dass immer Kerzen brennen. Ab und zu kleidet der Mayordomo seine Heiligenfigur auch neu ein. Vor allem aber muss er einen Hofstaat unterhalten. Mit seinem Gefolge besucht er alle paar Wochen die Kirche. Dort tanzt oder betet der Mayordomo vor seinem persönlichen Heiligenschrein, zündet neue Kerzen an und verbrennt duftendes Harz.

Wenig später, als Agustín schon die nächsten Gäste durch die Kirche führt, sehe ich tatsächlich einen Mayordomo vor den Statuen tanzen. Schwer zu sagen, an welchen Heiligen sich seine Ehrbezeugung genau richtet; zu eng stehen die Schreine beieinander. Doch es könnte der Heilige Antonio von Padua sein, denn dort drängt sich der Hofstaat ganz besonders. Musik erklingt, aromatischer Rauch steigt auf. Der Mayordomo wiegt sich gemächlich im Takt.

Ich würde gerne näher an die Szene herangehen, aber das Gefolge des Mayordomos steht so dicht, dass mir der direkte Weg versperrt ist. Also weiche ich aus, gehe hinter den Heiligenschreinen vorbei – und stehe plötzlich direkt vor einem *curandero,* der vor dem Schrein des Heiligen Paulus, direkt neben Antonio von Padua, auf dem Boden kniet und betet. Sein Klient sitzt neben ihm auf einem Stuhl. Einen ungünstigeren Zeitpunkt hätten sich die beiden kaum aussuchen können.

Ich drücke mich vorsichtig an dem Heiler und seinem Kunden vorbei. Die beiden sind in einer etwas bizarren Lage, denn die Festgesellschaft des Mayordomo rückt ihnen ganz schön auf die Pelle. Ausweichen aber können sie nicht, denn vor dem Heiler brennen mehrere Reihen Kerzen, rechts neben ihm stehen drei geöffnete Limodosen, die er vermutlich nicht umwerfen will; und links von ihm veranstaltet der Mayordomo seinen Tanz im Gedränge, mit Musik und Rauch. Der *curandero* ist eingekeilt. Sein faltiges, strenges Gesicht lässt jedoch keine Regung erkennen. Er betet mit stoischer Ruhe, als könnte der Aufruhr, der ihn umgibt, seiner Versenkung keinen Abbruch tun.

Draußen auf dem Kirchplatz böllern die Leute unterdessen immer noch, dabei ist die Wahlkampfveranstaltung schon lange vorbei. Vielleicht aber, denke ich, werden die Böller auch zu Ehren der Mayordomos gezündet. Denn Agustín hat mir verraten, dass heute noch eine Amtsübergabe ansteht. Mindestens ein Mayordomo wird seine ehrenvolle Aufgabe an diesem Sonntag vertrauensvoll in die Hände eines Nachfolgers legen.

Ich habe die Kirche kaum verlassen, da steuert schon eine Festgesellschaft auf das Tor zu. Ihre Mitglieder tragen prachtvolle Blumen, so viele und so große Exemplare, dass sie die Sträuße in den Armen halten müssen statt nur in den Händen. Musiker sind auch dabei. Im Gedränge erkenne ich kleine Harfen, Gitarren, Rasseln und ein Akkordeon. Ein Mann trägt einen gläsernen, mit bunten Girlanden geschmückten Heiligenschrein auf dem Rücken, die Last ist über ein Stirnband an seinem Kopf befestigt. Obwohl der Schrein leer zu sein scheint, lässt der Blick des Mannes, erkennen, dass er ziemlich schwer zu schleppen hat. Andere Männer tragen hölzerne Truhen; später erfahre ich, dass darin wohl die Kleidungsstücke der Heiligen aufbewahrt werden. Harziger, duftender Rauch steigt aus der Gruppe empor.

Inmitten der Blumen, der Musiker und der Träger bewegt sich ein Mann in weißem Hemd, weißer Schaffellweste und gelben, grünen und roten Bändern am Hut: der Mayordomo. Ihn begleiten Frauen in weißen Umhängen, auf denen ein Kreuz prangt. Ihre Haare haben sie in dicken, mit Bändern verzierten Flechten um den Kopf gelegt. Vor der Kirche stellen sie sich auf. Schaulustige eilen herbei, Einheimische wie Touristen; bald stehen sie so dicht, dass ich von der Festgesellschaft kaum noch etwas erkennen kann.

Da nähert sich eine zweite Gruppe, die ähnlich festlich aufgemacht ist. Nur fehlt dem Mann, der hier die Tracht des Mayordomos trägt, der passende Hut und den Frauen der weiße Umhang. Sie knien nieder. Offenbar sind sie bereit, die Insignien des Mayordomos zu empfangen. Doch so schnell, wie ich dachte, geht das hier nicht. Was folgt, ist eine längere Zeremonie, in deren Verlauf Texte rezitiert, noch mehr Räucherwerk verbrannt sowie Blumensträuße zum Himmel emporgehoben und wieder gesenkt werden. Im Hintergrund spielt eine Mariachi-Band auf. Die Mayordomos und ihre Frauen wiegen sich zur Musik. Sie verbeugen sich vor der Kirchentür; später werden sie auf dem Platz miteinander tanzen. In die Kirche werden sie erst an einem der nächsten Tage gehen, erklärt mir Agustín, den ich am Eingangstor erwische. So lange nämlich dauert die Zeremonie der Amtsübergabe.

Andere Gruppen nähern sich, stellen sich auf, beten. Irgendwann verliere ich den Überblick. Ich kann nicht mehr zählen, wie viele Würdenträger es sind, die hier ein Amt übergeben oder übernehmen wollen. Und bis sie alle zu Ende getanzt haben, werde ich kaum bleiben können.

Also nehme ich den Kleinbus zurück nach San Cristóbal. Auf der Fahrt denke ich weiter über die hiesigen Widersprüche nach. Wie kann eine Stadt wie San Cristóbal zugleich ein Ort sein für Hipster, Künstler, Aussteiger, Touristen, Revolutionäre und Menschenrechtler? Wie passt es zusammen, dass diese Stadt sich inmitten des ärmsten mexikanischen Bundesstaates befindet, der geprägt ist durch Gewalt und Elend – und ihren Besuchern dennoch Galerien, Weinbars, vegetarische Restaurants, Yogakurse und allen möglichen anderen Komfort bieten kann? Und was bedeutet es, dass die Leute aus Chamula sich Außenstehenden gegenüber zwar verschlossen geben, aber zahlenden Besuchern dann doch Einblick gewähren?

Favrizio, der Galerist und Hotelwirt, hat darauf eine eigene Antwort. »San Cristóbal ist wie Blasen aus Öl und Wasser, die sich zwar berühren, aber nicht vermischen«, sagt er. Er weiß ganz genau, dass er selbst ebenfalls ein Teil dieser Blasen ist. »Ausgerechnet hier, wo die Armut so groß ist, gibt es mehr Galerien pro Einwohner als irgendwo sonst in Mexiko.« Ich denke, dass ich als Touristin in einer ähnlichen Blase sitze, obwohl ich ihr doch die ganze Zeit entgehen will.

Morgen werde ich den Bus nach Oaxaca nehmen. So war es schon länger geplant. Aber San Cristóbal lässt mich nicht los. Ein paar Wochen später komme ich noch einmal zurück, denn ich will noch mehr wissen über diese widersprüchliche Gegend und über die Zapatisten, die so viel erreichen wollen, aber so wenig darüber sprechen.

Universidad de la Tierra

Raymundo Sánchez Barraza ist da keine Ausnahme. Er betrachtet mich, als hätte er keinerlei Lust, mit mir zu reden. Sein Blick wirkt kritisch, seine Körperhaltung distanziert – das fängt ja gut an. Ich seufze innerlich. Was ist nur los? Vielleicht hat Raymundo ja schlechte Erfahrungen mit Journalisten gemacht und ist deshalb so reserviert. Vielleicht will er eigentlich gar nicht mit mir reden. Vielleicht aber habe ich einfach schon wieder eine dumme

Frage gestellt. Ich scheine in Chiapas häufiger in Fettnäpfchen zu treten. Heute ist wieder so ein Tag.

Ich versuche, unbeeindruckt zu wirken, aber ich bin verunsichert. Wir befinden uns im Centro indígena de Capacitación Integral (CIDECI), dem indigenen Zentrum zur integralen Ausbildung in einem Außenbezirk von San Cristóbal de las Casas.

Gerade habe ich Raymundo jene Fragen gestellt, die ich hier an so viele Leute richte. Ich wollte von ihm wissen, wie wichtig die Zapatisten heute noch sind und wie ihre aktuellen Kämpfe aussehen. Doch Raymundos einzige Antwort lautet, dass er mir dazu gar nichts sagen werde. Dabei hatte eine Freundin mir doch geraten, ausgerechnet mit ihm darüber zu sprechen. Ich bin verwirrt. Und verstehe erst später, dass der Ort, an dem wir uns befinden, nur bedingt mit der zapatistischen Bewegung zu tun hat.

Raymundo jedenfalls will mit mir lieber über die ganz konkrete Arbeit seiner Schule reden als über größere Fragen. Erst nach meinem Besuch bei ihm dämmert mir, dass darin mindestens ebenso viel Erkenntnis liegt.

Das CIDECI ist älter als der zapatistische Aufstand. Es wurde schon in den 1980er-Jahren als eine Art Berufsschule für Jugendliche aus den umliegenden indigenen Gemeinden gegründet. Zugleich dient das Gelände als Campus der autonomen Universidad de la Tierra (Unitierra), der Universität der Erde, in der sich in regelmäßigen Abständen Intellektuelle, Vertreter von Basisorganisationen und Aktivisten zum Austausch treffen. Raymundo – kurze Haare, einfach geschnittene Kleidung, Brille, kritischer Blick – organisiert und koordiniert die Arbeit beider Einrichtungen.

CIDECI und Unitierra verstehen sich als christlich inspiriert. Und es gibt zwar Verbindungen zu den Zapatisten, aber offenbar sieht man sich nicht als organischen Teil der Bewegung.

Immerhin: Trotz seiner demonstrativen Distanz bittet mich Raymundo in sein Arbeitszimmer und bietet mir einen Sitzplatz an. Im Hintergrund singt ein Chor sakrale Musik; es klingt erhebend und nach Bach. Bei mir will sich allerdings so gar kein erhebendes Gefühl einstellen, denn Raymundo sitzt mir gegenüber und sieht mich an wie ein strenger Lehrer seinen begriffsstutzigen Prüfling. Ich schaue mich um. Im Bücherregal sitzen Puppen von Che Guevara und Mahatma Gandhi. Raymundo hat Kakteen und andere Grünpflanzen im Raum verteilt, dazwischen sehe ich Fotos von – selbstverständlich – maskierten Menschen, und ich erkenne die bunten zapatistischen Bilder der chilenisch-mexikanischen Malerin Beatriz Aurora, die mir schon in den Souvenirläden von San Cristóbal aufgefallen sind. Wir warten auf einen Mitarbeiter des CIDECI, der mir den Campus zeigen soll.

Später höre ich, dass es schwierig ist, Raymundo überhaupt zu einem Gespräch zu bewegen. Mein Glück ist, dass ich auf Empfehlung einer Freundin hier bin, der er die Bitte kaum abschlagen konnte, mich zu empfangen: Fernanda Navarro. Ich habe sie in Mexiko-Stadt kennengelernt. Fernanda ist eine bemerkenswerte Frau: Philosophin und Universitätsprofessorin, Feministin und Aktivistin. Sie ist seit einigen Jahren pensioniert, aber dennoch eine Suchende und Reisende geblieben, warmherzig und offen.

In den 1960er-Jahren arbeitete Fernanda mit dem britischen Philosophen Bertrand Russell zusammen – bekannt als Nobelpreisträger und wegen der nach ihm benannten Tribunale zur Untersuchung von US-Kriegsverbrechen in Vietnam – und veröffentlichte in Mexiko eine Anthologie seiner Schriften. Sie war in Chile, als 1973 das Militär gegen den sozialistischen Präsidenten Salvador Allende putschte; gemeinsam mit Allendes Witwe Hortensia Bussi verließ sie das Land und wurde zu Bussis Übersetzerin im Ausland. 1977 nahm sie eine Professur in Mexiko an. In den 1980ern, schon als Professorin, stand Fernanda im Austausch mit dem französischen Philosophen Louis Althusser, einem einflussreichen marxistischen Denker der 60er- und 70er-Jahre.

Ausgerechnet in Chiapas begegnete Fernanda Althussers Ideen wieder: »Ich staune über das Leben«, sagte sie der mexikanischen Zeitung Milenio, »denn im Südosten Mexikos ... höre ich, wie die Zapatisten sagen: ›Zuerst die Praxis und dann die Theorie; wir müssen uns anders organisieren, anders sprechen, anders denken, anders handeln.‹ Das ist von Althusser. Und sie setzen es in die Praxis um und handeln danach. Für mich war das eine unglaubliche Offenbarung.«

Fernanda begleitet die Arbeit der Zapatisten seit 1994. Immer wieder reist sie nach Chiapas, um dort an Konferenzen teilzunehmen, auch in der Universidad de la Tierra. Sie hat mich zu Raymundo geschickt. Ihr zuliebe hat er mich empfangen.

Inzwischen ist Miguel hier, der *compañero*, der mich über das Gelände führen soll: ein Kaffeebauer, dessen Familie in einem Dorf etwa zwei Stunden entfernt lebt. Das Wochenende verbringt er dort, sagt er, aber während der Woche lebt er auf dem Campus. Er ist verantwortlich dafür, neue Schüler zu empfangen und einzuweisen. Heute bin ich diejenige, der er erklären wird, wie das CIDECI funktioniert.

Ich folge ihm hinaus auf das ordentlich angelegte, rund 20 Hektar große Gelände. Miguel zeigt mir die Werkstätten der Automechaniker, Maurer, Schreiner, Schneiderinnen, Musiker, Maler und Schuster. Es gibt auch Kurse in Krankenpflege, Schmiedekunst, Elektrik, Weben, Haareschneiden, IT, Design und Architektur, zählt er auf – für so gut wie alles eben, was sie in den Dörfern gebrauchen könnten.

Das Besondere daran ist, dass das CIDECI im Gegensatz zu anderen Schulen seine Schülerinnen und Schüler nicht für den Arbeitsmarkt ausbildet. Titel und Zeugnisse spielen keine Rolle. Stattdessen lernen die Auszubildenden hier für ihre heimischen Dorfgemeinschaften, und sie entscheiden selbst, was sie werden möchten. Die Schüler gestalten auch den zeitlichen Ablauf ihrer Ausbildung. Zum Beispiel können sie etappenweise ins Zentrum kommen und zwischendurch etwa zur Ernte in ihre Dörfer zurückkehren. Oder sie lernen am Stück und bleiben während der ganzen Zeit hier.

»Ihre Ausbildung ist abgeschlossen, wenn sie selbst finden, dass sie so weit sind«, erklärt Miguel. Dann bringen die Absolventen ihre Fertigkeiten zurück in die Gemeinden, oder sie bleiben als Lehrer an der Schule. Das CIDECI schenkt ihnen zum Abschluss Werkzeug. Damit können sie sich zu Hause etwas aufbauen.

Das Zentrum steht ausdrücklich auch Schulabbrechern offen. Lesen und schreiben muss man nicht unbedingt können, um hier zugelassen zu werden, denn der Unterricht findet vor allem in der Praxis statt. Durch ihn sollen sich die Schüler nicht nur praktische Fähigkeiten aneignen, sondern vielmehr lernen, »mehr zu sein«, wie Raymundo es nennt. Offenbar meint er damit so etwas wie: Sie sollen lernen, das, was in ihnen steckt, zu entfalten. Sie selbst zu sein. Raymundo sagt, schon das ist in der modernen Welt von heute, in der alle glauben, sich den Anforderungen des Markts anpassen und im Wettbewerb funktionieren zu müssen, ein Akt des Widerstands.

Miguel und ich gehen weiter den Berg hinauf, in Richtung der Gemüsegärten und Ställe. In der Bäckerei holen ein paar Auszubildende gerade Teigwaren aus dem Ofen, als wir hinkommen, und ich werde eingeladen, die noch warmen Teilchen zu kosten. Sie sind frisch und fluffig und schmecken sehr gut. Alles, was hier produziert wird, dient auch der Selbstversorgung, sagt Miguel. Aber manchmal nimmt man auch Aufträge von außerhalb an, um Geld zu verdienen.

Zwischen den Werkstätten hängen Transparente. »Wir, die Gemeinden, lehnen die Gesetze der schlechten Regierung ab!«, steht auf einem Plakat. »Wir wollen keine Militärs in unseren Gemeinden! Wir verkaufen weder unsere Flüsse noch unsere Quellen, noch unsere Böden! Wir wollen keine Firmen in unseren Gemeinden!« Auf einer Landkarte daneben ist eingezeichnet, wo landwirtschaftliche oder andere Großprojekte geplant sind. Ein anderes Bild zeigt, eindeutig erkennbar an Sturmhaube und Pfeife, den Subcomandante Marcos. Er ist umgeben von *caracoles*, Schnecken, aus denen eine neue, bunte Erde entsteht. Die Kugel wird umkränzt vom Spruch »Eine andere Welt ist möglich, eine, in die viele Welten passen.«

Am Ende des Rundgangs zeigt Miguel mir noch die Seminarräume der Universidad de la Tierra. Es ist eine besondere Universität, denn auch dort gibt es weder Titel noch Dozenten. Dafür aber politische Diskussionen, interkulturellen Austausch, Buchpräsentationen, Konferenzen und selbstorganisierte Studienveranstaltungen. Es sind die Treffen, zu denen auch Fernanda fährt.

Zum Abschluss bittet mich Raymundo noch einmal in sein Büro – und nun sagt er doch etwas ganz Entscheidendes. Etwas Großes: Das Ziel der Arbeit hier sei es, die Welt zu verändern.

Jetzt ist es an mir, skeptisch zu werden. Die Welt verändern mit handwerklicher Ausbildung für die Leute aus den Dörfern? Ohne den Weg über die Parlamente oder die Regierungen zu gehen, dem die den Zapatisten nahestehenden Organisationen sich doch ausdrücklich und aus Prinzip verweigern?

»Auf diese Weise geht die Veränderung der Welt aber ziemlich langsam voran«, sage ich. Doch Raymundo denkt in ganz anderen Dimensionen. »Dieses Volk leistet seit Hunderten von Jahren Widerstand. Es hat Geduld, Widerstandskraft, rebellischen Geist. Und die Menschen kommen aus der ganzen Welt hierher.« Sein Subtext ist: Wer seit mehr als 500 Jahren ums Überleben kämpft, dem kommt es auf ein paar Jahrzehnte mehr oder weniger auch nicht mehr an. Mit der Zeit, erklärt Raymundo, könne aus den einzelnen rebellischen Inseln, jede in ihrem Teil der Welt, ein großer Archipel erwachsen.

Vielleicht ist die Welt ja schon eine andere, wenn nur die einzelnen Inseln es schaffen, sich zu behaupten, denke ich. Für jede Schülerin und jeden Schüler, die am Ende ihrer Ausbildung zurück in ihr Dorf gehen, verändert das CIDECI vermutlich tatsächlich die Welt. Und für ihre Gemeinschaften ebenso.

Mir kommt in den Sinn, was Fernanda in der Zeitung Milenio über ihre Begegnung mit Bertrand Russell geschrieben hat: »Denk daran, dass es die Möglichkeit ist, der wir unsere ganze Loyalität schulden«, hatte der große Philosoph ihr beim Abschied mit auf den Weg gegeben. Sie erinnert sich genau daran: »Er sagte kein Wort über Ideologien oder Politik oder über irgendetwas anderes, sondern: *die Möglichkeit.*«

Das halte sie in mutlosen Zeiten aufrecht, schreibt Fernanda in der Zeitung. Nach meinem Besuch bei Raymundo denke ich, dass sie im CIDECI auch für eine solche Möglichkeit arbeiten – die Möglichkeit einer anderen Welt, in der jeder Mensch seinen Platz findet.

Oventik

Am Tag danach fahre ich endlich nach Oventik. Dort befindet sich der von San Cristóbal aus nächstgelegene *caracol* der Zapatisten. Ich hoffe, dass sie mich dort empfangen werden. Die Zufahrten zu den *caracoles* würden streng kontrolliert, hat man mir gesagt, und es sei vorab kaum absehbar, wer hineindürfe und wer nicht. Journalisten hätten schlechte Karten.

Ein Bekannter, der weiß, wie die Leute hier ticken, hat mir geraten, meinen Beruf diesmal zu verschweigen. Mir widerstrebt das. Am Ende aber gebe ich mich doch als Studentin aus, obwohl meine Zeit an der Uni schon viele Jahre zurückliegt. Eine ganz schlechte Idee, denke ich noch – und bin erstaunt, als die Wachen von Oventik mich tatsächlich einlassen.

Caracoles wie den von Oventik gibt es seit 2003. Sie sind nicht nur Versammlungszentren, sondern übernehmen für die ihnen angeschlossenen zapatistischen Gemeinden auch einen Teil der

Verwaltungsaufgaben. Durch ihre Juntas del Buen Gobierno, die Räte des Guten Regierens, wollen die Gemeinden basisdemokratisch selbst alle wichtigen Entscheidungen treffen. Ihr Grundprinzip nennen sie *mandar obedeciendo,* gehorchend befehlen. Das bedeutet: Wer die Macht hat, ist verpflichtet, den anderen zu dienen. Er oder sie repräsentiert den Willen der Gemeinden und muss sie überzeugen, statt eigene Entscheidungen ohne Rücksicht auf abweichende Meinungen durchzusetzen.

Die *juntas* sollen Korruption verhindern, Ressourcen gerecht verteilen und Konflikte schlichten. Der militärische Arm der Zapatisten nimmt auf die Räte angeblich keinen Einfluss. Die Soldaten sollen dazu da sein, die zapatistischen Gemeinden zu verteidigen – nicht dazu, sie zu regieren.

Oventik befindet sich ungefähr 40 Kilometer nördlich von San Cristóbal de las Casas in den Bergen. Ein Sammeltaxi setzt mich am Eingang ab. Der *caracol* liegt am Rand der Straße, von ihr nur durch einen Schlagbaum getrennt. Am Eingang gibt es bunt bemalte Bretterhäuschen, darin kleine Läden, in denen Erfrischungen angeboten werden. Zwei Frauen, durch Tücher vor dem Gesicht unkenntlich gemacht, halten Wache. Meinen Gruß erwidern sie nicht. Die eine aber schaut, als würde sie hinter ihrer Vermummung lächeln.

Ein Mann mit Sturmhaube kommt zum Schlagbaum und fragt, was ich in Oventik wolle. Was dann folgt, ist ziemlich bürokratisch: Ich muss meinen Namen nennen, meinen Beruf, mein Herkunftsland und den Grund meines Besuchs. Ich überlege kurz – und schwindle dann, wie man mir geraten hat. Ich behaupte, ich sei eine Studentin, sei zum ersten Mal hier (was stimmt) und wolle den Ort einfach einmal kennenlernen, um zu erfahren, wie das hier so funktioniert (was nicht ganz falsch ist). Sofort habe ich ein schlechtes Gewissen, weil ich mir hier mit unlauteren Mitteln Einlass erschleiche. Wie sich zeigen wird, werde ich aber ohnehin nicht viel erfahren.

Man lässt mich kurz warten. Dann kommt Antonio, der mich übers Gelände führen wird. Er ist Tsotsil und spricht nur ein paar Brocken Spanisch. So ist die Verständigung schwierig. Er nimmt mich mit hinein in den *caracol*, ein paar hundert Meter den Grashang hinab, weg von der Straße, vorbei an Gebäuden aus Holz, Stein und Planen. Ich sehe eine Schule, eine Versammlungshalle, eine Krankenstation und ein Haus, in dem sich laut einer Inschrift an der Wand die Frauen treffen. Die Gebäude sind mit revolutionären Graffiti verziert. Die Slogans fordern Demokratie und Gerechtigkeit, oder sie solidarisieren sich mit dem Kampf von linken Gruppen anderswo. Es gibt sogar eine kleine Kirche. Sie sei der Jungfrau Maria gewidmet, antwortet Antonio auf meine Frage. Wem sonst.

Eine Frau tritt aus einer Tür und blickt uns ausdruckslos hinterher. Ich grüße, aber sie bleibt stumm. Sonst sind kaum Menschen zu sehen. Die Schule ist leer, es sind Ferien. Auch die anderen Gebäude scheinen gerade nicht genutzt zu werden.

Irgendwo blöken Schafe. Da hinten, zeigt Antonio, befindet sich die *milpa* von Oventik, der traditionelle Gemüsegarten mit Mais und Bohnen. »*Somos pobres*«, sagt er, »Wir sind arm.« Ich würde gerne von ihm wissen, wie viele Menschen in Oventik leben, wie der Alltag abseits der *milpa* aussieht, was passieren muss, damit der *caracol* sich füllt, welche Versammlungen sie hier abhalten – aber all das ist angesichts der Sprachbarriere nicht herauszufinden.

So sitze ich nach kurzer Zeit wieder an der Bretterbude gegenüber, die als Haltestelle dient. Es dauert eine Weile, bis ein Sammeltaxi vorbeikommt. Aber dann bringt es mich schnell zurück nach San Cristóbal. Wirklich nah bin ich den Zapatisten auch im zweiten Anlauf nicht gekommen, denke ich. Dennoch habe ich das Gefühl, jetzt ein bisschen besser zu verstehen, worum es hier geht: darum, die Welt grundlegend zu verändern, wenn vielleicht auch nur im Kleinen. Die unvermischbaren Blasen, von denen Favrizio gesprochen hat – für mich sind sie heute wenigstens etwas durchlässiger geworden.

Wahlparty

An meinem letzten Abend in San Cristóbal lädt mich Favrizio ein, mit zu einer Grillparty mit Freunden zu kommen. Ich zögere. Ursprünglich hatte ich vorgehabt, im Hotel die Präsidentschaftswahl zu verfolgen. Für Mexiko ist dies ein außerordentlich wichtiger Tag, denn seit Langem kündigt sich ein politischer Wechsel an der Staatsspitze an. Heute entscheidet sich, ob er tatsächlich eintritt. Doch dann denke ich, dass ich mich genauso gut am nächsten Tag erst über das Ergebnis informieren kann, und sage zu. Ich freue mich auf einen netten Abend – und ahne nicht, dass auch auf der Party alle angespannt am Bildschirm hängen werden, um die Auszählungsergebnisse in Echtzeit zu erfahren.

Die Leute sind so nervös, weil in Mexiko gerade genau das Gleiche geschieht wie in vielen anderen lateinamerikanischen Ländern auch. Die Wählerinnen und Wähler haben genug von der Gewalt und den alten, korrupten Eliten. Sie wollen einen Neuanfang. Zumindest besagen das die Umfragen schon seit Langem. Und während in vielen anderen Ländern rechte Populisten davon profitieren, sehen die Wahlforscher hier den linken Kandidaten Andrés Manuel López Obrador deutlich vorn.

Doch AMLO, wie er auch genannt wird, tritt schon zum dritten Mal zur Präsidentschaftswahl an, und seine Anhänger sagen, die anderen beiden Male habe man ihn um seinen Sieg betrogen. Sie fürchten, es könnte diesmal ähnlich laufen. Die Atmosphäre ist geladen.

In der Nachbarschaft werden schon Raketen und Böller gezündet, als ich mich zu Fuß vom Hotel aus auf den Weg zur Party mache. Die Knallerei ist eine merkwürdige Art, den Wahltag zu begehen. Das Ergebnis steht noch gar nicht fest, und doch wird bereits gefeiert.

Ich brauche eine Weile, um die Adresse zu finden. Nirgends steht die Hausnummer, die ich mir notiert habe. Ich erkundige mich bei einer Nachbarin, aber sie kann mir auch nicht helfen. Plötzlich fällt mir ein Graffito an einer Wand auf: Galeristen raus aus San Cristóbal, fordert es. Kann das auf Favrizio gemünzt sein? Tatsächlich befindet sich die Haustür, die ich suche, direkt daneben. Sie führt in ein altes Haus, das um einen großen, offenen Patio herum gebaut ist. Der Grill steht schon bereit.

Es wird ein emotionaler Abend. Die Gäste sind nett, Fleisch und Würstchen schmecken lecker, ebenso der Tequila, den Favrizio serviert – er mag den hier üblichen Mezcal nicht, sondern zieht den Schnaps aus seiner Heimat vor. Alle Zutaten für eine unbeschwerte Party sind vorhanden. Aber die Partygesellschaft ist völlig absorbiert von der Wahl. Die Gäste kleben vor dem Fernseher, den Favrizio im Hof aufgebaut hat, sie kontrollieren auf ihren Smartphones immer wieder den Stand der Auszählung, und sie machen sich gegenseitig auf Facebook-Live-Übertragungen aus unterschiedlichen Landesteilen aufmerksam.

AMLOS Vorsprung ist so groß, dass sein Sieg schon früh zweifelsfrei feststeht. Favrizios Freunde können es gar nicht glauben. Ungläubig schauen sie auf ihre Bildschirme und prüfen das Ergebnis, immer wieder. Ihre Anspannung löst sich erst ein wenig, als AMLOs Gegner ihre Niederlage einräumen und ihm zum Sieg gratulieren. Sogar Tränen fließen. Doch die Fassungslosigkeit hält noch lange an. Ungläubig schauen sie in San Cristóbal zu, wie der nächste Präsident Mexikos, bejubelt von Tausenden Anhängern, noch in der Nacht auf dem großen Zócalo von Mexiko-Stadt auftritt, um seine Wahl zu akzeptieren.

Kapitel 5

Oaxaca: Mais und Mezcal

Nach Oaxaca

Man könnte die Busfahrt von San Cristóbal de las Casas nach Oaxaca – eigentlich: Oaxaca de Juárez, Hauptstadt des Bundesstaats Oaxaca – in nüchternen Zahlen beschreiben: 600 Kilometer, rund zwölf Stunden Dauer, etwa 600 Meter Höhenunterschied zwischen Ausgangspunkt und Ziel, ein paar Zwischenstopps. Man könnte sagen, Fliegen wäre auf dieser Strecke schneller und bequemer, und das wäre nicht verkehrt. Aber man würde damit dieser Busreise nicht gerecht. Denn erst im langsamen Tempo der Straßen, in den Serpentinen der Berge, im Wind der Landenge von Tehuantepec und während der Pausen in den Busbahnhöfen entlang der Strecke erlebt man das Land.

Meine Busfahrt nach Oaxaca, das waren: Straßenblockaden, von Demonstranten besetzte Mauthäuschen, Gesichtskontrollen, Filmaufnahmen jedes einzelnen Fahrgastes, Militärposten, *gated communities* am Wegesrand; fliegende Verkäufer mit Bauchläden voller Chips, Tortillas, Maiskolben und Mangos, schroffe Berge, leuchtend rot blühende Bäume; winzige Maisäcker im Hang, Viehweiden, Kandelaberkakteen, unglaublich viele Windräder, Agavenfelder, Straßenarbeiter mit leuchtenden Warnwesten; noch mehr Agaven, noch mehr Windräder, immer wieder Berge, Berge, Berge – und eine schweigsame Sitznachbarin mit einer prall gefüllten, intensiv nach Fleischsoße duftenden Provianttüte aus dünnem Plastik. Das fragile Behältnis stand auf dem Boden vor unseren Plätzen, wackelte, rutschte in jeder Kurve hin und her und sah aus, als würde es jede Sekunde platzen.

Ich will nach Oaxaca, weil ich gute Erinnerungen an die Stadt habe. Sie ist der Ort, an dem ich vor Jahren auf einer fröhlichen, drei Tage dauernden Hochzeitsfeier um einen betrunkenen Truthahn tanzte. Meine Gastgeber hatten besonderen Mezcal vorrätig, den sie von einem *campesino* aus der Gegend gekauft hatten und in ihrer Küche in einem kleinen Holzfass auf der Anrichte aufbewahrten. Sie luden mich ein, ihn zu probieren. Es war mein erster Mezcal, und einen besseren habe ich danach nie wieder getrunken. Wir aßen Tortillas auf dem Markt, und meine Begleiter wollten mich dazu überreden, die gerösteten Heuschrecken zu probieren, eine berühmte lokale Spezialität; doch die Tiere verströmten einen so intensiven Geruch, dass ich mich nicht dazu durchringen konnte. Gemeinsam fuhren wir zur Ruinenstadt Monte Albán, von wo aus einst die Zapoteken das Land beherrschten, eine der ältesten Kulturen Mittelamerikas und heute mit mehreren Hunderttausend Angehörigen das größte indigene Volk des Bundesstaats.

Oaxaca ist berühmt für seine reiche Geschichte und Kultur, und zur Vielfalt gehört hier auch ein besonderer Reichtum an

Mais. Wie wichtig diese Pflanze überall in Mittelamerika ist, habe ich bisher auf fast jeder Station meiner Reise gesehen: in Yucatán, wo die Maya sagen, sie seien aus Mais gemacht; in Chapultenango, wo die Zoque bei ihren rituellen Tänzen auch Maiskörner untereinander tauschen. Doch wenn es eine Gegend gibt, in der Mais eine ganz besondere Bedeutung hat, dann ist es Oaxaca. Hier wachsen besonders viele Maissorten; hier wurden die ältesten archäologischen Überreste von Maiskörnern gefunden. Und in traditionellen Ritualen spielt der Mais auch hier eine wichtige Rolle.

An den Gebirgshängen von Oaxaca gedeihen, auf traditionelle Art angebaut, immer noch zahlreiche unterschiedliche Varianten der Pflanze. Irgendwie gelingt es den Bauern (noch), sich halbwegs gegen die übermächtige Konkurrenz des billigen, teils subventionierten und auf großen Flächen angebauten Mais aus Nordmexiko und den USA zu behaupten. Wie wichtig ist der Mais für sie, und wie bestimmt er ihr Leben? Darüber will ich mehr erfahren.

Im Moment aber sitze ich noch im Bus, und die Straße vor mir windet sich durch grüne Hügel die Berge hinauf. Oben wird der Boden felsiger, die Bäume sind zierlicher, die Vegetation spärlicher. Zwischen den Steinen blitzt roter Boden. Darauf wachsen auf jedem freien Fleckchen Maispflanzen. An einem Hang arbeiten zwei Männer mit Hacken, aber bevor ich erkennen kann, was genau sie da tun, ist unser Bus schon hinter der nächsten Kurve verschwunden. Dann öffnet sich links ein weites Tal. Neben uns schweben Wolken. Wenig später überqueren wir eine tiefe, felsige, grüne Schlucht. Hier müsste es zum Cañon del Sumidero gehen, einem der vielen Naturwunder von Chiapas.

Nach Tuxtla Gutiérrez weichen die Berge etwas von der Straße zurück, aber sie werden uns die ganze Strecke über am Horizont begleiten. Der Fahrer steuert den Bus souverän und mit gemessenem Tempo durch die Kurven, während er Kerne knackt und die Schalen aus dem Fenster wirft. Mit weit ausholender Geste grüßt er entgegenkommende Busfahrerkollegen, die Soldaten am Wegesrand und auch gewöhnliche Passanten, als ob er sie alle persönlich kennen würde.

Wir passieren ein kleines Städtchen mit Restaurants, Autowerkstätten, Tankstellen und Käsereien. Wo immer der Bus eine Pause einlegt, steigen Frauen, Männer und Kinder zu, die aus Bauchläden Softdrinks und Snacks anbieten. So auch im Städtchen Cintalapa, unserem nächsten Halt. Die Fahrt wird noch lange dauern, und so versorgen sich viele Fahrgäste mit Proviant.

In Cintalapa füllt sich der Bus, und unser Co-Pilot filmt uns alle. Ich fühle mich damit nicht sonderlich wohl, obgleich es heißt, die Aufnahmen würden nur zu unserer Sicherheit gemacht, und schaue aus dem Fenster, als der Kameramann durch die Reihen geht. Er lässt es mir nicht durchgehen. Freundlich und unmissverständlich fordert er mich auf, in die Linse zu blicken, und ich tue ihm den Gefallen. Was bleibt mir anderes übrig? Wer weiß, wozu die Aufnahmen im Notfall noch gut sein können, sage ich mir, um mein Unbehagen zu bekämpfen.

Als es weitergeht, passieren wir Straßenbautrupps und, kurz vor der Grenze zum Bundesstaat Oaxaca, einen Kontrollposten des Militärs. Später wird noch die Migrationspolizei zusteigen, um die Passagiere zu überprüfen. Ich weiß: Obwohl vom Bus aus alles ruhig wirkt, ist die Lage draußen angespannt. Fremden wird derzeit abgeraten, sich in der Gegend aufzuhalten. Zu offensichtlich ist die Gewalt. Vor ein paar Tagen erst wurden nach einer Wahlkampfveranstaltung in der Nähe eine Lokalpolitikerin, ihr Chauffeur und eine Journalistin erschossen. Immer wieder werden Menschen umgebracht oder verschwinden spurlos. Es gibt Konflikte um Land, die oft gewaltsam ausgetragen werden. Und gerade streiken auch noch die Lehrer. Sie halten die Innenstadt von Oaxaca besetzt, wo sie ein Zeltcamp errichtet haben, und blockieren auch Zufahrtsstraßen.

Als gäbe es die Unruhe draußen nicht, läuft drinnen im Bus als Bordunterhaltung ein französischer Film über amouröse Verwicklungen und Versteckspiele in Zeiten des Internets. Ich finde das Missverhältnis zur Realität einigermaßen bizarr. Aber in mexikanischen Überlandbussen gibt es vor Liebesschnulzen, Tiervideos, Actionkrachern oder Kinderfilmen kein Entkommen. Oft steht das, was da gezeigt wird, im diametralen Gegensatz zu dem, was im Land passiert. Nie habe ich so viele Sponge-Bob-Clips über mich ergehen lassen müssen wie auf meinen Busfahrten durch Mexiko.

Wir sind schon ein paar Stunden unterwegs, als wir uns plötzlich mitten in einem Feld aus Windkraftanlagen befinden. Rechts und links der Straße erstrecken sich Windräder in gleichmäßigen Spalieren bis zum Horizont. Wo die Reihen enden, ist nicht zu sehen. Langsam drehen sich die Flügel im Wind.

Sie sind ein deutliches Zeichen: Wir durchqueren gerade den Isthmus von Tehuantepec. An dieser Landenge kommen sich der Pazifik und der Golf von Mexiko so nahe wie nirgendwo sonst. An der niedrigsten Stelle haben die Berge hier nur eine Höhe von 224 Metern über dem Meer. Deshalb bläst immer ein starker Wind über die Landenge, und weil Mexiko die erneuerbaren Energien fördern will und darin ein profitables Geschäft steckt, werden hier massenhaft Windkraftanlagen gebaut. Gehört habe ich davon schon oft, aber wie viele Windräder hier tatsächlich stehen, wird mir erst jetzt auf der Fahrt durch ihre scheinbar endlosen Reihen klar.

Die Anlagen sind gut für den Klimaschutz, doch viele Anwohner sind mit den großen Windparks nicht einverstanden. Aktivisten sagen, die Investitionen brächten keine Arbeitsplätze. In den Dörfern gebe es immer noch keinen Strom, trotz der vielen Kraftwerke ringsum. Man habe die Gemeinden nicht, wie eigentlich obligatorisch, um ihre Zustimmung gefragt. Überdies versperrten die Windkraftanlagen den Zugang zu den Feldern. So würden die Menschen hier erneut enteignet und ausgeplündert, nur eben nicht mehr durch spanische Kolonisatoren, sondern durch multinationale Konzerne und die mexikanische Regierung.

Was ist Wohlstand? Wie kann man ein Land am besten entwickeln? Ob in Yucatán, in Chiapas oder hier – überall in Mexiko begegne ich den gleichen Fragen.

Neben der Straße grasen Rinder. Dahinter erstrecken sich Windräder, Windräder und nochmals Windräder. Kaum haben wir einen Windpark hinter uns gelassen, taucht der nächste auf. Und dann noch einer und wieder einer. Die Berge sind im Dunst und Gegenlicht gar nicht mehr zu sehen. Irgendwann am Nachmittag halten wir dann in Juchitán, wo der Mord an der Lokalpolitikerin, ihrem Fahrer und der Journalistin geschah. Dort legen wir am Busbahnhof eine kurze Pause ein.

Nach dem Städtchen Tehuantepec lassen wir den Isthmus mit seinen Windrädern hinter uns, und die Berge kehren zurück. Die Landschaft wird trockener, auf manchen Hängen stehen Kandelaberkakteen dicht an dicht, jene stacheligen Pflanzen in Kerzenleuchterform, ohne die kein Wildwestfilm auskommt. Anderswo reihen sich *magueyes*, Agaven, eng aneinander. Aus ihnen gewinnt man hier Mezcal, und das Geschäft mit dem lokalen Schnaps boomt. Die Bauern und Destillen kommen kaum mit der Produktion hinterher. Manche Agavenarten wachsen nur wild, andere aber können kultiviert werden. Manche der Pflanzen sind klein wie wilde *magueyes*, andere wachsen in Reih und Glied, als hätte man sie gepflanzt.

Die Berge werden schroffer, und im tief stehenden Licht des Nachmittags sind ihre Felsabbrüche und Grate gut zu erkennen. Über einem Gipfel in der Ferne regnet es, aber nicht weit entfernt davon zeichnet sich vor einem eierschalenfarben leuchtenden Himmel scharf die dunkle Silhouette eines anderen Berges ab.

Mich ziehen die Gebirge Lateinamerikas jedes Mal erneut in ihren Bann, ganz gleich, ob es sich um die Anden im Süden handelt oder die Sierras hier im Norden. Denn diese Berge sind wild und unbezwingbar, viel gewaltiger als die europäischen Alpen, in denen jeder Winkel schon durch Straßen, Tunnel und Ferienorte erschlossen scheint. Sie können auch gefährlich sein, entweder weil sie Guerillagruppen und der Drogenmafia als Rückzugsort dienen oder einfach, weil sie wegen ihrer schieren Ausdehnung und der extremen Wetterverhältnisse, die Straßen jederzeit zerstören können, so schwer zugänglich sind. Kurz: Sie sind viel mächtiger als der Mensch. Und das übt eine große Faszination auf mich aus.

Mir ist schon klar: Wer in diesen Bergen von dem lebt, was sich der kargen Natur abringen lässt, schafft das vermutlich nur unter vielen Entbehrungen und in ständiger existenzieller Unsicherheit. Wäre ich eine *campesina* in den lateinamerikanischen Bergen, verginge mir die Romantik sofort. Doch das bin ich nicht. Und so verspüre ich jedes Mal, wenn ich mich der Erhabenheit der mächtigen Gebirgszüge gegenübersehe, Freiheit, Ruhe und Geborgenheit zugleich.

Je mehr wir uns der Stadt Oaxaca nähern, desto mehr Agaven wachsen auf den Hängen. Im Abendlicht zeichnen sich ihre Felder grünblau gegen die ockerfarbene Erde ab. In einer Kurve besteigen Arbeiter einen kleinen Lastwagen, dessen offene Ladefläche voll mit dicken Agavenherzen beladen ist. Diese Herzen bleiben übrig, wenn die *campesinos* bei der Ernte mit ihren Macheten die spitzen, langen Blätter der Agave abschlagen. Sie sehen aus wie dicke, übergroße Ananas. Aus den Agavenherzen und Wasser gewinnt man dann die Flüssigkeit, aus der später der Mezcal destilliert wird.

Während die Sonne untergeht, kurven wir durch enge Serpentinen. Mir bereitet der Straßenverlauf Sorge, denn er führt dazu, dass die prall mit Fleisch und Soße gefüllte, sorgsam verknotete Plastiktüte auf dem Boden vor unseren Sitzen noch stärker hin und her rutscht als bisher. Was, wenn sie platzt? Doch meine Sitznachbarin, der die Tüte gehört, verzieht keine Miene;

gerade so, als sei es bisher jedes Mal gut gegangen, als gäbe es keinen Grund zur Sorge. Glücklicherweise wird sie am Ende Recht behalten.

Die Frau schweigt fast die ganze Fahrt über. Nur einmal, nachdem sie kurz vor Einbruch der Dunkelheit einen Anruf erhalten hat, wendet sie sich mir zu. »*Hay mucho bloqueo*«, »Es gibt viele Blockaden«, sagt sie. Was das genau bedeutet? Schwer zu sagen. Vermutlich, dass wir uns verspäten werden. Aus den Nachrichten am nächsten Tag erfahre ich dann, dass die Lehrergewerkschaft in ihrem Streik einige Mauthäuschen besetzt hielt und den Verkehr nicht vorbeiließ. Bei uns aber scheint bis zur Stadtgrenze alles glatt zu gehen.

Um neun scheinen in der Dunkelheit die ersten Lichter Oaxacas auf. Wenig später halten wir, und ein Angestellter des Busunternehmens steigt zu und hält in offiziellem Ton eine kleine Ansprache: »Wir informieren Sie, dass die Passagiere, deren Ziel das Erste-Klasse-Terminal ist, dort nicht aussteigen können, weil die Sección XXII den Busbahnhof besetzt hält«, sagt er. Die Sección XXII ist die kämpferische Lehrergewerkschaft von Oaxaca. »Wir haben aber ein Ausweichterminal in den Außenbezirken der Stadt. Dort können sie aussteigen. Das wäre alles.«

Was immer das »Terminal in den Außenbezirken« bedeuten mag – ich entnehme der Ansage erst einmal die gute Nachricht, dass wir die Stadt heute noch erreichen werden. Eine Stunde später sind wir tatsächlich da, und ein Taxi bringt mich zu meiner Unterkunft.

Wo ist Bruno Avendaño?

Ich hatte versucht, mich in Oaxaca mit Lukas Avendaño zu verabreden, einem Tänzer, Poeten, Anthropologen und Performancekünstler aus Tehuantepec, ebenjenem Städtchen, das ich im Bus auf der Fahrt hierher durchquert hatte. Mir waren Fotos seiner

Arbeiten aufgefallen, die mir schön, rätselhaft und schmerzvoll zugleich erschienen: Lukas tanzend, mit blass geschminktem Gesicht und federgeschmückten Haaren, bekleidet mit einer weißen Fellhose; Lukas posierend in der prächtigen Tracht der Zapoteken des Isthmus, den Kopf umgeben von einem breiten Kranz aus üppiger Spitze; Lukas auf dem Boden kniend, die Arme und Beine mit dicken Tauen hinter dem Rücken verschnürt, bekleidet nur mit Federn im Haar, blutroten, hochhackigen Schuhen und einem Lendenschurz in gleicher Farbe – selbst in der unnatürlichen Pose, in die ihn seine Fesseln zwangen, erschien er mir noch anmutig und würdevoll.

Was bedeutet seine Kunst? Das würde ich ihn gerne fragen. Doch während ich in Oaxaca bin, tritt Lukas gerade in Barcelona auf. Von dort aus werde er weiter nach Polen reisen, schreibt er in einer Mail, aber ich dürfe ihm gerne meine Fragen schicken. Was ich selbstverständlich tue.

Dabei hat Lukas eigentlich gerade Besseres zu tun, als Auskunft über seine Arbeit zu geben. Er sucht seinen Bruder, Bruno Alonso Avendaño, einen Marinesoldaten, der am 10. Mai 2018 spurlos verschwunden ist. An jenem Tag hatte Bruno frei und fuhr nach Tehuantepec, um die Mutter der beiden zu besuchen. Er kehrte nicht nach Hause zurück. Bis heute hat die Familie keine Ahnung, was geschehen ist.

Lukas drängt auf Aufklärung, wo er nur kann, auch während er im Ausland unterwegs ist. »*¿Dónde está Bruno Avendaño?*«, fragt er immer und immer wieder, in Interviews, auf Facebook und in seinen Performances.

In Barcelona setzt er sich, auffällig in die prachtvolle Tracht der Zapotekinnen gekleidet, vors mexikanische Konsulat. Ein wenig erinnert seine Inszenierung an Frida Kahlos Gemälde *Die zwei Fridas*, auf dem die Malerin und ihr Ebenbild ähnliche Kleidung tragen. Neben Lukas steht ein leerer Stuhl, auf dem zwischendurch immer wieder Menschen Platz nehmen, die ihn bei seiner

Suche unterstützen. Doch das Möbelstück symbolisiert ganz klar und unübersehbar die eine große, drängende Frage: Wo ist Bruno Avendaño?

Lukas' Aktionen verschaffen dem Fall seines Bruders Aufmerksamkeit. Eine Antwort auf seine Fragen aber hat er bis heute nicht erhalten. »*Seguimos buscando a Bruno, porque nadie merece desaparecer*«, sagt Lukas. »Wir suchen weiter nach Bruno, denn niemand hat es verdient zu verschwinden.« Die Familie klagt an: Die Verantwortlichen in den Behörden des Isthmus von Tehuantepec unternehmen viel zu wenig, zu langsam, zu spät. Doch trotz all ihrer Anstrengungen bleibt Bruno unauffindbar. Seiner Familie geht es wie den Müttern von Los Mochis, die mit der Unsicherheit leben müssen, nicht zu wissen, was mit ihren Kindern geschehen ist.

Lukas weiß, dass sein Bruder nur einer von vielen Tausenden Verschwundenen in Mexiko ist. Er erinnert in seiner Kunst auch an sie – und an die zahlreichen anderen Toten, die anderswo auf der Welt auf der Suche nach einem besseren Leben umkommen. Mir schreibt er: »Bruno ist in jeder unserer Erinnerungen, in unseren Gebeten, in unseren guten Wünschen, (...) in den Knochen jedes Massengrabs in diesem Land und in jeder Leiche, die im offenen Meer schwimmt, weil sie versucht hat, festes Land zu erreichen.«

Er wählt radikale Worte. Radikal ist auch seine Kunst. Lukas rebelliert gegen die Verhältnisse, gegen die Mehrheitsgesellschaft – weil einer wie er sowieso keine Chance hat, von ihr anerkannt zu werden. Er schreibt: »Für mich gibt es hier nur den Platz, der jenen zugewiesen wird, die nicht in eine gute Familie hineingeboren wurden: als Kanonenfutter. Deshalb verlässt man das Schlachtfeld schon aus Überlebensgründen nicht.« Das Schlachtfeld – so nennt er seinen Körper, mit dem er seine Kunst entwickelt.

Als Indio bezeichnet zu werden, gilt in Lateinamerika als beleidigend, doch Lukas nennt sich selbst so. Er stammt aus armen Verhältnissen. Er sagt, er sei »der Sohn eines Bastards. So wurde mein Vater oft bezeichnet.« Und er ist *muxe*. So werden in der Tradition der Zapoteken vom Isthmus Menschen des dritten Geschlechts genannt. Sie werden als Männer geboren, führen dann aber in ihrer Gemeinschaft ein Leben, in dem die Geschlechterrollen verschwimmen.

Die Tradition der *muxe* sei unter den Zapoteken nichts Außergewöhnliches, erklärte Lukas in einem Zeitungsinterview. »Die (zapotekischen) Familien nehmen das wie etwas Natürliches an. Die Mütter sagen: ›So hat Gott es mir gebracht‹, aber sie betrachten es nicht als Strafe, sondern wie etwas Gutes.« Dass diese Tradition 500 Jahre Verfolgung, Verleugnung und Verstecken überlebt habe, zuerst unter den spanischen Kolonisatoren und dann in der mexikanischen Gesellschaft – das sei schon etwas Besonderes.

In der mexikanischen Mehrheitsgesellschaft jedoch ist Lukas – als Indio, *muxe* und Sohn eines »Bastards« – gleich mehrfach ein Außenseiter. Für einen wie ihn ist ein Universitätsstudium nicht vorgesehen. Er schaffte es trotzdem. Doch selbst mit einem Abschluss bleibt ihm nur die Wahl, entweder seine wahre Identität aufzugeben oder sie zumindest zu verstecken, oder arbeitslos zu sein. »Ich kann nie ein richtiger Mexikaner sein.«

Ich frage, was für ihn bedeutet, *muxe* zu sein. Er antwortet: Damit sei es wie bei König Midas. »Es heißt, er hat alles in Gold verwandelt, was er anfasste. Alles, was von der Lebensweise der *muxe* berührt wird, läuft Gefahr, von ihr beeinflusst zu werden. Selbst dieses Interview.«

Dann schickt er mir eine lange Aufzählung dessen, was er unter *muxe*-Sein versteht: »Trainiert zu sein wie ein Alphamännchen, jedoch mit lackierten Nägeln anstelle eines Silberrückens, und mit künstlich verlängerten Haaren statt einer behaarten Brust.« Sexuelle, ästhetische und gesellschaftliche Normen zu durchbrechen; die Freiheit, mit dem eigenen Körper ohne Schuldgefühle zu tun, was man möchte; aber auch wirtschaftliche

Unabhängigkeit und die Fähigkeit, an überkommenen Regeln offen Kritik zu üben.

Jeder sollte frei sein zu entscheiden, wer er oder sie sein möchte, schreibt Lukas. Und: Seine Lebensform sei auf den Isthmus von Tehuantepec beschränkt. Außerhalb dieser Region jedoch gelte sie als Schande, als Sünde, die dem widerwärtigen, homosexuellen Körper des *muxe* innewohne.

Er wählt schonungslose Worte, nüchtern wie der Anthropologe, der seine eigene Kultur erforscht, wütend wie jemand, der täglich Ausgrenzung erlebt. Aber er hat auch beschlossen, dem Zorn und der Trauer nicht zu viel Platz einzuräumen. »Heute erkläre ich: In diesem Körper gibt es keinen Platz für Traurigkeit«, schreibt er einmal in einem Suchappell für seinen Bruder auf Facebook. »Denn die fröhlichen Leidenschaften sind der subversivste Akt, um im Krieg Widerstand zu leisten. Unser Lächeln ist unsere mächtigste Waffe. Huren aller Länder, vereinigt Euch. Tag 28, wir suchen weiter nach Bruno.«

Die *muxe* überschreiten althergebrachte Grenzen. Das tut Lukas auch mit seiner Kunst. Zum Beispiel in einer Performance mit dem Titel *No soy persona, soy mariposa*, Ich bin kein Mensch, sondern ein Schmetterling. In Mexiko hat das Wort *mariposa* je nach Kontext auch mit Homosexualität zu tun. Es kategorisiert Menschen, steckt sie in Schubladen und betont dadurch, was sie trennt. Lukas aber sagt, ein Schmetterling sei geradezu dafür gemacht, Grenzen zu überwinden. »Jeder Mensch kann ein Schmetterling sein«, schreibt er, »falls er sich traut, sich aus dem Zustand einer Puppe, Larve oder Raupe zu verabschieden.«

Ich frage ihn nach seiner Utopie.

»Aufs Meer hinauszufliegen«, antwortet Lukas, »selbst in dem Wissen, dass es auf der anderen Seite vielleicht nichts gibt, kein Ufer, keine Insel und niemanden, der mir Gesellschaft leistet. Dass mein Körper zerbrechen und sich verteilen könnte wie Blütenstaub, wenn der Frühling kommt, und selbst wenn er womöglich keine Blumen bestäubt, selbst wenn er kein Saatkorn sein kann, so kann (sein Duft) doch zumindest sensiblen Nasen Freude bereiten, weil er daran erinnert, dass es den Frühling gibt, und dass dieser das Land grün werden lässt, und dass selbst im Betongrau der Metropolen irgendeine Pflanze erblühen wird, in der Ritze eines Simses oder im Riss in der Mauer eines Wolkenkratzers.«

Und seine Hoffnung? »Dass die Menschheit ihren Namen verdient«, antwortet er. »Dass es uns gelingt, einen liebevollen Ort zu schaffen, um ihn zu bewohnen, denn das haben wir verdient, und wir alle haben ein Recht darauf, Teil dieses Werks zu sein.«

Mich erinnert das an den Slogan der Zapatisten: Eine andere Welt ist möglich – und zwar eine, in der alle ihren Platz finden. Kann es den Menschen je gelingen, eine solche Welt aufzubauen?

Menschen aus Mais

Ich bin in Oaxaca mit Eloy Fernández verabredet, der mir zeigen will, was der Mais heutzutage für die *campesinos* bedeutet, die in den Bergen von Oaxaca leben: wie sie ihn anbauen, wie hart – oder auch nicht – ihr Alltag ist, und wie gut es ihnen gelingt, ihre Traditionen zu bewahren. Eloy arbeitet als Berater für die Welternährungsorganisation. Für seinen Job fährt er oft in die Sierra Mixteca, eine schroffe, arme Berglandschaft im Norden des Bundesstaates. Von ihren Ureinwohnern, den Mixteken, wird sie auch *ñuñume* genannt, Land der Wolken.

Über Eloy lerne ich Carlos Solano kennen, einen Agrarwirt, der sein ganzes Berufsleben lang mit den Kleinbauern in unterschiedlichsten Teilen Oaxacas zusammengearbeitet hat – immerhin mehr als 40 Jahre. Carlos kennt die Sierra Mixteca gut. Er stammt aus den Bergen. Zudem hat er erforscht, wie die Einwohner einer Zapoteken-Gemeinde in den zentralen Flusstälern Gemüse anbauen, und gerade betreut er ein Projekt mit Kakaobauern im

Flachland von Papaloapán. Anders gesagt: Wenn jemand weiß, wie sich Leben und Ackerbau in den verschiedenen Regionen Oaxacas unterscheiden, dann er. Zuvorkommend und freundlich nimmt er sich viel Zeit, um mir von seinen Erfahrungen zu erzählen.

Einer seiner wichtigsten Lehrer sei Efraín Hernández Xolocotzi gewesen, sagt Carlos, ein Pflanzensammler, Ethnobotaniker und Erforscher traditioneller mexikanischer Anbausysteme. Zuerst verstehe ich nicht, warum das hier wichtig sein soll. Aber es wird mir sofort klar, als Carlos weiterspricht. »Sein richtiger (zweiter) Nachname war Guzmán, aber er nannte sich Efraín Hernándex X, so wie Malcolm X, der berühmte soziale Kämpfer aus *gringolandia.*«

Ich bin überrascht. In den 60er-Jahren war Malcolm X ein Wortführer der US-Bürgerrechtsbewegung, und anders als beispielsweise Martin Luther King lehnte er Gewalt nicht ab. Efraín Hernándex Xolocotzi seinerseits war in den USA zur Schule gegangen und hatte, einige Jahre bevor Malcolm X an die Öffentlichkeit trat, in Harvard studiert. Offenbar brachte er von dort einige Anregungen mit. Nachdem er in sein Heimatland zurückgekehrt war, setzte Hernández X sich sein Leben lang dafür ein, die traditionellen Formen der mexikanischen Landwirtschaft zu bewahren, für eine selbstbestimmte, unabhängige Ernährung der Mexikaner. Für ihn scheint das ähnlich revolutionär – und existenziell – gewesen zu sein wie der Kampf von Malcolm X um gleiche Rechte in den USA.

Hernández X sagte, Mexiko habe alle Voraussetzungen, sich selbst weiterzuentwickeln. Aber es verschwende seinen Reichtum. Der Gedanke wird mir in den kommenden Tagen immer wieder begegnen.

Oaxaca ist besonders reich an Ökosystemen, an unterschiedlichen indigenen Kulturen, an Nutzpflanzenarten – und alle drei Faktoren hängen zusammen. Denn über die Jahre hinweg haben die Menschen in den unterschiedlichen Regionen des

Bundesstaats ihre Lebensweise genau an die jeweiligen örtlichen Gegebenheiten angepasst, an die Topographie, den Wasserhaushalt der Gegend, das Klima. So entstand eine ungewöhnliche Vielfalt.

Besonders wichtig sei, wie die Dorfgemeinschaften sich organisierten, sagt Carlos. Das meint er ganz praktisch. Die Menschen tun sich zusammen, um ihre Felder möglichst gut zu bewirtschaften. In den zentralen Tälern beispielsweise bewässerten sie ihre Gemüsegärten früher aus Krügen – ein enormer Arbeitsaufwand, der sich nur gemeinsam gut bewältigen ließ. Und in der Sierra ist die Maisaussaat bis heute eine Arbeit, an der sich alle beteiligen.

So entwickelten sich je nach Standort ganz unterschiedliche Sitten und Gebräuche, die bis heute das Leben prägen. »Die Traditionen haben mächtige Wurzeln. Das muss man verstehen, um mit den Gemeinden zu arbeiten. Man muss bereit sein, über das westliche Gedankengut hinauszugehen. Das ist ganz entscheidend.« Er weiß, wovon er redet. Heute arbeitet er für die Nichtregierungsorganisation Mixteca Sustentable, Nachhaltige Mixteca, mit den Bauern zusammen. Er und seine Kollegen wollen die Bauern dabei unterstützen, die alten Techniken verstärkt und selbstverständlicher anzuwenden und sie mit modernen wissenschaftlichen Erkenntnissen zu verbinden. »Brücken errichten«, nennt es Carlos.

Während die Bewohner der Täler inzwischen auch andere Möglichkeiten haben, ihren Lebensunterhalt zu verdienen – Tourismus, Kunsthandwerk, Jobs auf Tagesbasis –, hängen sie in der relativ abgelegenen Sierra Mixteca immer noch von der Landwirtschaft ab. Ausgerechnet dort: Das Klima ist rau, die Böden erodiert, die Erträge sind karg. Die Ernten reichen oft nicht, um die Familien durchs Jahr zu bringen. Die *campesinos* müssen zusätzlich Geld verdienen. Und auf der Suche nach etwas Besserem verlassen viele ihre Dörfer. »Jeden Tag werden Flächen aufgegeben«, sagt Carlos. Mit jedem Migranten aber, der sein Dorf verlässt, gehe ein Stück Tradition verloren.

Diese Stadt ist besetzt

Morgen werde ich mit Eloy in die Sierra fahren, um selbst zu sehen, wie die Menschen dort leben. Heute aber habe ich noch ein paar Stunden Zeit, die ich für einen Spaziergang durch die Stadt nutze. Ich fange am Zócalo an, wie es sich gehört, und erkenne den Platz, der bei meinen früheren Besuchen relativ still und malerisch dalag, nicht wieder.

Der Zócalo, der angrenzende Park und die umliegenden Straßen sind bedeckt von lauter kleinen Zelten: Schlafstätten für die Lehrerinnen und Lehrer, die das Zentrum von Oaxaca schon seit zwei, drei Wochen besetzt halten. Zwischen den Zelten haben sie Planen gespannt, um sich vor Regen und Sonne zu schützen. Sie kampieren dicht an dicht, tatsächlich scheint jeder freie Quadratmeter von ihnen belegt.

Wo noch Platz bleibt, säumen Straßenhändler mit ihren Ständen die Wege. Sie verkaufen Blusen, Stickereien, Webarbeiten, Schals für die Touristen, Waren des täglichen Bedarfs für die Einheimischen und Essen für alle. Ein Marktschreier hat Kräuter auf dem Boden ausgebreitet und preist ihre wohltuende Wirkung. »Wer hat früher länger gelebt?«, fragt er die Passanten, »die Stadtbewohner oder die Leute der *ranchos*, vom Land?« Natürlich ist das eine rhetorische Frage. »Klar, die Leute vom Land! Kommt näher, geniert euch nicht, ich zeige euch, wie man meine Kräuter zubereitet«, lockt er.

Nur einige Meter weiter sitzen ein paar Frauen, die sich offenbar im Hungerstreik befinden, unter großen Transparenten. Sie protestieren gegen Menschenrechtsverletzungen im Dorf San Juan Copala. Dort wurden 2010 die beiden Menschenrechtsaktivisten Alberta Cariño, genannt Bety, und Jyri Jaakkola erschossen, als sie

Hilfsgüter in das von Paramilitärs umlagerte Dorf bringen wollten. Ein Großteil der Einwohner wurde aus San Juan Copala vertrieben. Auch dagegen demonstrieren die Frauen. Sie verlangen Aufklärung.

Nicht nur am Zócalo atmet Oaxaca Unruhe. Die Hauswände in der ganzen Innenstadt sind voller Graffiti: gegen das Gesetz zur Inneren Sicherheit, für die Verschwundenen, für die Zapatisten, für den eigenen Mais ...

Ich würde mir am Zócalo gerne einen Überblick verschaffen und sehen, wie weit das Camp der Lehrer reicht. Dazu suche ich eine Lokalität im ersten Stock, ein Café vielleicht, ein kleines Restaurant ... Der einzige Laden, den ich finde, entpuppt sich als Austernbar. Wieder stecke ich mitten in den Widersprüchlichkeiten dieses Landes. Vom elegant eingedeckten Tisch blicke ich über die Zelte und Planen. Tatsächlich, der ganze Platz, die angrenzenden Straßen – alles ist voll. Und selbst als ein starker Gewitterregen einsetzt, der die Händler zwingt, ihre Waren einzupacken, verharren die kämpferischen Lehrer ungerührt. Vier Tage lang wollen sie das Zentrum noch besetzt halten.

Alter Reichtum

Tags darauf fahren Eloy und ich in die Berge. Doch bevor es losgeht, zeigt er mir noch eine ganz besondere Einrichtung: die Saatgutbibliothek von Oaxaca, in der die Samen der einheimischen Nutzpflanzenarten untersucht, katalogisiert und aufbewahrt werden. Hier lagern mehr als 1000 Maisproben und Dutzende Muster von Bohnen-, Kürbis- und Chilisamen. Seit 2001 gibt es die Banco de Germoplasma de Especies Nativas de Oaxaca, aber die Saatgutsammlung, die heute dort aufbewahrt wird, besteht schon länger.

Flavio Aragón Cuevas empfängt uns. Er ist ein Spezialist für Pflanzenzucht und vor allem ein großer Fan der alten einheimischen Maissorten. Kein moderner Hybridmais reicht seiner Meinung nach an sie heran. »Der Mais, der an der Rohstoffbörse in Chicago gehandelt wird? Das ist doch Viehfutter im Vergleich.« Mir gefällt sein Selbstbewusstsein. Die heimische Vielfalt an Mais liefert Flavio dafür gute Gründe.

Von 1997 bis 2010 führten er und seine Kollegen in Oaxaca eine Art Mais-Inventur durch. Dazu reisten sie über die Dörfer und nahmen teilweise stundenlange Anfahrten über schlechte Straßen in Kauf. Überall sammelten sie Mais: in den Flusstälern und an den Hängen der Sierra; große und kleine Kolben, dicke und dünne, gleichmäßig schlank und kegelförmig geformte; weiße, gelbe, rote, blaue, violette und schwarze Maiskörner. Am Ende hatten sie 35 verschiedene Sorten katalogisiert – von den 59 Maissorten, die es in Mexiko insgesamt gibt.

Jede Art, sagt Flavio, hat ihre ganz speziellen Vorteile. Die eine eignet sich besonders gut für den Eintopf *pozole*, die andere ist perfekt für *tamales*, ein Gericht aus gedämpftem, mit Fleisch, Käse oder anderen Zutaten gefülltem Maisbrei. Eine ist besonders resistent gegen Schädlinge, wieder eine andere eine gute Futterpflanze, die dritte bringt auch bei Trockenheit verlässliche Erträge. Flavios Hoffnung: Weil jeder Mais seine speziellen Eigenschaften hat, könnte man die Vielfalt in Oaxaca nutzen, um besser mit dem Klimawandel zurechtzukommen. Denn der ist in der Gegend schon zu spüren, sagt er. Die Regenzeiten verschieben sich, Ernteeinbußen durch Krankheiten und Schädlinge nehmen zu.

»Die einzige Art, dem entgegenzutreten, ist durch Artenvielfalt.« Davon ist Flavio überzeugt. Denn diese erlaubt es den Bauern, durch die Aussaat unterschiedlicher Sorten genau jene zu finden, die sich gut an die neuen Bedingungen anpassen können.

Er zeigt mir den Kühlraum, in dem die Sammlung bei einer Temperatur zwischen null und vier Grad lagert: Maiskörner in allen Farben, luftdicht verpackt in durchsichtigen Behältern, aufgereiht in Metallregalen. Mich fröstelt ein wenig. Dabei ist es hier gar nicht besonders frisch für eine Saatgutbibliothek. Andere Samenbanken kühlen ihre Bestände noch stärker, sagt Flavio, und können sie deshalb noch länger aufbewahren. Hier in Oaxaca halten sie sich maximal zehn bis fünfzehn Jahre. Dann verlieren die Körner ihre Keimfähigkeit und müssen zur Regeneration erneut ausgesät werden.

Alles, was die Forscher tun, geschieht in enger Abstimmung mit den Bauern. Bis heute bewirtschaften viele von ihnen ihre *milpa*, das traditionelle Feld mit Mais, Kürbis und Bohnen, genauso wie ihre Vorfahren seit Tausenden von Jahren. »In Oaxaca gibt es 16 indigene Gruppen. Sie haben den Mais – und damit seinen genetischen Reichtum – über Jahrtausende hinweg bewahrt, sie haben die für sie passenden Sorten ausgewählt und den Anbau an ihre wirtschaftlichen Ressourcen angepasst.« Ohne den kulturellen Reichtum Oaxacas wäre die Vielfalt an Mais-, Bohnen-, Kürbis- und Chilisorten hier wohl tatsächlich nicht denkbar.

Ungefähr 50 Kilometer entfernt von den Kühlräumen der Saatgutbibliothek, in der Flavio und ich uns gerade befinden, liegt die Höhle von Guilá Naquitz. Darin fand man die ältesten bisher entdeckten fossilen Reste von Mais – mehr als 6000 Jahre alt. Außerdem entdeckten Forscher Reste des Mais-Vorgängergrases Teosinte und noch viel ältere fossile Überreste von Kürbissen.

Für die Ernährung der Familien ist die *milpa* immer noch sehr wichtig, erklärt Flavio. Trotzdem produzieren die Bauern von Oaxaca nicht genug, um den heimischen Bedarf zu decken. Rund 150 000 Tonnen Mais müssen jedes Jahr zugekauft werden. Flavio und seine Leute arbeiten daran, die Bilanz zu verbessern. Sein Traum ist es, dass die Bauern sich irgendwann nicht nur selbst versorgen, sondern ihre Überschüsse sogar verkaufen können.

In der Sierra Mixteca

Dann brechen Eloy und ich auf in die Berge. Zwar sind die Ausfallstraßen immer noch von der Lehrergewerkschaft blockiert, aber Eloy kennt Schleichwege. So schaffen wir es mit etwas Verspätung hinaus aus der Stadt (und abends auch wieder hinein).

Unser Ziel befindet sich ungefähr 120 Kilometer weiter westlich, in einer Erosionslandschaft auf etwa 2200 Meter Höhe über dem Meeresspiegel: das Dorf Santiago Tilantongo. Zweieinhalb Stunden werden wir dorthin unterwegs sein. Eloy arbeitet schon seit zwei Jahren mit den Bauern dort zusammen, erzählt er mir unterwegs; seit einem Jahr wird er dabei von der mexikanischen Agrarforschungsbehörde INIFAP unterstützt, der auch die Saatgutbibliothek von Oaxaca untersteht.

Den ersten Teil der Strecke nehmen wir die Schnellstraße, dann biegt Eloy Richtung Süden in die Berge ab, und wir beginnen den Aufstieg. Wir fahren vorbei an Feldern, deren rotbraune Erde offen daliegt, dazwischen wächst Mais, am Straßenrand stehen grüne Büsche; doch je weiter wir nach oben kommen, desto schlimmer wird die Erosion. Eloy bereitet sie sichtlich Sorgen, denn ohne die Erde haben die Bauern hier keine Chance. Gemeinsam schulen er und die INIFAP-Berater die *campesinos* in Anbaumethoden, die den Boden möglichst schonen und zugleich regenerieren sollen.

Kurz bevor wir Providencia erreichen, zeigt Eloy nach rechts. Dort befinden sich die Ruinen einer alten mixtekischen Stätte, sagt er. Ich kann die Steine vor den Felsen kaum erkennen. Aus der Ferne betrachtet wirken sie unscheinbar. Nichts hätte ich hier, in der dünn besiedelten Gegend, weniger erwartet als das politische, wirtschaftliche und kulturelle Zentrum eines alten Mixtekenreichs. Doch genau das war Tilantongo vor etwa tausend Jahren. Sein Herrschaftsgebiet erstreckte sich von hier aus über die Berge hinweg und bis hinab zur Küste.

Heute aber symbolisieren die Ruinen die Vergänglichkeit von Macht. Nur noch knapp 500 Menschen leben in Tilantongo. »In Providencia, unserem Ziel, sind es vielleicht 160«, sagt Eloy. Ich muss an Carlos Solano denken, den erfahrenen Agrarwirt. »Die Sierra Mixteca ist eine Region, aus der viele abwandern«, hatte er gesagt. »Das ist ein wichtiges Merkmal.«

Die Bauern, mit denen wir uns hier treffen, erwarten uns direkt neben ihrer *milpa*: schnurrbärtige Männer mit staubigen Händen, deren Gesichtern man ansieht, dass sie ihre Tage seit vielen Jahren draußen in der Sonne und in trockener Höhenluft verbringen. Sie tragen schwere Schuhe und Stoffhosen. Mit langärmligen Hemden und Schirmmützen schützen sie sich vor der Sonne. Am Vormittag haben sie noch auf dem Feld gearbeitet. Jetzt, gegen zwei Uhr, machen sie schon Feierabend. Sie wollen mir zeigen, wie sie hier ihre Äcker bestellen.

Ich bin gespannt, und schon kurz darauf ziemlich beeindruckt, denn die Männer verrichten hier eine Knochenarbeit. Weil der Hang so steil ist, können sie keine Maschinen benutzen. Stattdessen ziehen sie die Ackerfurchen mit einem Ochsengespann in die Erde und lassen dann den Boden eine Weile ruhen, damit die Feuchtigkeit darin nicht verloren geht. Dann beginnt der schwerste Teil. Mit einem Grabstock bohren sie im Abstand von ungefähr einem Meter kleine Löcher ins Feld, die sogenannten *cajetes*. In jede Vertiefung legen sie drei bis vier Maiskörner und bedecken das Saatgut wieder mit Erde. Ab und an legen sie zwischen dem Mais- auch Kürbissamen in den Boden. »Diese Arbeit können nur die Männer machen«, sagen sie mir, »für die Frauen ist sie zu anstrengend.«

Nicht jeder Mais wird auf diese Weise ausgebracht, sondern nur der *maíz cajete*. Er kommt aufs Feld, bevor die Regenzeit beginnt, denn er keimt allein dank der natürlichen Feuchtigkeit des Bodens und kommt auch danach mit Trockenheit gut zurecht. Der *maíz temporal* hingegen wird erst ausgesät, wenn der Regen kommt. Er braucht den Niederschlag, aber er muss nicht ganz so tief in die Erde, und bei seiner Aussaat helfen auch die Frauen.

»Wie viele *cajetes* kann ein Mann am Tag schaffen?«, frage ich. Aber das ist für die *campesinos* hier der falsche Maßstab. Sie fangen früh mit der Feldarbeit an, antworten sie, solange die Sonne noch nicht so stark brennt. Gegen zwei Uhr nachmittags ist Schluss. »Und wenn wir dann noch nicht fertig sind, dann machen wir am nächsten Tag eben weiter.« Die Aussaat ist ein Gemeinschaftswerk, obgleich die *milpas* im Privatbesitz einzelner Familien sind. Einer geht voran und gibt das Tempo vor. So geht die Arbeit leichter von der Hand.

Gemeinsam gehen wir über das Gelände, und sie zeigen mir, was hier sonst noch wächst: die unterschiedlichsten Bohnen, tomatillos, *hoja santa*, ein grünes Kraut, das zum Würzen von Bohnen oder Hühnersuppe verwendet werden kann, *capulines,* kleine rote Früchte, die wie Kirschen schmecken, Pfirsiche, Feigenkakteen, die Weißkopfmimose, ein Baum, dessen Hülsenfrüchte essbar sind und der, ganz nebenbei, den Boden mit Nährstoffen versorgt. Oberhalb der *milpa* liegt ein Schwein in einem kleinen Pferch. Praktisch, denn so lassen sich seine Exkremente leicht auf dem Feld verteilen, wenn der Boden gedüngt werden muss. Chemie lehnen die Bauern hier ab.

Ich mache ein paar Fotos und nehme dabei auch einen im Feld knienden Bauern vor die Linse, der nachdenklich in die Ferne schaut. Er bemerkt es und schreckt auf, als fühlte er sich ertappt. »Sie können mich auch anschauen«, sage ich, und eigentlich meine ich: Dann kann ich Sie noch einmal fotografieren, wenn sie mögen. Seine Antwort ist ein feines Grinsen. »Ich schaue Sie an«, sagt er, und alle lachen. Auch ich muss schmunzeln. Ich mag den spöttischen Humor.

Die Männer, die mich hier herumführen, sind alle nicht mehr jung. Feliciano Miguel Cruz ist 46 Jahre alt, Israel García Benítez 58, Isaac Aquino García Santiago 67. Wo sind die jungen? Die meisten ziehen weg, sobald sie ihre Schule abgeschlossen haben. »Nur wenige interessieren sich für das Landleben«, sagt einer. »Sie suchen sich eine andere Arbeit.«

Wer dennoch bleibt, zieht die Ruhe der Berge der Hektik der Stadt vor. So zum Beispiel der 26-jährige Sergio Miguel García. »Mir gefällt die Stadt nicht«, sagt er, »der Lärm, die Verschmutzung, die vielen Menschen. Davon wird mir schwindlig. Ich bleibe lieber hier und beackere die Erde mit meinen *tíos*.« *Tío* heißt eigentlich Onkel, aber Sergio gebraucht das Wort als Respektsbezeugung für die Älteren.

Ein anderer Nachbar hat in Mexiko-Stadt gelebt, aber auch er ist zurückgekommen. »Das Leben dort ist kompliziert. Egal, ob es kalt ist oder regnet, ob du dich gut fühlst oder nicht: Du musst auf der Matte stehen und arbeiten. Hier ist das anders. Wir entscheiden, denn uns gehört das Land.« Dann fügt er hinzu: »Es mag hier keine Möglichkeit geben, Geld zu verdienen, aber das Leben ist besser, ruhiger. Und unser Essen ist natürlicher.«

Knapper ist es allerdings auch. Von Eloy und den INIFAP-Beratern erfahre ich, dass die Familien von Providencia mit dem, was sie ernten, nicht übers Jahr kommen. Ungefähr acht Monate lang können sie sich von ihren eigenen Erzeugnissen ernähren. Die restlichen vier Monate leben sie von Geld, das Angehörige ihnen schicken. Oder sie verkaufen ein Schwein oder ein Schaf, um sich vom Erlös mit dem Notwendigsten zu versorgen. Wer weiß, wie lange sie hier oben, neben den Ruinen von Tilantongo, noch so leben können. Eloy und die Leute vom INIFAP jedenfalls arbeiten daran, dass es noch eine ganze Weile sein wird.

Mezcal

Oaxaca ist nicht nur berühmt für seine Vielfalt an Mais und Bohnen. Kenner behaupten auch, dass hier der beste Mezcal des Landes gebrannt wird, jener Schnaps, der wie Tequila aus Agaven gewonnen wird, aber als ursprünglicher gilt und als Getränk der kleinen Leute.

MEXIKO – UNTERWEGS IN EINEM LAND VOLLER HOFFNUNG

EINE
BILDSTRECKE

Blick von den Ruinen Tulums auf das karibische Meer.
Einst fuhren dort die Boote der Maya-Händler.

»Trump, du wirst der sein, der unter den Völkern das Feuer des Widerstands entfacht« – Wandmalerei in der Herberge La 72 in Tenosique.

Kirche im Stadtzentrum von Tenosique,
nicht weit von der Grenze zu Guatemala entfernt.

Junger Mann in der Malerwerkstatt des Centro indígena de Capacitación Integral in San Cristóbal de las Casas, einer Art Berufsschule für indigene Jugendliche.

Bauern aus Tilantongo in den Bergen Südmexikos. Sie sind stolz darauf, dass sie noch immer vom Ertrag ihrer Felder leben.

»ZWEI MONATE LANG WAR ICH IN MEXIKO UNTERWEGS – UND HABE DOCH NUR EINEN KLEINEN TEIL DES LANDES MIT ALL SEINER VIELFALT UND SEINEN WIDERSPRÜCHEN GESEHEN. BESTIMMT WERDE ICH EINES TAGES ZURÜCKKEHREN.«

Alexandra
Endres

Esther, die im Ort Uricho am Ufer des Pátzcuaro-Sees lebt, backt ihre Tortillas noch selbst. Diese Kunst beherrschen nicht mehr viele.

Kürbisse am Gartenzaun
in Tilantongo.

Selbstporträt mit einem Lucha-Libre-Ringer
in Mexiko-Stadt.

Neonbuntes Graffito in Coyoacán,

Mexiko-Stadt.

Kurz vor der Abfahrt am Bahnhof von Los Mochis. Von hier aus fährt der Zug El Chepe durch kupferfarbene Berge in Richtung Norden.

Ausblick in die Kupferschlucht im Ort Divisadero,
wo der Zug kurz hält.

Kurz vor der Weiterfahrt am Bahnhof von Divisadero:
Ein Junge und der Schaffner schauen aus dem Zug den Bahnsteig entlang.

Am Strand von Tijuana trennt ein Zaun Mexiko von den USA.
Selbst wenn man ihn überwinden könnte: Dahinter liegen weitere Barrieren.

Straßenszene in Tijuana.
Das Schild weist den Weg zum regulären Grenzübergang in die USA.

So ganz stimmt das zwar nicht mehr, denn beide Schnäpse sind inzwischen sehr in Mode und in hippen Kreisen angekommen. Aber der Tequila – der übrigens nur so heißen darf, wenn er aus dem Bundesstaat Jalisco weiter im Westen kommt – ist immer noch viel etablierter als sein nicht ganz so gefälliger Bruder Mezcal. Der schmeckt oft ruppiger, ungebärdiger, rauer; und es gibt ihn in viel mehr Variationen, denn während Tequila ausschließlich aus einer bestimmten Agavenart gebrannt werden darf, destilliert man in Oaxaca den Mezcal aus den unterschiedlichsten *magueyes*.

Manche Brennereien produzieren nur kleinste Mengen. In den Bars von Oaxaca kann man die Schnäpse ausgiebig verkosten, und viele Touristen tun das ganz offensichtlich sehr gern.

Ich will mir anschauen, wo der Mezcal herkommt, und buche an meinem letzten Tag in Oaxaca einen Ausflug zu einigen Destillen, die hier *palenques* genannt werden. Sie liegen außerhalb der Stadt. Tomás Ramírez, der seit zwanzig Jahren Besuchern die Sehenswürdigkeiten Oaxacas nahebringt, wird sie mir zeigen.

Die Brennerei, die mich am meisten beeindruckt, ist ein sehr, sehr kleiner Familienbetrieb. Félix Ángeles heißt der Besitzer, ein *campesino,* der mit Frau und Kindern in einem schlichten Haus aus gebrannten Ziegeln direkt neben den Brennöfen wohnt. Alles, was sie hier tun, geschieht per Hand. Es ist körperlich harte Arbeit. In den Bergen sammeln sie die wilden *magueyes* und befreien sie von ihren spitzen Blättern, denn zum Brennen können sie nur die *piñas* gebrauchen, die Agavenstrünke. Manche der wilden Sorten müssen zwanzig Jahre wachsen, bis man sie ernten kann, manche sind sehr klein, und deshalb ergeben sie nicht viel Schnaps. Auch das erklärt, warum manche *palenques* nur sehr geringe Mengen Mezcal produzieren.

Direkt neben Félix' Destille werden die Agavenstrünke im Boden gegart. Tomás erklärt mir, wie das Verfahren funktioniert: Ganz unten, über Feuer und auf glühend heißen Steinen, wird eine Schicht Trester ausgelegt. Darauf kommen die *piñas*. Es sind wahre Ungetüme. Die kleinsten sind so groß wie mein Kopf, die meisten aber viel größer. Sie müssen enorm schwer sein. Dann folgt eine weitere Tresterschicht. Das Ganze wird wiederum in mehreren Schichten abgedeckt: mit einer Plastikplane, Palmwedeln, einer Lage Erde und darauf ein Kreuz aus Blumen, das Glück bringen soll. Eine Rinne um den Erdofen schützt vor Regenwasser. Fünf Tage lang, sagt Tomás, bleiben die *piñas* so in der Erde. Dann sind sie gar.

Als nächstes müssen die gebackenen Agaven zermahlen werden. Um die Mahlsteine über die Pflanzen zu rollen, nutzen größere *palenques* die Kraft von Pferden. Félix und seine Familie jedoch erledigen auch das ohne jede tierische oder mechanische Hilfe, was eine ziemliche Schinderei sein muss. Die gemahlenen Agavenherzen werden sodann in Fässer gefüllt und mit Wasser bedeckt. Ein paar Tage lang bleibt das Gemisch unangetastet stehen. Dann beginnt der Gärprozess, der maximal zwei Wochen anhält. Aus der fermentierten Flüssigkeit wird schließlich der Schnaps gebrannt. Mezcal wird zweimal destilliert, in besonderen Fällen auch dreimal.

Félix brennt den Schnaps noch so, wie man das früher gemacht hat, nämlich in *ollas de barro,* kleinen Kesseln aus Lehm. Solcher Mezcal ist schwer zu bekommen. Félix verkauft sein Erzeugnis nur in kleinsten Mengen, flaschenweise oder in Kanistern, und vor allem an Kunden, die sich für den Einkauf hierher in die *palenque* bemühen. Seinen Mezcal selbst in die Stadt zu bringen wäre zu aufwendig. Aber er sucht nach Wegen, um sein Produkt besser zu vermarkten.

Dann fragt Félix mich – natürlich –, ob ich einmal von seinen Mezcales kosten möchte. Ich zögere. Es ist erst zehn Uhr vormittags, noch viel zu früh für Alkohol. Andererseits, wozu bin ich hierhergekommen? Tomás grinst. »Irgendwo auf der Welt ist immer Nachmittag«, witzelt er und bringt mich damit zum Lachen. Also gut. Ein, zwei Schlucke werden mir schon nicht schaden.

Am Ende werden es deutlich mehr. Félix hat 16 Sorten Mezcal im Angebot – Espadin, Tripón, Arruqueño, Coyote, Tobaciche, Tobalá, Mexicano … – irgendwann verliere ich den Überblick über die Anzahl der Schnäpse, die ich hier verkoste. Jedenfalls fühle ich mich jetzt sehr beschwingt. Wie heißt es noch in der Redensart? *Para todo Mal: Mezcal. Para todo bien: ¡También!* – Für alles Schlechte: Mezcal. Und für alles Gute: Ebenso!

Ein ganz besonderer Schnaps, erzählt mir Tomás noch während der Verkostung, ist der Mezcal de Pechuga, der Brust-Mezcal, der in Oaxaca traditionell bei besonderen Festlichkeiten wie Hochzeiten, Geburten oder Taufen ausgeschenkt wird. Ich muss an meinen Tanz um den betrunkenen Truthahn denken, der Jahre zurückliegt. Habe ich damals Brust-Mezcal getrunken? Ich habe leider keine Ahnung.

Der Brust-Mezcal heißt so, weil eine Hühnerbrust bei seiner Herstellung eine zentrale Rolle spielt. Truthahn geht auch. Das Stück Fleisch wird über den Kessel gehängt, in dem sich ein eigentlich schon fertiger, also zweifach destillierter Mezcal befindet, der allerdings mit verschiedenen weiteren Zutaten angereichert ist. Das können Ananas und Bananen sein, Obstschalen, Mandeln, Pflaumen, Anis, Zimt. Dann wird der Mezcal ein drittes Mal destilliert. In der Hitze löst sich das Fett aus der Geflügelbrust und tropft in den Schnaps. Es soll den Geschmack zusätzlich verbessern.

Félix lässt mich einen Mezcal de Pechuga kosten, der tatsächlich sehr fruchtig schmeckt. Bestimmt ist dieser Schnaps etwas Besonderes. Aber mir schmecken die raueren Varianten besser. Am liebsten mag ich Félix' Mezcal aus der Coyote-Agave. Das ist eine wilde Art, die zwölf Jahre lang wachsen muss, bis sie geerntet werden kann. Der Schnaps schmeckt anfangs fruchtig, aber nicht süß, dann wird er herb und kratzig. Er wärmt den Brustkorb, während er durch die Kehle rinnt, und lässt am Ende einen holzigen, rauchigen Geschmack im Mund zurück.

Ich kaufe Félix einen halben Liter Coyote ab. Die kommenden Wochen werde ich die Flasche im Rucksack durch Mexiko schleppen, aber das Mitbringsel ist mir die Mühe wert.

Nach Mexiko-Stadt

Am nächsten Tag besteige ich einen Bus nach Mexiko-Stadt. Sieben Stunden soll die Fahrt dauern, und auch diesmal habe ich mich bewusst dafür entschieden, nicht zu fliegen. Doch als ich dann in der Nacht im Süden von Mexiko-Stadt erschöpft aus dem Fahrzeug klettere, ist klar: Auf Dauer wird mir das zu anstrengend. Es wird die letzte Langstrecke gewesen sein, die ich auf dieser Reise im Bus zurücklege.

Wie in Cintalapa werden wir auch diesmal von Angestellten des Busunternehmens gefilmt, aber zusätzlich müssen wir uns abtasten lassen, bevor wir in den Bus einsteigen. Unser Gepäck wird ebenfalls kontrolliert. Die Sicherheitsvorkehrungen hier sind noch strenger als in Chiapas, aber auf der Fahrt gibt es glücklicherweise keine Zwischenfälle.

Kaum haben wir die Stadt verlassen, sind wir schon wieder im Gebirge. Die Felsen hier sind nicht weniger mächtig als jene weiter im Süden. Aber die Landschaft wirkt wie ausgedörrt. Einmal fahren wir durch tiefe Einschnitte im Fels, in einer Gegend, in der kaum jemand zu wohnen scheint und in der nichts wächst als Kandelaberkakteen und staubige Bäume mit kleinen, fedrigen Blättern, die sich an den Stein klammern. Eine ganze Weile sind wir so unterwegs.

Sobald wir aber die Grenze zum Nachbarstaat Puebla überfahren, verändert sich die Landschaft. Der Verkehr nimmt zu. Es sind mehr Lastwagen unterwegs. Die Felder sind flacher und werden bewässert. Es gibt mehr Ortschaften und mehr Industrie.

Wir müssen schon kurz vor Puebla sein, der Hauptstadt des gleichnamigen Bundesstaates, als der Bus plötzlich in eine Nebenstraße einbiegt. Gibt es schon wieder Blockaden? In einer Kolonne aus mehreren Fahrzeugen zockeln wir langsam über die Dörfer – und verlieren Zeit. Kurz vor Puebla stehen wir zudem im Stau. Weil Mexiko-Stadt sich aber noch weiter westlich befindet, komme ich erst mitten in der Nacht im Terminal Taxqueña im Süden der Metropole an. Meine Unterkunft für die nächsten Tage ist zum Glück nicht weit weg. Sie befindet sich im Viertel Coyoacán, und in wenigen Minuten bin ich dort.

Kapitel 6

Mexiko-Stadt: Im Zentrum

Coyoacán

Am nächsten Morgen werde ich im Herzen des Landes wach. Zwar ist Mexiko-Stadt nicht der geografische Mittelpunkt Mexikos – davon gibt es je nach Berechnungsart mehrere, und sie liegen alle ein gutes Stück weiter im Norden. Aber hier in der Hauptstadt befindet sich das politische, wirtschaftliche und kulturelle Zentrum, hier sitzen die Regierung und das Parlament, die besten Universitäten und die wichtigsten Unternehmen. Fast ein Fünftel der mexikanischen Wirtschaftsleistung wird in Mexiko-Stadt erwirtschaftet. 9 Millionen Menschen leben im Kerngebiet der Stadt, mehr als 21 Millionen im gesamten Großraum. Damit ist Mexiko-Stadt das größte Ballungsgebiet Lateinamerikas und eines der größten der Welt.

»Hier lebt man nicht – man überlebt«, so beschrieb mir einmal eine Freundin ihren Alltag in der Hauptstadt. Sie meinte damit nicht Kriminalität oder Gewalt (obwohl die gerade für Frauen in Mexiko-Stadt Anlass sind, sich vorzusehen). Sie sprach nur vom ganz normalen Alltag, vor allem von den elend weiten Wegen, die sie im Bus, in der U-Bahn und, wenn sie Geld übrig hatte, auch im Taxi zurücklegte. Um von ihrer Wohnung zur Uni oder zu ihrem Arbeitsplatz und wieder zurück zu gelangen, brauchte sie Stunden. So etwas schlaucht. Als ich sie damals, vielleicht vor 14 oder 15 Jahren, in Mexiko-Stadt besuchte, war sie sehr erschöpft. Inzwischen lebt sie woanders.

Ich habe Coyoacán zu meiner Ausgangsbasis in Mexiko-Stadt gemacht, weil das südlich des Zentrums gelegene Viertel in diesem Moloch so etwas wie eine Oase ist. Bis zum Jahr 1929 war Coyoacán noch eine unabhängige Gemeinde, und bis heute hat es sich seinen kleinstädtischen Charme bewahrt. An den Wochenenden kommen viele Ausflügler hierher, um über die von Bäumen beschattete Plaza Hidalgo und durch die umliegenden Straßen zu flanieren, Eis und Zuckerwatte zu naschen, den traditionellen Drehorgelspielern zuzuhören, von denen es in Mexiko-Stadt immer weniger gibt, und sich über die Straßenclowns zu amüsieren.

Coyoacán ist innerhalb von Mexiko-Stadt auch ein wissenschaftliches und kulturelles Zentrum: Die Nationale Autonome Universität von Mexiko (UNAM), eine der ältesten, größten und besten Unis des amerikanischen Kontinents, befindet sich in Coyoacán. Hier steht die Casa Azul, das blaue Haus der Malerin Frida Kahlo. Hier fand Leo Trotzki ein Heim im mexikanischen Exil, in dem er lebte, bis er ermordet wurde. Hier wohnten – und das ist nur eine winzig kleine Auswahl – berühmte Leute wie der Filmemacher Luis Buñuel, der Maler José Clemente Orozco, dessen verstörendes Werk ich später in Guadalajara noch kennenlernen werde, der Schriftsteller Octavio Paz, der in seinen Büchern seinen Landsleuten tief ins Innere blickte wie wohl kein Zweiter, und der Konquistador Hernán Cortés mit seiner indigenen Dolmetscherin und Geliebten Malintzín. Eine Klosterkirche aus Cortés' Zeit ist sogar noch erhalten.

Wie aus alten Aufzeichnungen hervorgeht, siedelten in Coyoacán aber schon knapp 200 Jahre, bevor Cortés sich hier niederließ, Menschen. Der Ortsname kommt aus dem Nahuatl, der alten Sprache der Azteken, und bedeutet sehr wahrscheinlich »Ort der Kojoten« oder »Ort der Herren der Kojoten«.

Ich wohne mitten im Viertel, nur ein paar Ecken entfernt von der Plaza Hidalgo. Hier fühlt sich die riesige Metropole tatsächlich noch an wie ein Dorf. Als ich am Vormittag nach meiner Ankunft auf die Straße trete, um mir irgendwo ein Café zum Frühstücken zu suchen, ist außer mir kaum jemand unterwegs. Auf dem Weg zur Plaza Hidalgo gehe ich lediglich an zwei, drei Handwerkern vorbei, die Mauern streichen oder Hecken stutzen, und an ein paar Frauen, die gerade vom Einkaufen kommen. Ein paar Autos fahren gemächlich vorbei. Ich weiß, dass sich nicht weit entfernt die Avenida Insurgentes befindet, eine der wichtigsten Hauptstraßen der Metropole, die Mexiko-Stadt von Süd nach Nord durchschneidet. Auf der Avenida tobt jetzt wahrscheinlich das Verkehrschaos, wie an jedem Werktagvormittag. Hier aber ist davon rein gar nichts zu spüren. Alte Bäume säumen die Straßen, grüne Hecken wölben sich über Gartenmauern, Bögen aus üppig blühenden Oleanderbüschen überschatten die Gehsteige. Die Mauern sind hoch, aber die Bäume dahinter sind noch höher. Einige von ihnen müssen sehr alt sein. Auf einem Grundstück stehen so viele, dass ich zunächst glaube, es sei ein Park. Aber kein Tor steht offen. Dies ist eindeutig ein privates Anwesen.

Rund um die Plaza Hidalgo, den Mittelpunkt des Viertels, herrscht etwas mehr Betrieb. Dennoch bleibt alles entspannt. Unter den Bäumen sitzen ein paar Passanten im Schatten, Wasser plätschert aus dem mit Kojotenfiguren geschmückten Springbrunnen, vor einem Kaufhaus gegenüber erklingt Drehorgelmusik. Hier gibt es Cafés, Banken, traditionelle Eisläden und schicke Restaurants. Um die Ecke liegt der Markt von Coyoacán, wo es frisch alles gibt, was das Herz begehrt: Bananen, Mangos und Avocados, Chilischoten, Reis und Eier, Fleisch und warme Mahlzeiten. Von der Plaza Hidalgo fahren die Busse ab, die für Touristen Rundfahrten zu den wichtigsten Sehenswürdigkeiten anbieten; hierher kommen am Wochenende die Ausflügler, und abends versammeln sich neben der alten Klosterkirche von San Juan Bautista die Tänzer, die im Takt der Trommeln und der rasselnden Muschelketten, die sie um die Fußgelenke tragen, alte aztekische Rituale zelebrieren.

Für mich wird der Platz in den kommenden Tagen zur wichtigsten Anlaufstelle. Hier verabrede ich mich mit Menschen, die ich treffen möchte, hier lese ich morgens meine Zeitung und esse zu Abend, wenn ich nicht gerade anderswo in der Stadt unterwegs bin, hier schlendere ich unter den Bäumen oder setze mich einfach auf eine Bank und sehe dem Treiben zu. Von hier aus werde ich die Stadt erkunden.

Am Zócalo

Einer der ersten Orte, die ich aufsuche, ist der Zócalo, der riesige Platz im Herzen von Mexiko-Stadt. Hier fühle ich mich tatsächlich im Mittelpunkt – nicht nur der Hauptstadt, sondern des ganzen Landes, denn am Zócalo ballen sich weltliche und kirchliche Macht, und hier kommen Geschichte und Gegenwart Mexikos zusammen wie nirgendwo sonst.

Am Zócalo befinden sich der Palacio Nacional (der Amtssitz des Präsidenten mit dem berühmten, von Diego Rivera gemalten Fresko der Geschichte Mexikos), das Rathaus (Sitz des Gouverneurs und des städtischen Parlaments), die Kathedrale (die größte des Landes) und das Oberste Gericht. Und bevor die Spanier das Reich der Azteken zerstörten, war hier auch das Zentrum der aztekischen Hauptstadt Tenochtitlán, in der bei der Ankunft der Eroberer im Jahr 1519 vermutlich rund 100 000 Menschen lebten. Dort, wo sich jetzt die nordöstliche Ecke des Zócalo befindet, stand damals der Palast von Moctezuma dem Zweiten, und direkt daneben kann man besichtigen, was vom Templo Mayor, dem Großen Tempel von Tenochtitlán, übriggeblieben ist.

Normalerweise weht über dem Zócalo eine riesige Mexiko-Fahne in den Landesfarben grün, weiß und rot. In ihrer Mitte sitzt auf einem Kaktus ein Adler, der eine Schlange in den Krallen hält – das Bild zeigt den Gründungsmythos des Aztekenreichs. Die Flagge auf dem Zócalo ist eine der *banderas monumentales,* die einst durch einen Präsidentenerlass eingeführt wurden, um den mexikanischen Patriotismus zu fördern. Diese riesigen Flaggen werden nur an wenigen Orten des Landes gehisst; eine zweite sehe ich ein paar Wochen später majestätisch über Tijuana wehen.

Die *bandera monumental* des Zócalo weht heute jedoch nicht. Womöglich sind die schlechten Wettervorhersagen der Grund. An der mexikanischen Pazifikküste folgt gerade Tropensturm Carlotta auf Hurrikan Bud – zwar Hunderte von Kilometern entfernt, aber die Ausläufer des Unwetters werden auch Mexiko-Stadt erreichen. Für heute sind heftige Regenfälle und starker Wind angekündigt.

Im Moment allerdings scheint noch die Sonne. Der Zócalo ist mit Drängelgittern abgesperrt, auf dem Platz ist eine Bühne aufgebaut, auf der jemand singt, Techniker werkeln an den Aufbauten. Vor wenigen Stunden hat die Fußball-WM in Russland begonnen, und in einem fußballbegeisterten Land wie Mexiko muss das natürlich gebührend gefeiert werden. Derzeit ist die Party aber ziemlich lahm. Der Sänger strengt sich wirklich an, gute Stimmung zu verbreiten, aber er hat kaum Publikum. Nur ein paar Handvoll Leute sitzen ermattet im Schatten auf Stühlen. In Moskau ist das Eröffnungsspiel schon vorbei, Russland hat Saudi-Arabien haushoch besiegt, dort tanzen vermutlich die Leute auf den Straßen, aber hier ist es ganz offensichtlich viel zu früh für eine wilde Feier. Zumal die mexikanische Mannschaft, die man hier liebevoll El Tri nennt, erst in drei Tagen spielen wird.

Die momentane Gelassenheit aber soll mich nicht täuschen. Ich werde noch zu spüren bekommen, wie sehr die Mexikaner beim Turnier mitfiebern. Drei Tage später wird das deutsche Team, immerhin amtierender Weltmeister, im allerersten WM-Spiel der beiden Mannschaften schmählich gegen El Tri verlieren. Eins zu null für Mexiko – der Jubel darüber ist so groß, dass die Zeitungen am nächsten Tag darüber spekulieren, ob die Sprünge der Fans in Mexiko-Stadt tatsächlich ein Erdbeben ausgelöst haben könnten. Die Seismographen jedenfalls schlagen an. Und ich muss den Spott über die deutsche Niederlage noch tagelang ertragen. Dabei ist mir Fußball herzlich egal, bloß glaubt mir das hier keiner.

Ich verlasse das lahme Fußballfest und gehe hinüber zur Kathedrale. Schräg hinter ihr befinden sich die Überreste des Templo Mayor der Azteken, und dort will ich hin. Ich möchte mehr erfahren über die alte, von den Spaniern zerstörte Hauptstadt Tenochtitlán.

Auf dem Weg komme ich an federgeschmückten Tänzern vorbei, wie sie mir in Mexiko-Stadt noch häufig begegnen werden. Sie tanzen, um alte aztekische Traditionen wiederzubeleben, und sie nennen sich *concheros*. Man erlebt sie vor allem an Orten, die viele Besucher anziehen, wie auf dem Zócalo oder im Zentrum von Coyoacán. Sie tragen einen prächtigen Kopfputz aus langen Federn, traditionell anmutende, farbige Kleidung und Muschelketten um die Fesseln. Wenn sie sich stampfend zur Trommel bewegen, klappern ihre Muscheln im Takt. Woher ihr Name kommt, ist nicht ganz klar, vielleicht von den Muscheln, denn Muschel heißt auf Spanisch *concha*.

Auf mich wirken die *concheros* widersprüchlich. Ihr Tanz sieht auf den ersten Blick aus wie ein lebendig gewordenes Klischee, eine Show für Touristen. Aber ich weiß, dass manche *concheros*, unter ihnen auch europäischstämmige Mexikaner, nächtelang durchtanzen, weil sie darin eine im Alltag verlorengegangene Spiritualität wiederfinden. Und so aztekisch der Tanz wirkt – angeblich ist er erst zu Kolonialzeiten entstanden. In ihm vereinten sich damals, wie in so vielen Traditionen Mexikos, indigene und christliche Elemente. Erst in den vergangenen Jahrzehnten soll eine Gegenbewegung unter den *concheros* entstanden sein, mit dem Ziel, die europäischen Einflüsse auszumerzen. Offensichtlich aber finden das nicht alle Tänzer wichtig. Mir werden in Mexiko-Stadt auch noch *concheros* begegnen, die zur Jungfrau von Guadalupe pilgern, der mexikanischen Nationalheiligen, die zwar vordergründig rein katholisch ist, in der aber viele auch eine indigene Göttin sehen.

Wenig später stehe ich inmitten der dunklen Mauerreste des alten Tempels. Die Stimmung wirkt jetzt bedrohlich, denn hinter der Kathedrale zieht tatsächlich in dicken grauen Wolken das angekündigte Unwetter herauf. Das Licht verändert sich und nimmt ein ungesundes grünliches Hellgelb an. Schräg unter mir zieht ein Mitarbeiter des Museums in aller Eile Folien über die steinernen Froschskulpturen und Schlangenköpfe, welche die Mauern noch schmücken, um sie vor dem Regen zu schützen. Ein paar Minuten bleiben mir noch draußen zwischen den alten Fundamenten. Dann bricht der Sturm mit Regen und Hagel los, und ich fliehe ins überdachte Museum des Tempels.

Für die Azteken war der Templo Mayor der Nabel der Welt. Hier begannen die vier großen Straßen, die die Hauptstadt Tenochtitlán unterteilten und symbolisch in alle vier Himmelsrichtungen führten. Hier berührten sich Erde, Himmel und

Unterwelt. Im Museum sind, neben vielen anderen archäologischen Kostbarkeiten, noch die verkrüppelten Reste einer Steineiche zu sehen, die für die Azteken offenbar die Verbindungsachse zwischen irdischer, über- und unterirdischer Welt darstellte und damit eine ähnlich wichtige Funktion hatte wie die Ceiba im Weltbild der Maya.

Mit der Macht des Aztekenreichs wuchs auch der Tempel. Jeder neue Herrscher setzte eine größere Pyramide über die bestehende, um seine eigene Größe sichtbar zu machen. Im Museum kann man an einem aufgeschnittenen Modell sehen, wie sich die Mauern ähnlich den Schalen einer Zwiebel übereinanderlegten. Am Ende war der Templo Mayor 45 Meter hoch, fast so hoch wie das Kolosseum in Rom. Gekrönt wurde er von zwei Kapellen, die dem Kriegs- und dem Regengott gewidmet waren und die beiden entgegengesetzten Kräfte repräsentierten, aus denen alles Leben entstand: männlich und weiblich, warm und kalt, himmlisch und irdisch.

Nachdem die Spanier die Azteken unterworfen hatten, benutzten sie die Steine des Tempels, um ihre eigenen Gottes- und Wohnhäuser zu errichten. Zwischen den alten aztekischen Mauern ist noch heute zu erkennen, wo die Kolonialherren ihre Säulen, Brunnen und Wasserbecken auf den alten Strukturen errichteten. Auch nach der Kolonialzeit wurde das archäologische Erbe noch weiter zerstört, etwa durch einen Abwasserkanal, der um das Jahr 1900 herum mitten durch den Templo Mayor gebaut wurde.

Wasser war hier ein Problem und ist es bis heute. Die Azteken hatten Tenochtitlán auf einer Insel am Westufer des Texcoco-Sees gegründet – genau dort, wo sie, wie vorhergesagt, einen Adler erblickten, der auf einem Kaktus saß und mit einer Schlange kämpfte. Die Stelle befand sich in einer mehr als 2000 Meter über dem Meeresspiegel gelegenen Senke, in der es viel regnete (und immer noch viel regnet). Weil das Wasser sich in der Senke sammelte, war hier mit der Zeit ein ganzes System aus mehreren miteinander verbundenen Seen entstanden.

Es war den Azteken gelungen, den Texcoco-See gut für die Versorgung ihrer Hauptstadt zu nutzen. Mit Dämmen und Kanälen regelten sie den Pegel. Sie rammten Holzpfähle in den Grund, verbanden sie mit Flechtwerk aus Schilf und befüllten die Konstruktion mit Schlamm vom Grund des Sees. So entstanden künstliche Inseln in Ufernähe, die sogenannten *chinampas*, auf denen man mehrmals im Jahr Mais, Bohnen, Kürbis, Tomaten und Chili ernten konnte. Diese Inselgärten ernährten die Bewohner der Stadt. Im Museum des Templo Mayor hat man sie in kleinen Modellen nachgebaut: ordentlich angelegte Reihen von Feldern, die durch schnurgerade Kanäle voneinander getrennt werden. Flache Transportkähne fahren die Wasserstraßen entlang. Sie bringen ihre Fracht zum Markt von Tenochtitlán.

Die Spanier zerstörten im Krieg die Dämme und Kanäle; danach kam es immer wieder zu Überschwemmungen. Heute hingegen herrscht in ganz Mexiko-Stadt Wassermangel. Und weil Grundwasser aus dem Boden gepumpt wird, um Trinkwasser zu gewinnen, hat sich der Boden schon um mehrere Meter gesenkt. Nur im südlichen Stadtteil Xochimilco gibt es noch ein paar *chinampas* und Kanäle.

Als ich das Museum verlasse, ist das Unwetter abgezogen. Die *concheros* sind weg, dabei hätte ich gerne noch ein wenig mit ihnen geplaudert. In der Kathedrale nebenan tropft das Wasser durchs Dach. Auf dem Zócalo ist es ungemütlich kalt geworden. Ich nehme ein Taxi zurück nach Coyoacán.

Forscher

Mein Aufenthalt in Mexiko-Stadt führt mich noch einmal zurück zu den Zapatisten von Chiapas – zumindest vorübergehend und imaginär. Denn hier in der Hauptstadt treffe ich Wissenschaftlerinnen und Wissenschaftler, die die Bewegung seit ihren Anfängen begleiten.

Eine von ihnen ist Fernanda Navarro, die Philosophin, die mir den Kontakt zu jener Schule in San Cristóbal de las Casas vermittelte, in der junge Leute selbstbestimmt einen Beruf erlernen. Fernanda erzählt mir viel über die Anfänge der Zapatisten. Darüber, dass schon in den 1980er-Jahren ein paar junge Marxisten aus der Stadt nach Chiapas kamen, um die *indígenas* dort zu alphabetisieren und zu befreien. Ihre Haltung muss ziemlich herablassend gewesen sein. Doch irgendwann legten die drei, die blieben, ihre Arroganz ab und ließen sich auf die Lebenswirklichkeit der Einheimischen ein. »Sie ließen sich indigenisieren«, nennt Fernanda das. Ich muss an Fermín denken, den Wissenschaftler aus Chiapas, der selbst Zoque ist und mit anderen Aktivisten seines Volkes gegen Bergbauprojekte kämpft. Erst durch die Zapatisten haben die *indígenas* Selbstbewusstsein gewonnen, hatte er mir gesagt.

Fernanda schwärmt von der Basisdemokratie in den zapatistischen Ortschaften, davon, dass alle gemeinsam die Felder bewirtschaften und die Ernten teilen, und davon, dass an der Unitierra zwischen Intellektuellen und Arbeitern kein Unterschied gemacht wird. Vor allem aber erzählt sie mir viel vom Kampf der Frauen, denn die dürfen bei den Zapatisten Land besitzen, was sonst in den Dörfern von Chiapas eher unüblich ist. Außerdem reden sie in den regierenden Räten mit, und es gibt weibliche Kommandanten, die sich öffentlich äußern, wie zum Beispiel bei den Wahlkampfauftritten von Marichuy. Ansonsten sind die jungen Zapatistinnen kaum von ihren Geschlechtsgenossinnen in der Stadt zu unterscheiden. »Sie tragen Jeans und nutzen Mobiltelefone. Aber sie sind stolz auf ihre indigene Identität.«

Fernanda habe ich eher zufällig über gemeinsame Freunde kennengelernt. Mit einem anderen Wissenschaftler aber habe ich eine offizielle Verabredung: Carlos Antonio Aguirre Rojas ist ein marxistischer Historiker, er hat in Mexiko und Frankreich studiert und promoviert und lehrt jetzt am Sozialforschungsinstitut der UNAM. Sein Spezialgebiet sind die Protestbewegungen in Mexiko. Carlos hat mehrere Standardwerke über die Zapatisten veröffentlicht, die er übrigens Neozapatisten nennt, um sie von den historischen Kämpfern der mexikanischen Revolution zu unterscheiden. In seinem Buch *Mandar obedeciendo* das auch auf Deutsch erhältlich ist *(gehorchend befehlen)*, beschreibt er die ideale zapatistische Art des Regierens.

Ich habe ihn schon aus Chiapas angeschrieben und um ein Treffen gebeten. Er antwortet entgegenkommend und zugleich ein wenig einschüchternd, denn er rät mir, vor unserem Gespräch erst einmal sein Buch zu lesen. »Dann könnte unser Austausch, glaube ich, intensiver und fruchtbarer sein«, schreibt er sehr höflich. Vermutlich hat er damit sogar recht, aber auf meiner Reise von Chiapas über Oaxaca nach Mexiko-Stadt blieb mir keine Zeit für Buchlektüre, und schon gar nicht für eine, die womöglich auf eine wissenschaftliche Diskussion vorbereiten soll, wie Carlos sie sich vorstellt. Ich fühle mich ein wenig unbehaglich, als ich zurückschreibe und ihn dennoch um seine Zeit bitte. Er aber sagt ohne große Umstände zu.

Und so empfängt mich Carlos Aguirre an einem Vormittag im Juni in seinem winzigen Arbeits-Apartment nördlich vom Unicampus, nicht weit vom historischen Zentrum von Coyoacán entfernt. Als ich eintrete, blicke ich direkt auf einen Schreibtisch. Das Möbelstück ist ganz klar das Wichtigste im Raum, und dies ist eindeutig die Stube eines Gelehrten. Um den Tisch herum stehen Regale, Regale und nochmals Regale voller Bücher. Sie sind so angeordnet, dass man bequem zwischen ihnen durchgehen kann und alles leicht zugänglich ist – aber für weitere Bewegungen ist hier kein Platz. Das ganze Apartment ist darauf ausgelegt, möglichst viele Schriftstücke lagern und nutzen zu können. Auf dem

Boden stehen geöffnete, aber noch nicht ausgepackte Pappkartons, aus denen die Titelblätter von noch mehr Büchern und Fachzeitschriften blitzen.

Carlos – Vollbart, dichte Locken, offener, selbstbewusster Blick – holt mir eine Limo aus seiner kleinen Küche und fordert mich auf, ihm gegenüber am Schreibtisch Platz zu nehmen. Ich stelle ihm dieselben Fragen, die ich auch anderen schon gestellt habe, bislang jedoch, ohne eine Antwort zu bekommen: Wie stark sind die (neuen) Zapatisten heute, rund 25 Jahre nach ihrem Erscheinen in der Öffentlichkeit? Wofür kämpfen sie derzeit? Und: Kann er mir vielleicht einen Kontakt zu ihnen vermitteln?

Doch bevor wir richtig ins Gespräch einsteigen, kommt es zu einer kleinen Irritation. Carlos spricht von der linken Bewegung und schließt mich ganz selbstverständlich mit ein. Das passt mir nicht, ich fühle mich vereinnahmt – und widerspreche, was ihn sehr erstaunt. Wie, fragt er, ich sei gar nicht links? Wie könne das sein?

Ich finde, meine persönliche Haltung tut hier gar nichts zur Sache, aber mir wird schnell klar, dass Carlos seine Arbeit anders versteht. Er will kein neutraler Forscher sein, sondern gehört zum Unterstützerkreis der Zapatisten. Das erinnert mich an die Debatte mit Fermín aus Chiapas. »Wie kannst du distanziert oder neutral bleiben, wenn Völker enteignet werden?«, hatte er mich gefragt. Ich seufze innerlich. Je länger ich in Mexiko unterwegs bin, desto mehr fange auch ich an zu glauben, dass so etwas wie Neutralität in diesem Land schlicht unmöglich ist – und vielleicht ja auch nirgendwo sonst. Oder, um es in Fermíns Worten zu sagen: »Niemand ist objektiv. Was man sieht und was man schreibt, wird immer dadurch geprägt, wo man herkommt.«

Als wir alle Haltungsfragen geklärt haben, kommt Carlos zur Sache. In den vergangenen Jahren ist nicht viel über die Zapatisten berichtet worden, sagt er, aber die Bewegung ist gewachsen. »Im Jahr 1994 gab es Zigtausende aufständische *indígenas*. 2006 waren es schon Hunderttausende. In den Ortschaften gibt es Schilder, auf denen steht: ›Sie befinden sich auf zapatistischem Territorium, hier befiehlt das Volk, und die Regierung gehorcht.‹ Zwar sind manche Dörfer gespalten, aber die Zapatisten sind in Chiapas fast überall.«

Ich frage ihn: »Worin besteht ihr Kampf?«

Er antwortet: »Er besteht darin, eine autonome Gesellschaft aufzubauen, in der niemand wegen seines Geschlechts oder seiner Rasse diskriminiert wird; in der Ausbeutung keinen Platz hat und es keine politischen Parteien mehr gibt; in der Kunst, Wissenschaft und das traditionelle indigene Wissen zusammengehören und Teil des Alltags sind. Wir alle können Künstler sein. Musik und Malerei sind Teil des Widerstands.«

Wie Fernanda spricht Carlos viel von der Selbstverwaltung in den *caracoles*. Er erzählt, wie die Menschen in den zapatistischen Gemeinden Entscheidungen in direkter Demokratie treffen und wie sie ihr Land gemeinsam bewirtschaften und die Erträge an alle verteilen.

»Das ist eine ethische Haltung«, sagt er. »Wir fühlen uns alle der Gemeinschaft verpflichtet. Und es funktioniert. Der Lebensstandard ist höher. Die Schulen sind besser, weil die Kinder dort Sachen lernen, die mit ihrem Alltag zu tun haben. Sie erfahren etwas über ihre eigene Geschichte, die ihres Dorfes, ihres Bundesstaats, bevor sie darüber hinausblicken. In Geometrie lernen sie, wie man Felder ausmisst, in Biologie alles, was sie über Pflanzen wissen müssen.«

Carlos erwähnt auch das Unterstützer-Netzwerk, das in ganz Mexiko und auch im Ausland existiert. Jeder kämpft an seinem Platz, sagt er: manche in den Fabriken der Städte, die anderen auf dem Land – und die Forscher eben an den Universitäten, ergänze ich ihn in Gedanken. »Wir sagen den anderen nicht, wie sie ihren Kampf führen müssen. Jeder arbeitet in seinem eigenen Umfeld am Aufbau der neuen Autonomie.« Fernanda hatte es ähnlich formuliert.

Der Gedanke, dass jeder Einzelne das tut, was im Rahmen seiner Möglichkeiten liegt, klingt erst einmal ziemlich pragmatisch. Aber das große Ziel der Zapatisten könnte ehrgeiziger nicht sein: Sie wollen mit friedlichen Mitteln die Gesellschaft verändern. Und zwar nicht nur in Mexiko, sondern überall auf der Welt.

Lucha Libre

Die Menschen allerdings, die mir an einem Samstagabend in einer Sportarena im historischen Zentrum von Mexiko-Stadt begegnen, erwecken nicht den Anschein, große Weltveränderer zu sein. Jedenfalls nicht in diesem Moment. Eher suchen sie hier ein Ventil, um ihren schwierigen Alltag für eine Weile zu vergessen.

Freunde haben mich zur *lucha libre* eingeladen, der mexikanischen Variante des Ringens. Es ist ein Showkampf, eine Mischung aus Schauspiel, Tanz und Akrobatik – und ein Männlichkeitsritual, bei dem es vor allem darum geht, den Gegner mit möglichst großer Geste zu Fall zu bringen. *Lucha libre* ähnelt dem US-amerikanischen Wrestling, das vor ein, zwei Jahrzehnten auch in Deutschland eine Zeit lang populär war, es soll aber schneller und akrobatischer sein. Vielleicht hat sich die *lucha libre* aus dem US-Vorbild entwickelt, genau kann mir das hier niemand sagen. Es ist aber auch nicht wichtig, denn im Coliseo, der alten Sportarena von Mexiko-Stadt, hält sich heute Abend keiner mit kulturkritischen Analysen auf. Hierher kommt man, um sich gehen zu lassen.

Die Kämpfer heißen Virus, Das Gesetz, Der Souverän oder Samson. Sie stellen muskulöse Oberkörper zur Schau, tragen knappe Slips, Teufelshörner oder hautenge Leggings zu Stiefeln, und manche hüllen sich in glitzernde Superheldencapes. Fast alle verstecken ihr Gesicht hinter einer bunt schillernden Maske. Was immer mit ihnen im Ring geschieht, die Maske müssen sie unter allen Umständen anbehalten. Wird sie ihnen heruntergerissen, verlieren sie wortwörtlich ihr Gesicht – und damit ihre Ehre als Kämpfer.

Lange bevor die Show beginnt, versammeln sich die Fans vor der Arena. Nach und nach treffen auch die Ringer ein, die schon ihre Masken tragen und sofort von Anhängern umlagert werden. Geduldig schreiben sie Autogramme und posieren für Selfies. Unter den Fans sind auch viele Familien mit kleinen Kindern, die bereits die Masken ihrer Idole tragen. Ich für meinen Teil will einfach nur Fotos von dem Menschenauflauf und den Stars machen, aber diese Beobachterrolle scheint hier ganz ungewöhnlich zu sein, denn plötzlich finde ich mich auch in Selfie-Pose an der Seite eines maskierten Mannes wieder, der die Hand zum Victory-Zeichen in meine Smartphone-Kamera reckt. Bevor ich ihn nach seinem Kampfnamen fragen kann, ist er schon in der Arena verschwunden. Vermutlich ist das auch gut so – wer weiß, wie er auf eine so ahnungslose Frage reagiert hätte.

Wir haben Karten für Plätze in der zweiten Reihe – beste Sicht auf den Ring. Vor jeder Runde laufen die Kämpfer ein paar Meter links von mir in die Arena ein, von einem Ansager lautstark und dramatisch angekündigt. Ein kleiner Junge sitzt mir gegenüber, direkt hinter der Absperrung, an der die Ringer vorbeidefilieren. Er mag etwa acht Jahre alt sein, trägt eine blau-silberne Maske und blickt den Kämpfern bewundernd hinterher. Ganz offensichtlich hat er hier seine Vorbilder gefunden.

Im Ring treten jetzt die ersten Männer gegeneinander an. Der Kampf verläuft in mehreren Runden, und immer kämpfen drei gegen drei. Zwischendurch stöckeln knapp bekleidete junge Frauen durch die Arena und halten Schilder in die Luft, die anzeigen, in welcher Runde wir uns gerade befinden. Ich beobachte, wie ein kleines Mädchen im Publikum versucht, die Hand eines Nummerngirls zu erhaschen. Sie blickt genauso bewundernd zu der jungen Frau auf wie der kleine Junge vorhin zu den Kämpfern.

Die Show ist stark ritualisiert, auf mich wirkt sie zunächst wie eine vorher eingeübte Pantomime. Alles beginnt mit möglichst einschüchternden Posen. Die Männer im Ring umkreisen einander, plustern sich auf, trommeln sich auf die Brust – bis plötzlich einer zum Angriff übergeht. Dann werfen sich die Kämpfer auf ihre Gegner, sie springen mit Kraft in die Seile, um Schwung für die nächste Attacke zu holen, oder rollen sich erstaunlich behände zwischen den Seilen hindurch, um gleich wieder zurück in den Ring zu steigen. Sie schlagen ihre Kontrahenten demonstrativ, mit lautem Klatschen, so übertrieben, dass allen hier klar sein muss: Das ist nur ein Spiel.

Aber dann eskaliert das Ganze, und ich verliere den Überblick darüber, wer hier gerade gegen wen antritt. Es ist aber auch egal, denn inzwischen geht es hoch her. Das Publikum jubelt, schreit und tobt, es buht immer den Kämpfer aus, der gerade unten liegt, und zwar vorzugsweise mit Beleidigungen, die sich gegen seine Mutter richten oder gegen seine Männlichkeit. Sobald ein Ringer aber wieder die Oberhand gewinnt, wechseln die Zuschauer die Seiten und beschimpfen seine Gegner. Im Ring halten jetzt zwei Männer einen sich vehement wehrenden Kontrahenten fest, damit ein dritter Ringer ihm genüsslich zwischen die Beine treten kann. Das Publikum feuert die drei Überlegenen lautstark an.

Die Kämpfer wirbeln von einer Pose zur nächsten, als würden sie tanzen. Sie sind beweglich wie Turnerinnen, nur eben dreimal so breit. Erstaunlich, wie geschickt sich manche durch Hebelgriffe aus einer Umklammerung befreien und mit einem Schwung ihre missliche Lage wenden können. Jetzt, ein Schulterwurf! Laut knallend landet ein Kämpfer auf dem Rücken. Wäre das hier echt und nicht nur Show, er trüge wohl ernsthafte Schäden an der Wirbelsäule davon. Ein Ringer umklammert den Nacken seines Gegners mit den Beinen und reißt ihn so zu Boden, ein anderer flüchtet aus dem Ring in die erste Reihe, entreißt einem Zuschauer einen Becher voller Bier und wirft ihn auf seine

Gegner. Das Publikum tobt. Die Leute bejubeln jeden geglückten Wurf, jeden Tritt und jede Grenzüberschreitung: Je waghalsiger und sexistischer die Kämpfer sich gebärden, desto lauter wird der Lärm.

Schafft es ein Kämpfer, die Maske seines Kontrahenten zu erbeuten, schreit das Publikum am lautesten. Was dann folgt, ist herzzerreißend: Der Beraubte hält sich schützend die Hände vors Gesicht, er versteckt sich hinter seinen Haaren oder seinem Shirt – hinter allem, was auch nur entfernt dazu taugt zu verhindern, dass man sein Gesicht sehen kann. Meist bringt jemand dem Gedemütigten seine Maske zurück, aber nicht immer. Dann wird er von Betreuern in die Kabine geführt, während er, quasi blind, sein Gesicht verzweifelt vor dem laut johlenden Publikum versteckt.

Der kleine Junge auf der anderen Seite des Gangs feuert einen Kämpfer besonders an. Der Ringer heißt El Soberano, Der Souverän, und trägt Blau und Silber, dieselben Farben wie der Junge. Doch El Soberano wird heute verlieren. Es scheint abgesprochen, wie die Kämpfe ausgehen, aber wer weiß? Zwischendurch bekomme ich den Eindruck, dass der Jubel des Publikums mitentscheidet und die Ringer gewinnen, die am lautesten angefeuert werden – also die beste Show liefern, denn darum geht es hier schließlich. Für den Souverän hat es heute leider nicht gereicht. Enttäuschter als sein kleiner Fan kann man darüber kaum sein.

Temezcal

Am nächsten Morgen erwartet mich das absolute Kontrastprogramm. *Lucha libre* am Samstagabend, das war demonstrative, womöglich auch ein wenig ironische Gewalt, Lärm und Geschrei. Am Sonntag soll es nun Ruhe und Besinnung geben, eine Einkehr im spirituellen Sinn, in einen *temezcal*. Eine Freundin hat meinen

Aufenthalt in der Stadt zum Anlass genommen, den Besuch in dem traditionellen Dampfbad zu organisieren.

Liz Reyes will mir mit dem Ausflug ein uraltes Ritual nahebringen. *Temezcales* waren in Mittelamerika verbreitet, lange bevor die Spanier kamen. Die Maya nutzten sie zu Reinigungs- und zu medizinischen Zwecken, ebenso die Azteken, die Mixteken und auch die Purépecha im westlichen Bundesstaat Michoacán. Selbst weit im Norden des heutigen Mexikos, in Piedras Negras an der Grenze zu Texas, sollen archäologische Hinweise auf die alten Schwitzbäder gefunden worden sein. Der Begriff *temezcal* kommt wohl aus dem Aztekischen und bedeutet ganz einfach Badehaus.

Liz ist eine warmherzige, offene Frau, die als Psychotherapeutin arbeitet, in Coyoacán lebt, und die ich über gemeinsame Freunde kennengelernt habe. Sie zeigt mir die typischen Bars ihres Viertels und die besten Cafés, sie lädt mich zum Mezcal ein und gibt mir wertvolle Hinweise für meine Reise, denn sie weiß viel über die indigenen Traditionen Mexikos. Als ich mich in Chiapas aufhielt, hat sie mir geraten, unbedingt die Kirche von Chamula zu besuchen. Und sie wird mir noch Kontakte nach Pátzcuaro vermitteln, wo sie lange gelebt hat. Dort war es auch, wo sie sich vor vielen Jahren angewöhnte, regelmäßig einen *temezcal* aufzusuchen. Seither kann sie sich nicht mehr vorstellen, auf dieses Ritual zu verzichten. Für Liz ist das Dampfbad eine Lebenshilfe, wie sie mir erzählt. Zum ersten Mal suchte sie den *temezcal* auf, bevor ihre Kinder geboren wurden, und heute geht sie so oft dorthin, wie es ihr Alltag erlaubt. Sie sagt: »Im Temezcal wird man neu geboren.«

Das kann man wörtlich verstehen. Denn das Schwitzbad steht symbolisch für den Bauch von Mutter Erde. Ein *temezcal* ist gebaut wie ein großer Lehmofen; drinnen ist es dunkel, feucht und warm. Wer ihn wieder verlässt, soll tatsächlich so rein und unbelastet sein wie ein neugeborenes Kind. Traditionell sucht man das Dampfbad entweder zu besonderen Anlässen auf – vor Hochzeiten beispielsweise, dann wird der *temezcal* mit Blumen geschmückt, oder nach Geburten – oder einfach zur regelmäßigen spirituellen Hygiene. Die Spanier sollen es sehr merkwürdig gefunden haben, dass die indigenen Völker Mittelamerikas sich so oft im Dampfbad reinigten.

Für meine Initiation hat Liz eine kleine Gruppe aus sechs Frauen und zwei Männern zusammengetrommelt. Im *temezcal* gibt es keine Geschlechtertrennung. Drinnen wird es ohnehin so dunkel sein, dass man nichts sieht und wir uns tastend zurechtfinden müssen. Liz' Lieblingsdampfbad befindet sich in Cuernavaca, einer Stadt südlich von Mexiko-Stadt. Um pünktlich dort anzukommen, brechen wir zeitig auf.

Während wir unterwegs sind, meldet sich die Fußball-WM plötzlich mit Wucht zurück. Mexiko spielt gegen Deutschland, ich hatte es schon vergessen, und in der 35. Spielminute schießt Hirving »Chucky« Lozano in Moskau das entscheidende Tor. Um mich herum freuen sie sich diebisch. Das Spiel endet eins zu null für Mexiko, noch bevor unser Schwitzritual beginnt. Es fühlt sich ein wenig paradox an: Nicht weit entfernt in der Hauptstadt feiern die Fans, dass die Erde bebt, und wir verbringen den Tag währenddessen weltabgewandt im *temezcal*. Aber selbst dort drinnen wird man mir keine Chance lassen, die Niederlage der Deutschen zu ignorieren. Zu groß ist die Fußballbegeisterung der Mexikaner.

In Cuernavaca erwarten uns Sofía und Roberto. Die beiden betreiben auf einem grünen, blühenden, auf schöne Art leicht verwilderten Gelände mitten in der Stadt mehrere *temezcales*, und einen davon haben sie für uns vorbereitet. Sie haben ihn durch ein Loch in der Wand, das genau gegenüber dem Eingang liegt, so lange befeuert, bis das poröse Vulkangestein über den Flammen rot zu glühen begann. Dann haben sie die Feuerstelle von außen mit Lehm verschlossen. Drei bis vier Stunden dauert es, das Dampfbad so auf Betriebstemperatur zu bringen. Sie haben etwas *copal* bereitgelegt, Räucherwerk für das traditionelle Reinigungsritual, das Roberto durchführen wird, bevor die eigentliche Schwitzkur beginnt, dazu diverse Heilkräuter, Aloe Vera, Wasser für die Aufgüsse und ein Muschelhorn, das Roberto vier Mal ertönen lassen wird – einmal für jede Himmelsrichtung –, sobald wir im *temezcal* sitzen.

Liz hat mir erzählt, dass in streng traditionellen Dampfbädern während der Schwitzkur gebetet wird und in dieser Zeit selbstverständlich niemand den Raum verlässt. Das kann ganz schön lange dauern und auch körperlich recht anstrengend sein. Sofía und Roberto handhaben die Zeremonie glücklicherweise etwas flexibler. Wir können den *temezcal* jederzeit verlassen – es genügt, laut »*¡Puerta!*« zu rufen, »Tür!«, und schon erwarten uns die Mitarbeiterinnen draußen mit Handtüchern oder Bademänteln – und nach Belieben zurückkehren. Zwischendurch ruhen wir in einem Nebenraum, in Decken gewickelt, damit der Körper nicht abkühlt, und trinken Kräutertee, oder wir lassen uns massieren. Auch das gehört zum Ritual. Es bringt noch mehr Entspannung.

Nachdem wir unsere Lager im Ruheraum ausgebreitet haben, treten wir einzeln vor Roberto. Er hält eine Schale mit glühendem, duftendem Harz und bewegt sie um unsere Körper, um uns zu reinigen. Ich schließe die Augen und atme tief ein. Dann gehe ich zwei Schritte zur Seite, lege mein Badetuch ab und schlüpfe durch die Decken, mit denen der Eingang verhängt ist, ins Dampfbad. Drinnen ist es stockdunkel. Die Decken hängen so dicht, dass nur Licht hereinfällt, wenn jemand sie zur Seite schiebt. Sie halten auch die kühle Luft draußen. Der Ofen ist gerade groß genug für uns acht. Sobald alle sitzen, hören wir vier Mal ein lautes Tuten – Roberto, der das Muschelhorn bläst.

Dann herrscht Stille, nur einen Moment lang, bis Liz sie unterbricht. Sie ist die Gastgeberin, sie begrüßt uns und heißt jede und jeden einzeln im Dampfbad willkommen. Mir wünscht sie Glück auf meiner Reise. Und sie bedankt sich bei mir dafür, dass ich mich auf den Weg gemacht habe, um von den schönen Seiten Mexikos zu erzählen.

Das wird mir in den beiden Monaten, in denen ich im Land unterwegs bin, immer wieder passieren: Menschen freuen sich, jemanden aus dem Ausland zu treffen, der die Schönheiten ihrer Heimat sucht und sich nicht abschrecken lässt von den vielen Schlagzeilen über Verbrechen und Gewalt. Manche sind fast rührend darum bemüht, mir eine gute Zeit zu bereiten. Viele bedanken sich bei mir, so wie Liz. Dabei finde ich, dass in Wahrheit ich zu danken habe – schließlich bin ich die Fremde, der man immer wieder freundlich weiterhilft oder anderweitig Gastfreundschaft erweist. Deshalb danke ich nun Liz dafür, dass sie mir die Schönheiten ihres Heimatlandes zeigt.

Sie gibt uns eine kleine Einführung in das Ritual und lädt uns ein, ebenfalls zu sprechen, vielleicht auch gemeinsam zu singen, sollte uns danach sein. Vor allem aber betont sie, dass der *temezcal* für sie ein meditativer, ruhiger Ort ist, ein Platz der Stille und der Besinnung. Doch weil nicht alle in unserer Gruppe das ebenso empfinden, wird es während unseres Aufenthalts im Dampfbad nie völlig still. Auch über das sensationelle WM-Tor der Mexikaner wird zwischendurch geplaudert.

Im Moment aber ist die Stimmung ruhig und entspannt. Ich schwitze, natürlich – und jetzt gießt Liz eine Flüssigkeit auf die glühenden Steine, sodass heißer Dampf aufsteigt auf und uns alle einhüllt. Mir wird noch heißer. Wie lange ich es hier drin wohl aushalte? Kaum kommt mir der Gedanke, da reicht mir jemand eine Schale mit lauwarmem Wasser und fordert mich auf, es mir über den Kopf zu gießen. Das hilft.

Liz reicht uns fast armlange Kräuterbüschel, gebunden aus Salbei, Rosmarin, Lavendel und anderen Kräutern, die wir auf Arme und Beine schlagen, um die Durchblutung anzuregen. Wer mag, kann seine Haut auch mit einer Paste ein Peeling verpassen oder sie mit Aloe Vera kühlen. Immer wieder gießt Liz

Eukalyptustee auf die Steine, sodass ich bald nicht mehr unterscheiden kann, ob sich Schweiß auf meiner Haut sammelt oder ob sich Dampf darauf niederschlägt.

Aber mein Körper gewöhnt sich an Hitze und Luftfeuchtigkeit, und mit der Zeit vermischen sich Dunkelheit, Wärme, Kräuterduft und relative Stille tatsächlich zu einer Stimmung, die sich anfühlt, als seien wir hier völlig abgeschnitten von der Welt. Oder zumindest sehr weit weg von ihren Reizen. Es ist sehr wohltuend, und ich kann gut nachvollziehen, warum Liz so häufig hierherkommt. Ich lasse meine Gedanken schweifen und komme zur Ruhe. Hier drinnen ist nichts, was mich ablenken könnte, außer dem, was meine Sinne unmittelbar wahrnehmen: die Wärme, die Wassertropfen auf meiner Haut, der Kräuterduft, die leisen Stimmen der Frauen und Männer um mich herum, und so überlasse ich mich der Hitze, dem Dampf und den Gerüchen. Nach und nach verliere ich das Gefühl für Raum und Zeit. Am Ende dieses Tages werde ich sehr entspannt sein und mich fröhlich bereit fühlen für alles, was mich auf meiner Reise noch erwarten mag.

Wir wechseln mehrmals zwischen Dampfbad, Ruhe- und Massageraum, und irgendwann ist es Zeit aufzubrechen. Vorher reichen Sofía und Roberto uns noch eine kleine Mahlzeit: Suppe mit Maisklößen und Kräutern, dazu Reis, Bohnen, Tortillas und eine scharfe Soße zum Würzen. Nach dem Essen fahren wir zurück nach Mexiko-Stadt.

Bei der Jungfrau

Wenige Tage später mache ich mich auf die Suche nach einem spirituellen Erlebnis der anderen Art. Ich fahre zur Basilika der Jungfrau von Guadalupe nach Tepeyac, einem Vorort im Norden von Mexiko-Stadt. In der Anbetung der Virgen de Guadalupe, oft auch liebevoll La Guadalupana genannt, vermischen sich katholische und indigene Traditionen. Ich kann mir für ein Land wie Mexiko kaum eine passendere Schutzpatronin vorstellen.

Die Überlieferung, die den Ruhm der Guadalupana begründet, geht so: Im Dezember 1531 erschien auf einem Berg, genau dort, wo heute das Heiligtum steht, eine überirdisch schöne Frau mit indigenen Gesichtszügen einem Mann namens Cuauhtlatoatzín. Dieser war bereits zum Christentum übergetreten (und hieß seither Juan Diego), aber ganz generell hatten die spanischen Missionare zu jener Zeit Schwierigkeiten, die einheimische Bevölkerung Mexikos zur Religion der Eroberer zu bekehren. Die Frau, die sich Juan Diego zeigte, soll Nahuatl gesprochen haben. Sie trug ihm auf, dem Bischof ihren Wunsch nach einer eigenen Kapelle zu übermitteln, die auf ebenjenem Berg errichtet werden sollte. Dort wollte sie den Menschen, die an sie glaubten, eine liebevolle und mitleidige Mutter sein.

Doch der Bischof glaubte Juan Diego nicht. Vielleicht befürchtete er, hinters Licht geführt zu werden, weil sich auf demselben Berg in vorkolonialen Zeiten das Heiligtum der aztekischen Göttermutter Tonantzín befunden hatte. Vermutlich macht genau das bis heute die besondere Anziehungskraft der Guadalupana aus, in der manche Leute wohl auch heute noch viel eher die aztekische als die katholische Gottesmutter sehen. Jedenfalls verlangte der Bischof ein Zeichen.

Vier Mal erschien die strahlende Frau Juan Diego, und beim vierten Mal gewährte sie dem Bischof den erbetenen Hinweis. Sie hieß Juan Diego Blumen pflücken, in seinem Mantel sammeln und dem Bischof bringen. Dieser erblickte bei der Übergabe der Blüten auf dem Stoff des Mantels genau jenes Marienbild, das heute in der Basilika von Guadalupe, in ganz Mexiko und darüber hinaus verehrt wird und das auch Eingang in die Protest- und Popkultur gefunden hat. Es zeigt die Guadalupana in rosafarbenem Kleid und blauem Sternenmantel, den Kopf anmutig geneigt, die

Hände zum Gebet gefaltet, auf einer Mondsichel stehend und von Lichtstrahlen umkränzt.

Die Jungfrau bekam ihre Kapelle, und seit etwas mehr als 200 Jahren gibt es in Tepeyac auch eine Basilika. Nachdem die Kirche die Erscheinung offiziell anerkannt hatte, konvertierten in kürzester Zeit Millionen Mexikaner zum Christentum. Heute wird Juan Diego Cuauhtlatoatzín in der katholischen Kirche als Heiliger verehrt, und Tepeyac ist zu einem der größten Wallfahrtsorte der Welt geworden, der jährlich von etwa 20 Millionen Pilgerinnen und Pilgern besucht wird. Die meisten kommen am 12. Dezember. Dann jährt sich ebenjener Tag, an dem die Virgen Juan Diego zum vierten Mal erschien. Ein Puppenspiel im Glockenturm vor der Basilika führt die alte Überlieferung regelmäßig zur Erbauung der Pilgerinnen und Pilger auf.

Viele der Wallfahrer, die nach Tepeyac kommen, dürften in Wahrheit jedoch Tonantzín die Ehre erweisen. Sie sehen die dunkle Haut der Jungfrau, sie finden in ihrer Kleidung Hinweise auf überlieferte Symbole, und sie interpretieren auch ihre viermalige Erscheinung als Verweis auf die alte heilige Zahl Vier, die unter anderem für die Himmelsrichtungen steht.

Ich bin im Juni in Mexiko-Stadt, nicht im Dezember. Doch das soll mich von einem Besuch nicht abhalten, denn ich bin neugierig auf die Guadalupana. Am einfachsten komme ich zum Heiligtum, wenn ich von Coyoacán aus die Metro nehme. Die Fahrt ist spottbillig, sie kostet nur fünf Pesos, umgerechnet etwa 23 Eurocent. Außerdem komme ich mit der Bahn schneller voran als mit einem Taxi, das doch nur im Stau steckenbliebe. Steigt man im Norden an der Metrostation La Villa-Basílica aus dem Untergrund nach oben, ist die Wallfahrtskirche zwar noch nicht zu sehen, aber nur noch ein paar Hundert Meter entfernt.

Als ich im Süden der Stadt losfahre, liegt Schnee auf den Bergen. Die Luft ist klar, ein kühler Wind ist zu spüren. Ich muss mich ein wenig vorsehen, denn die Bahn ist voll, und Liz hat mir eingeschärft, im Gedränge unbedingt auf meine Sachen achtzugeben. Außerdem hat sie mir geraten, auf jeden Fall einen der für Frauen reservierten Waggons zu nehmen. Mir widerstrebt das, aber vermutlich hat Liz recht und es ist vernünftiger, sich den herrschenden Konventionen anzupassen. Und die sehen in der Metro von Mexiko-Stadt – zumindest während der Hauptverkehrszeiten und für Frauen ohne männliche Begleitung – in der Regel Geschlechtertrennung vor.

Bestimmt ist das gut gemeint. Während der Rushhour sind die Züge oft völlig überfüllt, und Frauen gehen auf den Straßen von Mexiko-Stadt immer ein gewisses Risiko ein, belästigt zu werden. In eigenen Waggons sollen sie sicher sein vor Grapschern und anderen Aufdringlichkeiten. Aber ich finde es unmöglich, dass so etwas überhaupt nötig ist, und mag die Trennung nicht selbstverständlich hinnehmen. Kurz bin ich versucht, demonstrativ in einen anderen Wagen einzusteigen. Aber dann denke ich an Liz' Rat und lasse es lieber.

Auf dem Bahnsteig trennt eine rote Absperrung den Bereich für Frauen (und Kinder unter zwölf Jahren) vom Rest. Eine Polizistin in blauer Uniform wacht darüber, dass alle die Grenze respektieren, und tatsächlich sind in meinem Waggon nur Frauen. Sie lassen sich nicht anmerken, ob sie es gut finden, hier von den Männern getrennt unterwegs zu sein. Vermutlich verschwenden sie gar keinen Gedanken daran, weil es für sie selbstverständlich ist; jedenfalls wirken sie ziemlich unbeeindruckt. Manche schminken sich sorgfältig und trotz der wackligen Fahrt mit sicherer Hand. Die Stimmung ist entspannt und aufmerksam. Steigen Mütter mit kleinen Babys zu, rücken alle trotz der Enge noch ein wenig mehr zur Seite, um Platz zu machen.

Als es etwas leerer im Wagen wird, mischen sich auch Männer unter die Fahrgäste. Draußen am Bahnsteig scheinen die Absperrungen aufgehoben worden zu sein. Ich bin kurz verwirrt, aber die anwesenden Mexikanerinnen beachten die Herren gar nicht weiter, und umgekehrt ist es genauso. Offenbar gilt die konsequente Geschlechtertrennung in der Metro nur, wenn die Bahnen wirklich voll sind.

Dann steigen zwei junge Musiker zu. Instrumente haben sie keine dabei, dafür einen kleinen Verstärker – und ihre Stimmen. Dass Straßenmusiker im Nahverkehr ihr Können zum Besten geben (oder fahrende Händler ihre Ware lautstark anpreisen), ist in Lateinamerika nicht ungewöhnlich, und die beiden Jungs sind heute nicht die ersten, die mir begegnen. Aber sie bieten eine besonders amüsante Show. Besonders stimmsicher sind sie nicht. Aber dafür strahlen sie viel Fröhlichkeit und Energie aus, haben klare, laute Stimmen und vor allem eine gewisse Selbstironie. Es macht Spaß, ihnen zuzuhören.

Unterstützt von rhythmischem Scratchen aus dem Verstärker improvisieren sie einen Rap über die anwesenden Fahrgäste: Der Herr dort, der auf sein Mobiltelefon schaut, ist sicher auf dem Weg ins Büro, auch wenn er keine Krawatte trägt. Und schaut euch die Señora da drüben an, sie klammert sich an ihren Rucksack, um ihn vor den *mugrosos* zu schützen, den schmierigen Jungs. Mit *mugrosos* sind natürlich sie selbst gemeint. Aber wer ist die Señora? Ich schaue mich verstohlen um und komme zu dem Schluss, dass der Spott nicht mir gilt, sondern einer anderen Frau ein paar Sitze entfernt. Dann kommen die beiden zu ihrem eigentlichen Anliegen: Das Leben kostet Geld, rappen sie, bitte unterstützen Sie uns. Sie gehen durch die Reihen und sammeln. Ein paar Pesos sind ihnen sicher.

Wenig später stehe ich vor dem Wallfahrtsgelände. Ein hoher Zaun schirmt es zur Straße hin ab, aber dahinter ragt unübersehbar die zeltförmige, von einem Kreuz gekrönte Kuppel der Basilika empor. Der Zugang führt vorbei an Verkaufsständen, an denen man pastellfarbene, mit einem Goldkrönchen versehene Wasserfläschchen in Mariengestalt und Kerzen mit dem Bild der Jungfrau erwerben kann. Solche Kerzen brennen überall auf dem Gelände, ob in Nischen oder vor Altären, in den Kirchen oder unter freiem Himmel. Mich erinnern sie an die Kirche von Chamula, wo Kerzen ebenfalls eine wichtige Rolle spielen.

Auf die erste Gebetsnische stoße ich gleich neben dem Eingang. Mitten in einer grauen Betonmauer steht dort eine Statue der Virgen hinter Glas, in rosa Kleid und blauem Mantel, von Strahlen umkränzt, den Kopf andächtig geneigt. Es ist eines der vielen Abbilder der Jungfrau, die auf dem Gelände zu finden sind. Um sie herum Kerzen, Kerzen, Kerzen, die meisten mit dem Gnadenbild verziert. Räucherharz verglüht auf einem kleinen Altar vor der Marienfigur. Blumensträuße schmücken den Schrein. Menschen verharren in Andacht.

Ich beobachte einen Mann, der eine Kerze in den Rauch des Harzes hält und dann damit das Glas des Heiligenschreins berührt. Dann zeichnet er mit seiner Kerze ein Kreuz in die Luft und führt sie über den Körper eines kleinen Jungen, der neben ihm steht. Dasselbe Ritual wiederholt er bei einer schwangeren Frau. Ihn berührt niemand mit der Kerze, das macht er zum Schluss einfach selbst, so gut er kann. Viele der Betenden vollführen die gleichen Bewegungen. Die Männer segnen ihre Frauen, die Frauen ihre Männer.

Ein Junge klettert auf den Altar, um näher bei der Jungfrau zu sein. Eine junge Frau fotografiert ein kleines Mädchen vor der Statue. Dann berühren beide das Glas. So gut wie alle drücken ihre Kerzen an die gläserne Trennwand, bevor sie sie anzünden. Näher können sie der Virgen hier nicht kommen.

Dann höre ich leisen Männergesang und folge den Stimmen, vorbei an noch mehr Nischen voller Kerzen. Vor mir öffnet sich ein weiter Platz, und rechterhand, nur ein paar Meter neben der ursprünglichen Wallfahrtskirche, befindet sich die Basilika: eine große, runde Kirche aus Beton mit dem zeltförmigen Dach, das von der Straße aus schon so gut zu sehen war. Über dem Portal prangt ein großes, aus Beton gegossenes Kreuz – die Kirche stammt aus den 1970er-Jahren –, darunter steht in goldfarbenen Lettern ein tröstender Wahlspruch: »Bin nicht ich hier, deine Mutter?«

Der Gesang, den ich gehört habe, kommt aus der neuen Basilika. Ich folge ihm. Vorne am Altar wird gerade eine Messe gefeiert. Priester singen ein Marienlied. Es klingt erhaben, aber im Kirchenraum ist es trotzdem unruhig. Pilger kommen und gehen, viele haben sich auf dem Boden niedergelassen, manche unterhalten sich ungeniert, Kinder quäken. Vor den Beichtstühlen am Eingang warten Menschen in langen Schlangen. Andere versammeln sich vor Vitrinen, die offenbar Reliquien enthalten. Ein Mann in viel zu weiten Kleidern, dessen Hose nur von einem eng gezurrten Gürtel gehalten wird, rutscht auf Knien heran und verweilt in Andacht. Dann erhebt er sich erstaunlich flink, um zwei Frauen den Inhalt eines Schreins zu erklären.

Der Gottesdienst endet mit lautem Beifall für die Jungfrau – und damit, dass der Priester alle auffordert, zur bevorstehenden Präsidentschaftswahl zu gehen. Ich bin einigermaßen verblüfft über den politischen Rat, wenngleich der Pfarrer keine direkte Wahlempfehlung ausspricht. Er hofft, dass Mexiko die Wahlen gewinnt, sagt er nur – und auch die Fußball-Weltmeisterschaft. Der Sieg gegen Deutschland ist gerade zwei Tage her. Für die Anspielung darauf bekommt der Priester einen Sonderapplaus.

Ein *conchero* eilt durch die Kirche; später werde ich noch mehr Tänzer aus seiner Truppe sehen. Trommelgeräusche wehen von draußen herein. Während die Orgel leise im Hintergrund spielt, segnet der Bischof vorne die Gläubigen. Rechts und links des Altars stapeln sich Blumengebinde. Erst jetzt wird mir klar, dass an der Wand hinter dem Altar ebenjenes Marienbild hängt, zu dem alle diese Menschen pilgern. Es wird von einem prächtigen Rahmen eingefasst, der von breiten, goldenen, zum Himmel hin aufstrebenden Streifen umgeben ist wie von einer Wolke. Über dem Kopf der Jungfrau hängt eine Krone, und über allem schwebt ein goldenes Kreuz.

Wer sich dem Bild nähern möchte, muss links oder rechts am Altar vorbei und dann zuerst ein Stockwerk nach unten gehen. Dort werden die Pilger dann auf Laufbändern an dem Marienbild vorbeigeführt, das hoch über ihnen hängt. Vermutlich braucht man die Bänder in den Hochphasen der Wallfahrt, um die Menschen möglichst effizient an der Virgen vorbeizuschleusen. Heute aber kann ich mich ohne Weiteres eine Weile dort unten aufhalten, ohne verdrängt zu werden. Auf dem Band ziehen Familien und Schulkinder an der Marienfigur vorbei; viele zücken ihre Smartphones, um Erinnerungsfotos zu schießen.

In der Basilika beginnt inzwischen schon die nächste Messe, und das Trommeln draußen wird lauter. Der Rhythmus lockt mich hinaus, und gegenüber der Basilika treffe ich dann auf eine Gruppe *concheros*, die der Jungfrau tanzend die Ehre erweisen. Sie sind extra aus Durango angereist, einem Staat im Norden des Landes. Die Tänzer tragen weinrote Überwürfe mit langen weißen Fransen, die Tänzerinnen Kleider im gleichen Stil. Einige haben ihre Kleidung mit Kreuzen oder Marienbildern aus bunt schillernden Pailletten verziert. Ich frage einen von ihnen, was die Tänze für sie bedeuten. Sie pflegen damit eine alte aztekische Tradition, sagt er, aber letztlich ist es für sie nur ein Volkstanz. Ein Hobby, mehr nicht.

In der alten Basilika, die ich dann noch aufsuche, erzählen Ölgemälde die Geschichte von der wunderbaren Erscheinung der Jungfrau von Guadalupe. Vor allem aber erzählen sie davon, dass es hier nicht nur um religiöse Andacht geht, sondern um Identität und Nationalstolz – und um ganz profane weltliche Macht.

Unter einem der Bilder steht auf Latein: »So hat er an keinem Volk getan.« Es ist ein Zitat aus den Psalmen. Ursprünglich bezieht es sich natürlich auf das alttestamentarische Israel, hier aber münzt es die katholische Kirche offensichtlich auf Mexiko und das besondere Bekehrungswerk der Guadalupana. Wie eng das Heiligtum mit dem Staat verbunden ist, zeigen die mexikanischen

Fahnen, die neben dem Altar und draußen auf dem Platz zu sehen sind. Und wie sehr auch unternehmerische Macht hier eine Rolle spielt, beweist die Plakette zu Ehren des Magnaten Carlos Slim, einem der reichsten Männer der Welt, dessen Stiftung den Wallfahrtskomplex mit viel Geld unterstützt hat.

Ich ahne, welche Massenabfertigung hier zu den Hochzeiten der Wallfahrt wohl stattfindet. Man sieht es an den Laufbändern unter dem Marienbildnis in der Basilika, an den Absperrgittern, die draußen auf dem Platz etwas verloren herumstehen, und an den Buden, die in großen goldfarbenen Lettern verkünden, dass man sich dort gruppenweise segnen lassen kann: *Bendiciones* steht da, und unter der Inschrift schwingen Priester ihre Weihwassersprenger in Richtung der vor ihnen stehenden Pilger.

Aber ich entdecke auch stille Nischen, in denen Menschen andächtig beten. Zum Beispiel neben dem Altar der alten Basilika, wo ein Bild der Virgen in einer kleinen Gebetsecke nur von einer Glühbirne spärlich beleuchtet wird. Davor hat jemand Lilien aufgestellt; ihr intensiver Duft weht mit der Zugluft durch die Bänke, in denen Menschen versunken knien. In einer Seitenkapelle nebenan betet eine kleine Gruppe von Gläubigen laut für das Heil Mexikos. Und ein paar Schritte weiter haben die Menschen die offiziellen kirchlichen Symbole einfach benutzt, um den Ort mit ihrer eigenen Religiosität zu füllen. Dort hängt ein großes, gravitätisches Ölgemälde, das den Märtyrern Mexikos gewidmet ist. Auf mich wirkt es distanziert und ein wenig einschüchternd. Jedenfalls haben diese Märtyrer mit meinem Leben nichts zu tun.

Unter dem Ölbild aber lehnen private Porträtfotos – schlichte Papierabzüge – an der Wand, und daneben steht ein Bild der Virgen, eine kleine Collage, offenbar selbst gebastelt. »Wir vergessen unsere Kinder nicht«, steht darauf und davor hat jemand Blumen abgelegt. Vor der Wand betet eine weinende Frau. Ganz offensichtlich ist diese Ecke den Opfern der Gewalt im Land gewidmet. Heutzutage sind sie hier die wahren Märtyrer.

Nach dem Beben

An meinem letzten Tag in Mexiko-Stadt fahre ich nach Xochimilco. Dort will ich sehen, was noch von den alten aztekischen *chinampas* übrig ist. Doch vorher besuche ich, ebenfalls in Xochimilco, ein Wiederaufbauprojekt im Erdbebengebiet.

Die Vorgeschichte dazu hat sich ein Dreivierteljahr vor meiner Reise abgespielt, im September 2017. Damals bebte die Erde in Mexiko zweimal. Die ersten Erdstöße ereigneten sich im Golf von Tehuantepec, vor der Küste von Chiapas, wo sich die schwere Cocos-Kontinentalplatte unter die nordamerikanische Platte schiebt und sich beide immer wieder verhaken. Die Ausläufer dieses Bebens waren bis nach Mexiko-Stadt, El Salvador und Guatemala zu spüren. Dutzende Menschen starben. Das zweite Beben geschah ein paar Tage später. Es war zwar an sich nicht schwerer als das erste, aber sein Epizentrum lag auf besiedeltem Land im Bundesstaat Puebla, rund 120 Kilometer westlich von Mexiko-Stadt. Durch dieses Erdbeben starben rund 370 Menschen, fast 230 davon in der Hauptstadt, wo zahlreiche mangelhaft konstruierte Gebäude einstürzten.

Die Regierung hat Hilfe versprochen. Aber während ich im Land unterwegs bin, sind viele Häuser immer noch nicht wiederaufgebaut, egal ob in Oaxaca, Chiapas oder der Hauptstadt. In Xochimilco leben manche Familien seit dem Beben in Ruinen. Eine Hilfsorganisation hat sich vorgenommen, das zu ändern. Sie heißt Techo, spanisch für Dach; gegründet wurde sie in Chile, und seit etwas mehr als zehn Jahren ist sie auch in Mexiko aktiv.

In der Hauptstadt arbeitet Techo in unterschiedlichen Stadtbezirken, immer aber in armen Vierteln. Dorthin entsendet die Organisation junge Aktivisten, um die Lebensbedingungen der Menschen zu verbessern. Was genau getan wird, sollen die Anwohner dabei selbst entscheiden – die Idee dahinter ist, dass sie selbst am besten wissen, was sie brauchen –, doch im Prinzip geht es immer darum, den Menschen Notbehausungen zur Verfügung zu stellen.

Zum Beispiel in Las Vías, was übersetzt die Gleise, die Schienen oder der Weg heißt. Die Siedlung, die so genannt wird, weil sie direkt neben einer Bahntrasse liegt, taucht auf den offiziellen Plänen von Mexiko-Stadt gar nicht auf, obwohl sie schon seit dem Jahr 2007 besteht. Dort haben sich Menschen angesiedelt, die zuvor anderswo von den Behörden vertrieben wurden. Es sind Menschen ganz unterschiedlicher Herkunft, die hier eher neben- als miteinander leben. Ihnen bauen die Freiwilligen von Techo nicht nur Häuser. Sie versuchen auch, den Zusammenhalt zwischen den Nachbarn zu stärken.

In Xochimilco errichtet Techo Notunterkünfte für Familien, die besonders stark vom Erdbeben getroffen worden sind. Dort kennen sich die Leute schon lange, und anders als in Las Vías ist der Zusammenhalt relativ groß. Zwar beteiligen sich nicht immer alle, sagt Abril Torres, eine Aktivistin. »Aber wenn wirklich Not am Mann ist, sind die Leute da.« Abril ermöglicht mir, die Freiwilligen in Xochimilco ein paar Stunden lang zu begleiten.

Es sind sehr schlichte Behausungen, die Techo den Leuten da zur Verfügung stellt: vorgefertigte Häuschen aus Holz mit Wellblechdach, sechs mal drei Meter groß, die in relativ kurzer Zeit zusammengenagelt werden können. Sie haben weder Strom- noch Wasser- oder Gasanschlüsse. Aber für manche Familien sind sie viel besser als das, was sie vorher hatten.

Zum Beispiel für jene Mutter, die in Xochimilco mit ihren vier Kindern und der Großmutter ein Haus bewohnt, in dessen Räumen ständig Wasser steht. Sie leben, essen und lernen dort, ihre Möbel stehen in einer schmutzigen Brühe, in die sich offenbar auch Abwasser mischt, denn anscheinend hat das Erdbeben auch die Kanalisation beschädigt. Während die Mutter im Haus mit all dem Wasser auch schläft, ziehen die Oma und die vier Kinder nachts in ein kaputtes Auto, das draußen im Hof steht.

Jetzt hat die Familie dank Techo wenigstens Aussicht auf einen einzigen trockenen Raum. Auf einer winzigen, unebenen Fläche neben dem überschwemmten Haus sind die Freiwilligen gerade dabei, das Holzhäuschen aufzubauen. Die Notbehausung passt gerade noch dorthin.

Eine andere Frau scheint etwas besser dran zu sein, aber auch sie hat durch das Beben ihr Zuhause verloren. Für die 75-jährige Dolores Guadarrama Negrete errichtet Techo jetzt eine Notunterkunft auf dem Grundstück ihrer Enkelin, die hier mit ihren beiden Kindern in einem einfachen Häuschen lebt. Das Haus der Enkelin ist durch das Erdbeben offenbar nicht beschädigt worden, Dolores' Heim aber war so zerstört, dass man es abreißen musste. »Ein Totalverlust«, sagt die alte Dame. In einer Tüte trägt sie ihre wichtigsten Dokumente bei sich. Sie holt die Papiere hervor und breitet sie aus. »Schau, das war mein Zimmer. Die Wand ist einfach zusammengebrochen.«

Dolores hofft, dass sie bald wieder dort wohnen kann, im Moment aber liegen auf dem Grundstück nur Schutt und Trümmer. »Die Stadt wäre dafür verantwortlich, alles abzutransportieren. Aber bis jetzt ist das nicht passiert.«

An das Beben kann sie sich noch gut erinnern. »Der Alarm ging erst los, als alles schon in vollem Gang war. Die Erde hüpfte und schlug Wellen. Man weiß gar nicht, wie man sich da schützen soll. Eine Frau ist gestorben, weil sie sich an einer Wand abgestützt hat. Ich tue das normalerweise auch. Aber alle haben geschrien, ich soll da weggehen.« Das war vermutlich ihr Glück. Trotzdem war Dolores' Haus das einzige in der Nachbarschaft, das wegen schwerer Schäden abgerissen werden musste.

Wenn ihr Holzhäuschen einmal steht, wird im Innenhof nicht mehr viel Platz übrig sein. Zuerst habe sie überlegt, die Notunterkunft auf einem Grundstück in den *chinampas* errichten zu lassen, das ihr gehört, sagt die alte Dame. »Mir gefällt es dort wegen der Bäume.« Aber dann erschien ihr der Ort doch zu abgelegen.

Während ich mich mit ihr unterhalte, arbeiten die Freiwilligen schon längst. Sie bearbeiten den Betonboden mit einem schweren Hammer, mit Brecheisen und Muskelkraft. Sie schwitzen und stöhnen wie Tennisspieler beim Return, und sie bearbeiten den Beton mit aller Kraft, immer abwechselnd, solange sie können. Insgesamt müssen sie 15 Löcher schlagen, in denen dann die Pfähle versenkt werden, die den Boden des Häuschens tragen sollen. Nur zwei Löcher haben sie bisher geschafft, und die Pfähle darin stehen noch ziemlich wacklig da. Mit Metermaß und Wasserwaage messen sie, stabilisieren, messen erneut, ruckeln an den Pfählen, messen wieder. Sie müssen präzise arbeiten. Wenn sie die Pfähle nicht exakt ausrichten und fest verankern, steht das Haus nachher auf einer schiefen oder wackligen Basis und bleibt instabil. »Die Fundamente dauern ewig«, sagt Mariano, der Chef der Gruppe. Der Rest ist dann relativ schnell erledigt.

Luis Fernando macht schon seit Jahren bei Techo mit. Man merkt es dem 23-jährigen Medizinstudenten an: Er packt an, ohne viel zu reden, er leitet die anderen an und weiß genau, was zu tun ist. Heute pendelt er zwischen mehreren Baustellen, um zu schauen, wie alles vorankommt. Gerade nimmt er sich die beiden wackligen Eckpfähle vor. Mara, eine junge Ingenieursstudentin, die sich auf Musikproduktionen spezialisieren will, hilft ihm beim Ausmessen und Ausrichten. Nach ein paar Minuten sitzen beide Pfähle gerade und fest. Ein paar Schritte weiter bricht Alfredo, im Hauptberuf Angestellter bei einer Versicherung, unter Aufbietung all seiner Kräfte ein neues Loch aus dem Beton. Sein Arbeitgeber unterstützt Techo mit Spenden und ermöglicht es den Angestellten, hier mit anzupacken. Warum macht Alfredo mit? Er antwortet: »Ich würde sagen: Hier bauen wir ein Stück weit selbst das Land, das wir uns wünschen.«

Chinampas

Dann breche ich auf zu den *chinampas*. Zur Zeit der Azteken waren diese Inselgärten wichtig für die Versorgung der Einwohner von Tenochtitlán. Heute aber ist Xochimilco vor allem ein Ausflugsziel. In bunten Stocherkähnen, die Namen tragen wie *Mi Amor*, meine Liebe, oder *La Linda*, die Schöne, kann man sich hier auf den Kanälen durchs dichte Grün schippern lassen. Verglichen mit den *chinampas* von früher sind die heutigen Gärten nur noch kleine Überreste. Ich hoffe, auf dem Wasser trotzdem eine Ahnung davon zu bekommen, wie dieser Teil von Tenochtitlán früher ausgesehen hat.

Doch dann begehe ich einen entscheidenden Fehler. Es gibt in Xochimilco mehrere Anleger, und ich habe mir nicht vorab überlegt, welchen ich aufsuchen möchte. Weil ich ohnehin in der Gegend bin, halte ich ein Taxi an und bitte den Fahrer, mich einfach zum nächsten schönen Anleger zu bringen. So etwas kann funktionieren, wenn man auf einen *taxista* trifft, der alles dafür tut, dass fremde Besucher sich in seiner Stadt wohlfühlen. Dieser Fahrer aber ist anders. Natürlich hat er mich sofort als Ausländerin erkannt, und für ihn bedeutet das offensichtlich nur, dass ich jemand bin, der Geld mitbringt. Und so behandelt er mich auch. Er preist die Kahnfahrer des Anlegers, zu dem er mich bringen wird, so übertrieben diensteifrig, dass mir schwant, was gleich passieren wird. Aber es ist schon zu spät. Ich schaffe es nicht mehr, mich gegen die Vereinnahmung zu wehren.

Trotz meines schwachen Protests besteht der *taxista* darauf, mich direkt zum Anleger zu chauffieren und dem Kahnfahrer seines Vertrauens zu übergeben. Der verlangt 1000 Pesos für eine Stunde Fahrt, rund 50 Euro. Es ist der offizielle, auch in Aushängen angeschlagene Preis, aber die *trajinera* genannten Stocherkähne sind so groß wie ein kleiner Bus, und üblicherweise mietet man eine *trajinera* in der Gruppe. Ich bin allein hier, und meine gesamte Barschaft beträgt im Moment tatsächlich ungefähr 1000 Pesos. Nach dieser Fahrt werde ich dringend einen Geldautomaten brauchen, um zurück nach Coyoacán zu kommen. Aber hier am Ausflugsziel Xochimilco muss es Geldautomaten geben. Ich lasse mich von der Zielstrebigkeit des Taxi- und des Stocherkahnfahrers überrumpeln und akzeptiere den Preis, statt auf eine Gruppe zu warten, der ich mich vielleicht anschließen könnte.

Und damit mache ich alles nur noch schlimmer, denn in der folgenden Stunde behandelt mich der *trajinero* wie eine wandelnde Brieftasche. Kaum haben wir abgelegt, bietet er mir an, »gegen ein Trinkgeld« eine kleine zusätzliche Schleife zu fahren. Ich lehne freundlich ab und sage, dass ich kein Bargeld mehr bei mir habe. Vermutlich aber ist es verkehrt, mich überhaupt auf Erklärungen einzulassen. Er jedenfalls glaubt mir kein Wort und versucht es auf unzählige verschiedene Arten wieder und wieder. Das Geschäft gehe schlecht (was vermutlich sogar stimmt, denn die meisten der bunt bemalten *trajineras* liegen am Anleger), und er müsse eine Familie ernähren; er sei ein ehrlicher Arbeiter und kein Spitzbube, so wie die anderen; ob ich nicht doch ein winziges Trinkgeld für ihn übrig hätte. So geht es in einer Tour.

Zum Glück muss er zwischendurch auch Luft schöpfen, und irgendwann schweigt er dann doch. Es ist der Moment, in dem ich anfange, die Kahnfahrt zu genießen, denn die Landschaft ist wirklich wunderschön. Wir gleiten vorbei an den grünen Inseln, manche sind bewohnt und werden bewirtschaftet, aber an anderen Stellen wächst ein verwunschener Wald, dessen Bäume sich übers Wasser beugen und einen grünen Tunnel über dem Kanal bilden. Zwischen den Wurzeln der Bäume ragen die Pfähle aus dem Wasser, auf denen die *chinampas* einst errichtet wurden.

Langsam schiebt der *trajinero* unseren Kahn voran, über grünes Wasser und zwischen Wasserpflanzen hindurch. In den kleinen Wellen, die wir schlagen, bricht sich das Spiegelbild der Bäume. Da, dort drüben steht ein Reiher! Wachsam wendet er den Kopf.

Ganz in unserer Nähe schwimmen Enten und andere Wasservögel. Sie scheinen an menschliche Besucher gewöhnt zu sein, denn unsere Gegenwart stört sie nicht weiter. Zwischendurch kreuzen wir den Weg einer fröhlichen Festgesellschaft. Aber sonst ist es auf den Kanälen märchenhaft still. Kaum zu glauben, dass gar nicht weit entfernt von hier das Chaos der Stadt tobt.

Die vereinbarte Stunde vergeht erstaunlich schnell. Von mir aus könnten wir noch länger so fahren, aber leider kann ich das gerade nicht bar bezahlen. Also legen wir wieder an, und ich verabschiede mich vom jetzt ziemlich wortkargen *trajinero* und den märchenhaften *chinampas*. Morgen werde ich Mexiko-Stadt *Adiós* sagen – die verwunschene Baumlandschaft aber und die stillen Kanäle werden mich in Gedanken noch eine Weile begleiten.

Kapitel 7

Tuxtla Gutiérrez: Wald

Alejandro, der Waldschützer

Bevor ich von Mexiko-Stadt aus weiter nach Norden fahre, drehe ich noch einmal eine Schleife in den Süden und komme nach Chiapas zurück. In Tuxtla Gutiérrez treffe ich Alejandro Hernández Yañez. Er arbeitet hier für eine Umweltorganisation, die es sich zur Aufgabe gemacht hat, die Wälder von Chiapas zu retten. Denn die sind besonders vielfältig – und sie sind in Gefahr, heute mehr als je zuvor, wie Alejandro mir sagt.

Er will mir einen Wald in der Nähe von Tuxtla zeigen, und für diese Tour hätte ich mir wohl keinen besseren Führer wünschen können als ihn. Alejandro – 57 Jahre alt, schlank, braungebrannt, zuvorkommend, engagiert – hat fast sein ganzes Leben in Chiapas verbracht und seine komplette berufliche Laufbahn dem Waldschutz gewidmet. Aufgewachsen ist er ganz im Süden Mexikos in Ciudad Hidalgo, einem Ort an der Grenze zu Guatemala.

Er erinnert sich noch gut an den Wald seiner Kindheit. »Man hat sein frisches Klima gespürt und gehört, wie die Blätter sich bewegen«, erzählt er. »Man konnte die Feuchtigkeit riechen. Im Wald war die Luft sauber. Er reichte bis ans Ufer des Grenzflusses Suchiate. Der hat früher viel Wasser geführt, es gab Sandbänke, das Wasser war klar.« Heute aber ist der Fluss »eine einzige Sauerei. Vor ein paar Jahren war ich wieder dort. Ich bin auf die Brücke gegangen, die über den Suchiate führt, und in der Mitte stehengeblieben, um nach unten zu sehen. Alles war voller Leute. Überall Verkehr. Im Fluss waren Abwässer. Und der Wald am Ufer war weg.«

Am Suchiate ist geschehen, was auch in vielen anderen Regionen in Chiapas passiert: Viele Menschen hier sind arm, und ihre Existenz hängt ab von Landwirtschaft und Viehzucht. Die Besiedelungsdichte aber steigt. Um sich und ihre Familien zu ernähren, roden die Leute die Wälder, und vom ursprünglichen Artenreichtum bleibt nicht mehr viel übrig.

An den Flüssen von Chiapas kann man erkennen, was mit dem Wald geschieht, sagt Alejandro. »Wenn es regnet, führt das Abholzen zu Erosion. Wenn die Flüsse klar sind, dann ist alles in Ordnung. Aber wenn ihr Wasser lehmig ist, wenn es aussieht wie Kaffee, dann wird weiter oben in den Bergen der Wald gerodet.« Oft sind die Flüsse lehmig.

In ganz Mexiko gehen jährlich etwa 200 000 Hektar Wald verloren, weil sich Agrar- und Weideflächen immer weiter ausbreiten. Das sagt die Naturschutzorganisation The Nature Conservancy (TNC), für die Alejandro arbeitet. In Chiapas sei schon mehr als die Hälfte der ursprünglichen Wälder zerstört, vor allem, weil ihre Böden für den Kaffee- und Maisanbau und als Weideland vereinnahmt würden. Aber auch Trockenheit, Feuer und die allgemeinen Folgen des Klimawandels setzen den Wäldern zu.

Einzelne Schutzprojekte seien zwar erfolgreich, sagt Alejandro, aber dennoch gehe es den Wäldern von Chiapas insgesamt immer schlechter. Die staatlichen Schutzbehörden seien schlecht ausgestattet und würden sich kaum kümmern. Der wirtschaftliche Druck, auch der durch die großen Konzerne, sei zu hoch. Und den Armen bleibe oft nichts anderes übrig, als Wald zu roden. Oft wüssten sie es auch nicht besser, weil ihnen die Kenntnisse fehlen, ihr Land auf andere Weise zu bearbeiten.

Dabei bietet Chiapas beste Voraussetzungen dafür, dass hier die unterschiedlichsten Wälder gedeihen können. An der feuchtwarmen Küste wachsen dichte Mangroven und im flachen Tiefland gibt es tropischen Regenwald. Die Berghänge mit ihrem gemäßigteren Klima hingegen sind bedeckt mit Laubwald, der in der Trockenzeit seine Blätter abwirft. »Dann werden die Hügel ganz braun, wie Kaffee. Und die Flüsse führen kein Wasser.«

Ganz oben in der Sierra Madre von Chiapas aber befindet sich ein ganz besonderer Wald: ein kühler, düsterer, feuchter Nebelwald. Dort leben so viele Arten wie nur in wenigen anderen Ökosystemen. Die Bäume, Moose, Farne und Epiphyten speichern besonders viel Niederschlag. Sie filtern das Wasser und geben es dann nach und nach wieder ab. In den Nebelwäldern trocknen die Flüsse das ganze Jahr über nicht aus. Fast ein Drittel des Süßwassers in Mexiko kommt aus Chiapas, das heißt vor allem: aus seinen Wäldern. Für die Waldschützer ist das ein wichtiges Argument.

Die Vielfalt der Region hat geologische Ursachen, erklärt mir Alejandro. Bevor die beiden Kontinente Nord- und Südamerika hier aufeinandertrafen, waren Chiapas, Teile von Guatemala und Honduras eine Insel mit eigener Flora und Fauna. Als sich die Insel dann mit den Ausläufern von Nord- und Südamerika verband und Mittelamerika entstand, kamen die Arten aus allen drei Regionen zusammen. Ein ganz besonderes Ökosystem entwickelte sich. Mexiko ist ein sehr artenreiches Land, erklärt mir

Alejandro, und hier, im südlichsten Bundesstaat Chiapas, ist die Biodiversität besonders groß. »Nimm die Eichen. Sie sind ein ganz einfaches Beispiel. Ausgehend von Nordamerika sind sie bis nach Kolumbien gewandert. Dort, in den Anden, gibt es eine einzige Eichenart – in Mexiko dagegen sind es 35. Zugleich breiteten sich damals viele tropische Arten aus Südamerika in Richtung Norden aus, Bäume wie die Ceiba, Tiere wie der Jaguar und das Opossum. In Mexiko gibt es sechs Opossumarten. Im Norden nur zwei.«

Ein weiterer Faktor sind die großen Höhen- und damit die klimatischen Unterschiede in der Region. Sie ermöglichten die Entwicklung einer größeren Vielfalt an Ökosystemen als anderswo in Mittelamerika. Alejandro erklärt mir auch das über die Erdgeschichte:

In der Vergangenheit, vor ungefähr 10 000 oder 15 000 Jahren, war es im heute tropisch feuchten Chiapas viel kühler gewesen. »In dieser Zeit kamen die Eichen und Pinien aus dem Norden herab. Überall in Chiapas haben sich damals die Nebelwälder ausgebreitet. Aber als das Klima sich wieder änderte, als das Eis sich wieder weit in den Norden zurückzog, verschwanden sie wieder – mit einer Ausnahme: In den hohen Bergregionen von Chiapas blieben die Nebelwälder erhalten, isoliert, als Relikte der Geschichte.« Und im Lauf der Zeit haben sich dort einige Arten sehr stark auf ihr Umfeld spezialisiert. Deshalb gibt es in den Nebelwäldern von Chiapas heute besonders viele endemische Arten, also Arten, die nur dort vorkommen. »Frösche zum Beispiel, verschiedene Salamander und kleine Insekten.«

Einen solchen Wald kennt er besonders gut, denn er war acht Jahre lang Direktor des Biosphärenreservats El Triunfo, hoch oben in den Bergen der Sierra Madre de Chiapas, fast 190 Kilometer südlich von Tuxtla. Im Zentrum von El Triunfo wächst ein alter Nebelwald. Dort fallen sehr viele Niederschläge, denn an den Gipfeln der Sierra Madre bleiben die Wolken hängen, die, von Süden aus dem Pazifik kommend, übers Land geweht werden. An den Bergspitzen regnen sie ab, oder sie schieben sich als dichte, feuchte Nebeldecken über die Bäume. Auf Foto- und Filmaufnahmen von El Triunfo sind die alten Baumwipfel so gut wie immer von Dunst umgeben.

Im Nebelwald von El Triunfo wachsen uralte Baumfarne. Auf den Bäumen drängen sich Moose und Bromelien aneinander. Besonders viele Vögel leben hier, und zahlreiche bedrohte Tiere finden in El Triunfo – noch – eine Zuflucht: zum Beispiel der Quetzal mit seinem irisierenden Federkleid, dessen Farben durch die Brechung des Lichts auf der besonderen Struktur der Federn entstehen, der Zapfenguan, ein merkwürdiger schwarzer Hühnervogel mit einem roten Horn auf der Stirn, die kleineren blassblauen Bischofstangaren, ebenfalls eine Vogelart, aber auch Säugetiere wie Klammeraffen, Tapire und Jaguare.

El Triunfo muss sehr verwunschen sein. Ich würde diesen Wald liebend gerne besuchen und mich wenigstens ein klitzekleines Stückchen in seine wuchernde, düstere Vegetation hineinbegeben, in der Hoffnung, womöglich auch einen der seltenen Vögel oder ein anderes Tier zu Gesicht zu bekommen. Aber das Reservat liegt für einen Tagesausflug zu weit von Tuxtla Gutiérrez entfernt.

Alejandro entscheidet sich, mir ein anderes Waldstück zu zeigen. La Pera heißt das Gebiet, das sich in einer etwas tieferen Lage befindet als die Nebelwälder von Chiapas. *Bosque de transición* nennt ihn Alejandro, einen Wald in einer Übergangszone kurz vor den Höhen des Nebelwalds, der diesem zumindest ähnelt. »Es gibt dort noch einige endemische Arten, zum Beispiel Salamander, Eidechsen und Mäuse. Bis vor etwa 50 Jahren gab es in La Pera sogar noch Quetzales.« Heute nicht mehr. Denn auch La Pera ist schon stark durch Abholzung geschädigt.

Nach La Pera

In Alejandros weißem Pick-up fahren wir in Richtung Nordwesten hinaus aus der Stadt. Als wir langsam auf eine Kreuzung zurollen, kommt uns mitten auf der Fahrbahn ein Fußgänger entgegen. Mit einer bittenden Geste geht er an den Autos entlang. Alejandro kurbelt das Fenster herunter und gibt ihm eine Münze. Dann blickt er herüber zu mir. »Ein Migrant aus Honduras«, erklärt er. Davon gebe es viele in der Stadt, und sie seien in Not. Ich verstehe, was er meint. Ohne solche Almosen würden viele der Flüchtlinge aus Mittelamerika in Mexiko vermutlich nicht überleben.

Später gelangen wir auf einen Schotterweg, der uns langsam immer weiter nach oben in die Berge führt. Kühe trotten am Wegrand gemächlich dahin und suchen nach Futter. Gelassen überholen wir sie, und schnell liegt Tuxtla unter uns. Bald fahren wir durch einen Wald. Unser Ziel ist noch eine gute Strecke entfernt. Dieser Wald gehört zu denen, die in der Trockenzeit ihre Blätter abwerfen. Im Moment sind die Bäume aber grün, denn die Regenzeit hat schon vor einer Weile begonnen.

Durchs Fenster zeigt Alejandro auf kahle Stellen im Pflanzenbewuchs. »Dort wird viel gerodet, um Bauland zu gewinnen.« Ich kann keine Gebäude erkennen, aber er erklärt, es gebe einfach noch keine. »Zuerst pflanzen sie Mais. Dann kommt das Vieh. Und dann erst bauen sie Häuser.«

Seit mehr als 30 Jahren arbeitet er in Chiapas daran, den Wald zu schützen, zuerst für verschiedene Behörden, jetzt für die internationale Naturschutzorganisation TNC. Während der ganzen Zeit sei die Abholzung immer schlimmer geworden, sagt er: »Dabei sind diese Wälder unsere Lebensversicherung.«

Nur wegen der Wälder gibt es in Chiapas – noch – reichlich Wasser. Sie schaffen ein angenehmes Mikroklima, das auch der Landwirtschaft nutzt. Sie sorgen dafür, dass die Böden fruchtbar bleiben. Und die Wälder bieten jenen Tieren Lebensraum, die Nutzpflanzen bestäuben, zum Beispiel Schmetterlingen, Bienen, Fledermäusen und Vögeln. Alejandro nennt das »Ökosystemdienstleistungen«. Von ihnen hängen Leben und Wohlbefinden der Menschen in Chiapas ab, sagt er. Doch wertgeschätzt werden sie trotzdem nicht.

Mit seiner Arbeit für TNC will Alejandro erreichen, dass die Menschen umdenken. Die Organisation arbeitet mit Bauern zusammen, um ihnen zu vermitteln, was sie besser machen könnten. »Wenn wir ihnen nur sagen: ›Ihr müsst den Wald schützen!‹, dann ist ihnen das erst mal völlig egal. Ihre Priorität ist es, zu essen. Deshalb müssen wir ihnen zeigen, was der Wald ihnen bringt.«

Also suchen er und seine Kollegen nach Produktionsmethoden, mit denen die *campesinos* Kaffee, Mais, Milch und Fleisch erzeugen können, ohne dem Wald zu schaden – etwa indem sie Kaffeepflanzen unter Bäumen anbauen, statt diese zu fällen. Oder indem sie die bereits gerodeten Flächen noch produktiver nutzen, damit der Druck auf die Wälder nachlässt. Sie analysieren die Böden, um festzustellen, welche Nährstoffe ihnen fehlen. Sie lockern die Erde und versorgen sie mit frischen Nährstoffen, zum Beispiel indem sie Hülsenfrüchte neben dem Mais anbauen, oder durch Fruchtwechselwirtschaft. Mancherorts funktioniert das schon sehr gut, berichtet Alejandro. Die Schwierigkeit besteht darin, die Erkenntnisse jetzt in großem Maßstab umzusetzen. Zusätzlich forstet The Nature Conservancy aber auch Flächen auf.

Eine knappe Stunde werden wir von Tuxtla bis La Pera brauchen. Entlang des Wegs wird der Wald nach und nach dichter, und die Bäume ragen höher auf. Irgendwann sehen wir die ersten Bromelien auf Ästen sitzen – ein klares Zeichen für eine höhere Luftfeuchtigkeit und dafür, dass wir uns unserem Ziel nähern.

Zwischendurch halten wir kurz an und steigen aus. Alejandro will mir ein Stück Wald zeigen, das ihm viel bedeutet. Draußen singen laute Zikaden, und ich rieche Feuer. Was bedeutet der Geruch? »Auch hier oben wird gerodet«, sagt Alejandro. »Die Bevölkerung wächst, und mit ihr schreitet die Entwaldung voran.« Er zeigt mir die Avocados, die in der Gegend wild wachsen und auf denen sich Bromelien angesiedelt haben. Von einem Baum daneben hängt ein Kaktus, ein weiterer Baum trägt viele kleine lilafarbene Blüten. Er sieht aus wie die Fliederbäume in deutschen Ziergärten, aber offenbar handelt es sich um eine andere Art.

Dann geht es weiter den Berg hinauf. Der Weg wird schlechter und schlammiger. Ein halsbrecherisch überbesetzter Pick-up kommt uns entgegen, vielleicht 30 Personen sind auf seiner Ladefläche zusammengepfercht. »Schau dir das an!«, sage ich überrascht. »So viele Leute!« – »So sind die Transportmöglichkeiten hier oben eben, erwidert er. Die Leute sind sehr arm. Sie versuchen vermutlich zu einer Wahlkampfveranstaltung zu gelangen.« Bis zur Präsidentschaftswahl sind es nur noch wenige Tage.

Wenig später kommen wir in La Pera an und steigen aus. Auf einem kleinen Pfad führt Alejandro mich in den Wald – und erst nach und nach begreife ich, dass er mir gerade sein ganz persönliches Schutzgebiet zeigt.

Zusammen mit Freunden hat Alejandro hier drei Grundstücke gekauft, zusammen fast 50 Hektar groß, um den Wald zu schützen, der darauf wächst. Es ist ein wichtiger Wald, sagt er, wenngleich nicht mit dem Nebelwald von Schutzgebieten wie El Triunfo zu vergleichen. »Vor etwa 50 Jahren haben hier noch große Tiere gelebt, zum Beispiel Pumas, Affen, Tapire und auch Quetzales. Heute nicht mehr. Dafür aber gibt es hier kleinere Tier- und auch Pflanzenarten, die nirgendwo sonst in Mexiko heimisch sind.«

Anfangs sei es für ihn und seine Freunde wie ein Traum gewesen, Wald zu besitzen, um ihn zu erhalten. Aber inzwischen habe die Realität sie eingeholt. »Man muss sich kümmern. Wir müssten alle zwei Wochen herkommen, aber oft fehlt uns die Zeit. Und man braucht Geld. Aber wir sind keine reichen Leute.« Gemessen am Aufwand bringt das Projekt zu wenig, sagt Alejandro, korrigiert sich aber sofort: »Der Natur bringt es natürlich etwas. Zum Beispiel hat ein Freund hier eine neue Magnolienart entdeckt.«

Auf einem angrenzenden Grundstück erspähe ich Bananenstauden und Kaffeepflanzen zwischen den Bäumen. Ob hier jemand lebt? Schwer zu sagen. Manchmal siedeln arme *campesinos* im Wald, weil sie keine andere Möglichkeit sehen, sagt Alejandro. Manchmal aber gehören die Hütten auch Leuten aus der Stadt – als Statussymbol. Die Behörden unternehmen nichts dagegen. Der Staat hat La Pera zwar unter Schutz gestellt. Aber die Behörden tun kaum etwas, um den Schutz auch durchzusetzen. Weil sie nicht genügend Personal haben, sind sie nicht in der Lage, hier wirksame Kontrollen durchzuführen, selbst wenn sie das wollten. Regelmäßig wird deshalb der Wald geplündert. »Die Leute, die hier leben, holen Holz heraus, Pflanzen und Erde, um sie auf dem Markt zu verkaufen. Alle tun das. Kaffee und Mais bringen ihnen zu wenig ein.«

Auch in sein Gelände sind Außenstehende schon zwei Mal eingedrungen, erzählt Alejandro. Jedes Mal hat er sie angezeigt. »Weil sie mich kennen, schicken sie jemanden. Und beide Male haben die Leute das Land auch wieder verlassen.« Auf Dauer ist das aber natürlich kein wirklicher Schutz.

Er findet, dass man mindestens eine Handvoll Mitarbeiter brauchen würde, um hier oben kontinuierlich zu arbeiten und damit wirklich etwas zu bewegen. Doch um so viele zu bezahlen, haben er und seine Freunde kein Geld. Immerhin haben sie einen Wächter eingestellt. Der Mann lebt mit Frau und Kindern auf dem Gelände. Ein kleines, schüchternes Mädchen beäugt mich neugierig, als wir an seinem Haus vorbeikommen und grüßen.

Auf schmalen Pfaden, die irgendwann gar nicht mehr vorhanden sind, dringen wir tiefer in den Wald ein. Es ist kühl und feucht. Hier wachsen Palmen und Eichen, Avocados, Balsamäpfel, Einblätter, Flamingoblumen und Palmfarne. Auf den Bäumen sitzen Epiphyten. Laut singen Zikaden. Da, ein Vogel! Merkwürdig grau sieht er aus. Ich hatte mir die Vögel hier bunter vorgestellt. Später wird Alejandro mir den Namen notieren: *Myadestes Unicolor,* ein Schieferklarino.

»Ich bin sehr gern hier unterwegs«, sagt Alejandro. »Ich mag die Pflanzen sehr. Ich suche immer nach Samen, die ich vermehren kann.« Wenn er es schafft, die Pflanzen aufzuziehen, dann pflanzt er sie um sein Haus. Manche blühen dort schon.

Auch hier im Wald ziehen er und seine Freunde Setzlinge. Er zeigt mir ein paar davon. Aus Töpfen und Eimern treiben Blüten und winzige Blätter. Die größten Hoffnungen aber verknüpft Alejandro mit seinen Palmen, denn in La Pera gibt es besondere Palmenarten, die anderswo als Zierpflanzen beliebt sind, wie er sagt. Wenn er und seine Freunde es schaffen könnten, eine Zucht aufzubauen und die Setzlinge zu verkaufen, könnte das vielleicht genug Geld einbringen, um den Wald wirksamer zu schützen. Dann könnten sie ihr privates Schutzgebiet womöglich auch in Zukunft erhalten.

Ein paar Meter weiter steht ein Holzhaus, das ausreichend Platz bietet, um hier auch zu übernachten. Vom Balkon aus blicken wir auf den Wald ringsum. Direkt vor uns steht ein hellgrüner Baum mit gelben Blüten, dahinter erkenne ich etwas, das aussieht wie eine Kiefer. Überall sind Bäume in allen möglichen Grünschattierungen. Wolken hängen über ihren Wipfeln. Es sieht aus wie eine Idylle. Alejandro aber ist skeptisch, was die Zukunft der Wälder von La Pera, Chiapas und weltweit betrifft. Er wird trotzdem weiterhin tun, was er kann, um sie zu erhalten.

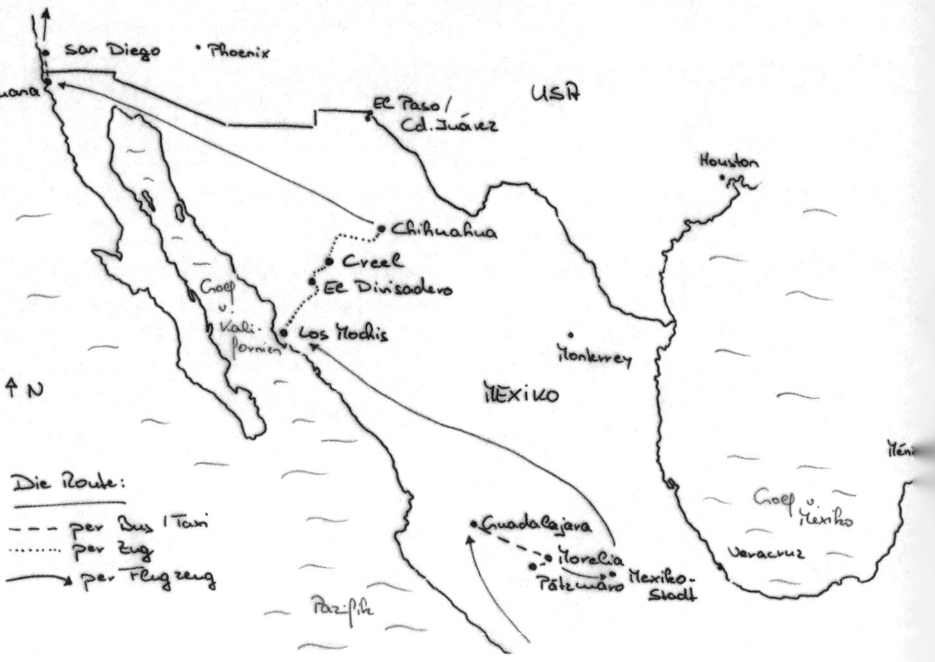
San Diego
Phoenix
Tijuana
USA
El Paso / Cd. Juárez
Houston
Chihuahua
Creel
El Divisadero
Golf v. Kalifornien
Los Mochis
Monterrey
N
MEXIKO
Die Route:
per Bus / Taxi
per Zug
per Flugzeug
Golf v. Mexiko
Guadalajara
Morelia
Pátzcuaro
Mexiko-Stadt
Veracruz
Pazifik

Kapitel 8

Guadalajara: Orozco

Geschichte

Eigentlich wollte ich erst gar nicht nach Guadalajara, in die zweitgrößte Metropole des Landes, die seit ihrer Gründung im 16. Jahrhundert im ständigen Wettstreit mit der Hauptstadt liegt. Dabei hat Guadalajara einiges zu bieten. Es ist die Stadt der Mariachi, des Tequila und der Reiterwettkämpfe der *charros,* der mexikanischen Cowboys.

Und es ist eine Stadt mit Geschichte. Für die mexikanischen Unabhängigkeitskämpfer um den Priester Miguel Hidalgo wurde Guadalajara im Jahr 1810 zu einem wichtigen Standort. Hier erklärte Hidalgo die Sklaverei in Mexiko für abgeschafft. Ein Jahr später war er schon tot, hingerichtet von den gegnerischen Königstreuen.

Der Tag, an dem Hidalgo zur Revolution aufrief, ist heute mexikanischer Nationalfeiertag. Im ganzen Land stehen seine Denkmäler – auch in Guadalajara, wo ein metallener Hidalgo auf der Plaza de la Liberación, dem Platz der Befreiung, seine Ketten zerreißt.

Ein Aufenthalt in Guadalajara würde sich also lohnen. Aber ich habe mich zu lange in Chiapas aufgehalten, und wenn ich meine ursprünglich geplante Route einhalten und in zwei, drei Wochen in Tijuana ankommen will, muss ich Prioritäten setzen. Deshalb wähle ich nicht Guadalajara, sondern Pátzcuaro als mein nächstes Ziel, jene Stadt, die berühmt ist für ihre Festlichkeiten zum Tag der Toten, dem *día de los muertos,* Anfang November. Dort will ich ein paar Tage verbringen.

Dass ich vorher dann doch in Guadalajara lande, ist den Umständen geschuldet. Ich will von Chiapas aus möglichst ohne großen Zeitverlust auf kürzestem Weg nach Pátzcuaro. Und der einzige Direktflug in die richtige Richtung, der mir zeitlich passt, führt ausgerechnet nach Guadalajara. Von dort aus werde ich problemlos mit dem Bus weiterfahren können.

Vorher aber habe ich anderthalb Tage Zeit. Nicht gerade viel. Was fange ich damit am besten an? Favrizio, der Galerist und Hotelier aus San Cristóbal, der aus Guadalajara stammt, gibt mir ein paar Tipps mit auf den Weg, und so mache ich mich, ausgestattet mit seinen Ratschlägen, daran, die Stadt zu erkunden. Eins vorweg: Stolze Mariachis finde ich keine. Auf dem Platz, an dem sie sich normalerweise treffen, sind nur ein paar traurige, auf Kundschaft wartende Gestalten zu finden, als ich abends neugierig vorbeischaue.

Trotzdem wird sich meine Stippvisite in Guadalajara lohnen. Favrizios Liste besteht hauptsächlich aus drei Punkten: dem Univiertel, das ich schicker vorfinde als in seiner Beschreibung, dem Viertel Colonia Americana mit seinen prächtigen alten Villen und dem Werk des Malers José Clemente Orozco, der in seinen bestürzenden *murales,* großformatigen Wandgemälden, die mexikanische Geschichte in all ihrer Brutalität zeigte. Favrizio sagt, er halte Orozco für den größten Wandmaler Mexikos. Nachdem ich dessen Bilder in Guadalajara gesehen habe, glaube ich genau zu wissen, warum.

Murales

Auch mich beeindruckt Orozco nachhaltig. Er gehörte neben Diego Rivera und David Alfaro Siqueiros zu den großen Drei des mexikanischen Muralismus, aber anders als seine beiden Zeitgenossen hat er die Revolution, während der er als Zeichner für Partisanenzeitungen arbeitete, in seinen Bildern nicht glorifiziert. Ganz im Gegenteil: Seine *murales* (wie man die typischen mexikanischen, großformatigen Wandbilder nennt) sind roh, überzeichnet bis zur Karikatur, erschreckend und verstörend. Mexikos Geschichte scheint bei Orozco immerwährend blutig und grausam, und zwar von den Azteken bis zur Gegenwart. Mir scheint das wahrhaftiger als die Bilder, die ich von Rivera kenne.

Ich beginne meinen Rundgang im Gouverneurspalast, einem prächtigen Barockgebäude aus dem 18. Jahrhundert. Dort befindet sich das wohl bekannteste Bild Orozcos. Über dem zentralen Treppenaufgang des Palasts schwingt Miguel Hidalgo die Fackel des Befreiungskampfs und stürmt damit dem Volk voran. Das Gemälde zeigt ihn als heldenhaften Freiheitskämpfer für die graue Masse der Elenden. Doch Orozco zeichnet Hidalgo in harten Strichen und verwendet düstere Farben, außerdem benutzt er viel Rot. Ganz so, als wollte er den Betrachtern dadurch begreiflich machen, wie viel Blut während der Rebellion vergossen und wie viel Leid durch sie heraufbeschworen wurde.

Auch das zweite Fresko, das sich im Gouverneurspalast befindet, strahlt Leid aus. Ich finde es im Sitzungssaal. Auf dem

Bild unterzeichnet Hidalgo in grellroten Lettern den Erlass, mit dem er den Sklaven die Freiheit geschenkt hat, während ihm eine gequälte Gestalt mit unkenntlich gemachtem Gesicht die gefesselten Hände flehend entgegenstreckt. Die anderen Aufständischen nehmen eher eine heldenhafte Pose ein, aber Hidalgo blickt bekümmert auf die leidenden Menschen an seiner Seite. Ich kann seinen Schmerz fast selbst fühlen.

Meine nächste Station ist das Hospicio Cabañas, ein Gebäude, das im Lauf seiner Geschichte schon als Waisenhaus, Hospital und Kaserne genutzt wurde. Heute befindet sich darin ein Kunst- und Kulturzentrum, das Instituto Cultural Cabañas. Favrizio hat mir den Besuch hier sehr empfohlen. Er hat in dem Kulturinstitut gearbeitet, bevor er nach San Cristóbal kam.

Im Hospicio Cabañas ist Orozcos Ort die Kapelle. Ihre Wände und Decken sind mit mehr als 50 Fresken bedeckt, in denen der Maler die Geschichte Mexikos als blutrünstigen, brutalen Kampf erzählt. Niemand wird hier in freundlichem Licht dargestellt, weder die Azteken, die Menschen opferten, indem sie ihnen die Herzen herausrissen, noch die spanischen Kolonisatoren oder ihre Kirchenleute. Ein monströser, roboterhaft erscheinender Ritter auf einem zweiköpfigen Pferd meuchelt die Ureinwohner Mexikos, während an einer anderen Stelle ein grauer Mönch sie mit einem riesenhaften Kreuz zu bedrohen scheint. Nebenan starrt der spanische Habsburgerkönig Felipe II. hochmütig hinter einem mächtigen Holzkreuz hervor, das er wie einen Schild vor sich hält. Im Mittelpunkt des Ensembles aber, genau in der Kuppel des Kirchenraums, sieht man das Fresko eines menschlichen Körpers, der von roten Flammen verschlungen wird.

Ich frage mich: Was für ein Land kann aus einer solchen Geschichte entstehen? So, wie diese *murales* aussehen, glaubte Orozco nicht daran, dass die Gewalt in Mexiko je enden würde. Später wird mir auf meiner Tour ein Zitat des großen Schriftstellers Octavio Paz zu Orozcos Kunst begegnen, das mir ziemlich treffend scheint: »Ich glaube, Orozco war für die dunkle Seite Mexikos sensibler als für die helle. Vielleicht war das auch besser so. In einem Land, in dem die Revolution nur auf dem Papier verwirklicht wurde, ist es gut, einen klugen Geist zu haben, der uns an die Realität erinnert.«

Ein paar Türen weiter gerate ich in eine irritierend heitere Orozco-Ausstellung für Kinder, die hier die Gelegenheit bekommen sollen, das Leben des Malers spielerisch nachzuvollziehen. Drinnen empfängt ein Orozco-Double die Besucher. Er bittet mich zu einem Experiment. Ich soll auf ein Bänkchen steigen und nach unten blicken, auf den Fußboden, der dem Boden in der Kapelle nachempfunden ist. Dann soll ich meine Hände wie ein Fernglas vor die Augen halten, und schon könne ich sehen, was Orozco sah, als er malend unter der Kuppel der Kapelle hing, und nachempfinden, wie er sich dort oben gefühlt hat.

Eigentlich bin ich gerade nicht in Stimmung für solche Spielchen. Aber ich lasse mich dann doch darauf ein – und bin überrascht: Es funktioniert! Als ich meine Hände wie gezeigt vor die Augen halte und nach unten blicke, scheint der Fußboden plötzlich sehr, sehr weit weg. Ich fühle mich, als würde ich in großer Höhe schweben. Mir wird ein wenig schwindlig, schnell beende ich das Experiment. Orozco selbst aber hing zwei Jahre lang an den Wänden und unter der Decke der Kapelle, die er ausmalte. Er muss schwindelfrei gewesen sein.

Die letzte Station auf der Orozco-Tour ist das Kunstmuseum der Uni von Guadalajara. In der Aula könne ich ein erschütterndes Meisterwerk des Malers sehen, hatte Favrizio mir geschrieben. Er behält Recht. Eines der beiden dort gezeigten Fresken finde ich tatsächlich ziemlich aufwühlend. Es zeigt eine Masse an grauen, elenden, bis aufs Skelett abgemagerten Gestalten, die sich gegen feiste Unterdrücker erheben. Diese versuchen sich noch mit Werkzeugen, Waffen und Büchern zu verteidigen, und unterstützt werden sie dabei vom Militär, doch sie scheinen in einer aussichtslosen Lage. Im Hintergrund lodert, wie so oft bei Orozco, ein alles verschlingendes Feuer.

El Fuente

Bevor ich am nächsten Tag in den Linienbus nach Morelia steige, wo ich noch einmal umsteigen muss, um nach Pátzcuaro zu kommen, folge ich einem letzten Tipp Favrizios und besuche die Bar El Fuente, die Quelle. Sie war die erste in ganz Guadalajara, die eine Lizenz zum Ausschank von Alkohol erhalten hat: eine Institution.

Das will ich mir natürlich anschauen, und so suche ich gegen Mittag im Zentrum Guadalajaras nach El Fuente. Eigentlich bin ich zu früh dran für einen Barbesuch. Aber ich kann nicht länger warten, sonst verpasse ich den Bus.

Von außen ist El Fuente kaum zu erkennen; fast gehe ich an der Bar vorbei. Dann entdecke ich den Eingang doch. Drinnen ist, der Tageszeit entsprechend, noch nicht viel los. Die Stühle sind noch zusammengeschoben, und hinter dem Tresen werkeln zwei Barkeeper so souverän, als könnte sie in diesem Job nichts mehr aus der Fassung bringen. Sie sind nicht allein. Vor dem Tresen sitzen schon ein paar Männer beim Bier. Ich setze mich auf einen Barhocker und bestelle mir auch eins. Als die einzige Frau hier am Tresen falle ich auf. Aber der Barkeeper tut, als sei nichts. Ein Profi. Ohne mit der Wimper zu zucken, stellt er das Bier vor mich hin.

Eigentlich möchte ich hier jetzt nur in Ruhe sitzen, mich umsehen und mein kaltes Bier genießen, bis ich weitermuss. Aber selbstverständlich ist das hier in Mexiko, als Frau, allein, eine überaus vermessene Hoffnung. Kaum sitze ich ein paar Minuten, werde ich angesprochen. Ein Mann, der sich als Antonio Sánchez

Méndez vorstellt, erkundigt sich, ob er sich mit mir unterhalten dürfe. Er fragt mich das auf eine so zurückhaltende, höfliche Art, dass ich es nicht fertigbringe, ihn abblitzen zu lassen. Ich seufze innerlich. Ich bin zu nett. Mit der Ruhe ist es vorbei, aber die Geschichte, die meine neue Bekanntschaft nun vor mir ausbreitet, entschädigt mich dafür.

Er sei ein bekannter Komponist, erzählt Antonio. Dabei sei das gar nicht sein Beruf. Aber durch ein im kreativen Rausch einer Nacht geschriebenes Liebeslied, das er seiner – von ihm offenbar tief verehrten – Ehefrau gewidmet habe, sei er wie durch ein Wunder berühmt geworden. Dann schenkt er auch mir ein romantisches Gedicht, das er vorträgt, als hätte er es soeben spontan improvisiert. Ich bin gerührt, aber leider muss ich meinen Poeten bald verlassen. Der Bus nach Morelia wartet nicht.

Später schreibe ich Favrizio von der Begegnung. »An der Bar von El Fuente hat jeder eine Geschichte, die eines Kinofilmes würdig wäre«, antwortet er. Womöglich würde es sich lohnen, noch einmal an den Tresen zurückzukehren.

Mit Morelia ergeht es mir dann ähnlich wie mit Guadalajara: Auch diese Stadt wäre einen längeren Aufenthalt wert. Sie hat ein wunderschönes Zentrum mit vielen denkmalgeschützten Kirchen, Klöstern und Palästen, es gibt hier ein reiches Kulturleben, und sie ist voller Geschichte. Morelia war ebenfalls eine wichtige Bastion der Unabhängigkeitskämpfer um Miguel Hidalgo. Als der Priester hingerichtet wurde, übernahm es José Maria Morelos, ein anderer Priester, die Revolte anzuführen. Wie Hidalgo wurde auch Morelos von den Spaniern getötet, bevor er sein Ziel, die Unabhängigkeit Mexikos, erreicht hat. Doch ihm zu Ehren trägt die Stadt Morelia heute ihren Namen.

Trotz ihres Ruhms bleibe ich nur kurz, um ein paar organisatorische Dinge für meine Weiterreise zu erledigen. Dann besteige ich endlich den Bus nach Pátzcuaro.

Kapitel 9

Pátzcuaro: Purépecha

Tag der Toten

Als ich Morelia verlasse, hängen graue Regenwolken über der Stadt. Die Luft ist kühl, denn in der Nacht hat es heftig gewittert. Eine Stunde dauert die Fahrt im Bus nach Pátzcuaro, durch eine liebliche, friedliche Landschaft, vorbei an Feldern und mit Pinien bestandenen Anhöhen. Mein Ziel liegt mehr als 2000 Meter über dem Meeresspiegel inmitten der Berge.

Ich befinde mich im Norden des Bundesstaats Michoacán. Der ist bekannt für die prächtigen schwarz-orangefarbenen Monarchfalter, die in den Bergwäldern überwintern; für die Avocados, die hier in großen Mengen angebaut werden; für die Feiern am Tag der Toten im November – und in jüngerer Zeit leider auch für die vielerorts herrschende Gewalt. Im Moment hat Michoacán sogar einen ziemlich schlechten Ruf. In den Jahren 2013 und 2014 machte die Region international Schlagzeilen, als sich im heißen Tiefland der Tierra Caliente das Drogenkartell der Tempelritter, Soldaten und Bürgerwehren gegenseitig bekämpften. Damals hieß es, Mexikos wichtigster Frachthafen Lázaro Cardenas am Pazifik, mehr als 300 Kilometer von Michoacáns Hauptstadt Morelia entfernt und zentraler Ausgangspunkt für alle möglichen Geschäfte mit der Volksrepublik China, sei in der Hand der Drogenmafia. Präsident Enrique Peña Nieto schickte Soldaten, um die Kontrolle zurückzuerlangen. Die Kämpfe eskalierten.

Das ist schon eine Weile her. Aber während meiner Reise ist die Tierra Caliente noch längst nicht befriedet. Für mich bleibt die Küste verbotenes Terrain, und auch die Menschen, die unten im Süden ihre Heimat haben, leben gefährlich. Dort bekriegen sich Mafiabanden, und wer ihnen in die Quere kommt, sei es absichtlich oder aus reinem Zufall, kann schnell sein Leben verlieren – oder muss fliehen. Während meiner Reise durch Mexiko verjagen die kriminellen Banden viele Frauen und Kinder aus ihren Dörfern in der Tierra Caliente. Nur wenige Tage nach meinem Besuch in Pátzcuaro werde ich einigen von ihnen in den Notunterkünften Tijuanas begegnen, wo sie ewig darauf warten müssen, von den zuständigen US-Behörden empfangen zu werden, um endlich einen Asylantrag stellen zu können.

Ich fühle mich dennoch nicht in Gefahr. Obwohl Michoacán ein Unruhegebiet ist, gilt der Norden des Bundesstaats, wo ich gerade unterwegs bin, als vergleichsweise ungefährlich. In Pátzcuaro erwarten mich Freunde von Freunden, und außerdem halte ich die ganze Zeit Kontakt mit weiteren Freunden und Bekannten im Land. Ich bin nicht allein. Auch deshalb fühle ich mich auf meiner Fahrt zwischen Morelia und Pátzcuaro so sicher, wie man es in Mexiko im Moment nur sein kann. Die Leute, die ich später in Pátzcuaro kennenlerne, werden mir ebenfalls sagen, dass die Lage dort überhaupt nicht mit jener im Süden zu vergleichen ist. Sie halten ihre Stadt für völlig ungefährlich, und sie leiden unter dem schlechten Image.

Und doch kommen weniger Gäste als früher, seit die Nachrichten von den Kämpfen zwischen Tempelrittern, Soldaten und Bürgerwehren um die Welt gingen. Dabei ist eigentlich gerade die Gegend um Pátzcuaro ein beliebtes Ziel für Touristen, vor allem im November, wenn die Menschen hier den *Día de los Muertos* begehen, den Tag der Toten. Er wird überall in Mexiko gefeiert, aber nirgends so ausgiebig wie hier. Die Macher des Disney-Zeichentrickfilms *Coco* ließen sich von den Feierlichkeiten in der Region zu ihrer Geschichte inspirieren. Es ist auch eine ziemliche Untertreibung, die Veranstaltung »Tag der Toten« zu nennen, denn das Fest dauert mehrere Tage. Schon Ende Oktober reisen die ersten Besucher an.

Der Höhepunkt ist die Totenwache auf den Friedhöfen, die in der Nacht von Allerheiligen auf Allerseelen stattfindet, also vom 1. auf den 2. November. In Mexiko wird sie die *Noche de los Muertos* genannt. Die wohl berühmteste Totenwache des ganzen Landes gibt es dann auf dem Friedhof der Insel Janitzio im Pátzcuaro-See. In der Nacht setzen die Menschen auf Schiffen zur Insel über, um dort im Schein von Kerzen und Fackeln auf dem Friedhof die Stunden bis zum Morgen zu verbringen. Dann, so besagt der Volksglaube, kommen die Verstorbenen, um ihre noch lebenden Angehörigen zu besuchen.

Für ihre Toten bauen die Familien zu Hause kleine Altäre und stellen Fotos auf; die Kinder basteln kleine Puppenstuben aus Pappe, die von Skeletten bevölkert sind statt von menschlichen Figuren. Die Familien schmücken die Gräber ihrer Dahingeschiedenen mit orangegelben Studentenblumen, die hier *cempasúchil* heißen; sie kochen die Lieblingsspeisen der Toten und nehmen das Essen mit zum Friedhof. Dort singen, beten, essen und musizieren sie gemeinsam. Und natürlich gibt es auch reichlich Tequila. Ich aber bin im Juli in Pátzcuaro. Die Nacht der Toten ist noch weit.

In Pátzcuaro

Nach meiner Ankunft schlendere ich im warmen Sonnenschein durch die Stadt. Mit ihren weiß gekalkten Fassaden, den Schindeldächern und den pinienbestandenen Bergen im Hintergrund erinnert sie mich ein ganz klein wenig an San Cristóbal de las Casas, nur wirkt Pátzcuaro viel dörflicher. Ausländische Touristen scheinen im Moment hier (außer mir) nicht unterwegs. Das Städtchen ist viel kleiner als San Cristóbal, und weil die Häuser im Zentrum alle einheitlich gestaltet sind – die Wände weiß, die Sockel rotbraun gestrichen, die Dächer mit roten Schindeln gedeckt –, sieht es auch ein wenig adretter aus. Keine modernen Schilder weisen darauf hin, wenn sich in einem Gebäude ein Laden oder ein Hotel befindet. Stattdessen sind die Namen und manchmal auch das Angebot der Geschäfte im immer gleichen Design in roten und schwarzen Lettern sorgfältig auf die Außenwand gemalt.

Ein wenig puppenstubenhaft wirkt das schon. Aber Pátzcuaro ist höchst lebendig. Um die Plaza Chica, den kleinen Platz im Stadtzentrum, schieben sich Busse und Autos. Straßenhändler verkaufen Schmalzgebäck, mit Fleisch gefüllte Tacos, Meeresfrüchte, belegte Brötchen und Eis. Auf einem Markt nebenan werden exotische Früchte, Tomaten, Mais, Zwiebeln und Avocados feilgeboten; noch ein paar Schritte weiter gibt es Stände mit traditionellen Masken und Flechtwaren, Gürteln und Kleidung. Die Läden um die Plaza Chica verkaufen Alltagswaren: Waschmaschinen zum Beispiel, oder Telefonguthaben.

Auf dem nur einen Block entfernten Hauptplatz Plaza Grande geht es etwas ruhiger zu. Hier gibt es Cafés, Hotels und Souvenirläden. In einem Geschäft stoße ich auf ein paar Andenken an den Tag der Toten. Es sind die typischen Scherenschnitt-Girlanden aus buntem Papier, die während des Fests die Straßen schmücken, und kleine *catrinas,* die überaus glamourös gekleideten, überwiegend weiblichen Skelettfiguren. Eine nur daumengroße, liebevoll gearbeitete *catrina* aus bemaltem Schilf hat es mir besonders angetan – in mein Gepäck passen keine großen Andenken mehr, und diese Figur ist nicht nur winzig, sondern auch noch sehr, sehr hübsch. Ihr lilafarbener Rock ist mit Pailletten geschmückt und mit Spitze besetzt, auf ihrem pinkfarbenen Hut trägt sie Federn in Pink, Türkis und Lila, sie hält Blumen im Arm und lächelt fröhlich unter ihren leeren, schwarzen Augenhöhlen. Sie strahlt eine Unbeschwertheit aus wie ein junges Mädchen auf dem Weg zu einem besonderen Fest. Ich kaufe sie und auch gleich noch ein Paar Ohrhänger – *catrinas* in Festgarderobe, diesmal gemischtgeschlechtlich: er im schwarzen Anzug, sie in rotem Kleid.

Ein paar Schritte weiter befindet sich ein Restaurant, dessen Name mich neugierig macht. Es heißt La Surtidora, die Versorgungsstelle, und sieht aus, als hätte es eine lange Geschichte. Innen sind die Wände bedeckt mit Holzregalen, und die wiederum sind voller Vorräte, die meisten in Flaschen. Die Gäste sitzen dicht gedrängt unter Kronleuchtern, kein Platz ist mehr unbesetzt. Nur draußen, unter den Arkaden, finde ich einen freien Tisch.

Dort begegne ich einem Sänger der Purépecha, jenes indigenen Volkes, das seit Jahrhunderten in der Gegend um Pátzcuaro lebt. Die Purépecha waren schon lange vor der Ankunft der Spanier hier, als die Azteken noch über Zentralmexiko herrschten. Eine Zeitlang war Pátzcuaro ihr Zentrum. Später verlagerte sich ihr Hauptsitz ins nahe Tzintzuntzan. Anders als andere Völker ließen sie sich nie von den Azteken unterwerfen. Weil sie Waffen aus Metall fertigen konnten, waren sie gefährliche Gegner. Trotzdem ergaben sie sich den Spaniern später kampflos.

Liz, die Freundin, die mich in Cuernavaca in einen *temezcal* mitgenommen hat, hat mir viel von den Purépecha erzählt. Sie bewundert ihre spirituellen Traditionen, und ich bin auch wegen dieser Volksgemeinschaft, von der Liz so fasziniert ist, nach Pátzcuaro gekommen. Heute leben angeblich noch rund 140 000 von ihnen in Michoacán. Sie sind bekannt für ihre Handwerkskunst und ihre Musik; sie arbeiten mit Ton und Metall, flechten Körbe, schnitzen Holz und bauen Gitarren. Ihre alten Tänze werden immer noch aufgeführt, zum Beispiel der *Danza de los Viejitos,* der Tanz der Alten, bei dem die Tänzer als Alte maskiert herumhumpeln. So verspotteten sie einst die spanischen Besatzer.

In der Surtidora habe ich gerade bestellt, da tritt ein Mann an die Tische unter den Arkaden und beginnt, ein Lied auf seiner Gitarre zu spielen und dazu zu singen. Er ist anders gekleidet als die anderen Männer hier, trägt einen hellen Strohhut und einen weißen, blau bestickten Anzug. Er singt mit heller Stimme einen für mich absolut unverständlichen Text. Ganz offensichtlich ist es kein Spanisch. Die Männer am Nebentisch geben sich unbeeindruckt und beachten ihn so gut wie gar nicht. Der Sänger trägt sein Lied dennoch gleichmütig bis zum Ende vor.

Als er geendet hat, frage ich ihn, wovon sein Stück handelt. Von einer Frau, sagt er, und dann sagt er mir noch, dass man solche Lieder *pirekuas* nennt. Später finde ich heraus, dass die traditionellen Lieder der Purépecha so heißen. Von der UNESCO sind sie sogar zum Welterbe erklärt worden. In den Liedern singen die Musiker über Gefühle, sie behandeln religiöse, soziale oder politische Themen, beschreiben die Weltsicht ihres Volkes oder überliefern seine Geschichte. Pirekua-Sänger sind Informationsvermittler und spielen in der Gemeinschaft eine wichtige Rolle.

Musik und Widerstand

Später werde ich in Pátzcuaro noch einen anderen Purépecha-Musiker treffen. Zuerst aber besuche ich Pablo Herrera. Auch er ist Musiker – kein Purépecha, aber er stammt von hier. Zum

Studium ging Pablo nach Mexiko-Stadt; jetzt hat er einen Abschluss und will sich damit in seiner Heimatstadt etwas aufbauen. Zusammen mit Freunden betreibt er wenige Schritte von der Plaza Grande entfernt ein Kulturzentrum. Es heißt La Jacaranda, so wie der gleichnamige Baum, und ist eine Mischung aus Bar, Kneipe, kleinen Läden für traditionelles Kunsthandwerk und einer Bühne für Lesungen und Konzerte. Ich fühle mich dort schnell heimisch. La Jacaranda wird in Pátzcuaro zu meiner Anlaufstelle und zu dem Ort, an dem ich meine Tage abends entspannt ausklingen lasse.

Als ich eintreffe, ist Pablo schon da: ein junger, freundlicher Mann mit runder Brille, wuscheligen Locken und Hut. Gäste sind noch keine zu sehen, die Bar scheint noch geschlossen, aber die Mitglieder der Kooperative, die das Zentrum betreibt, sitzen hinten im Raum um einen Tisch und besprechen das Programm für den Abend. Pablo klinkt sich kurz aus, um mich zu begrüßen. Er bietet mir einen Kaffee an und setzt sich zu mir. Viel Zeit hat er nicht, er muss noch Gitarrenunterricht geben. Gleich wird sein Schüler hier sein.

La Jacaranda befindet sich in einem der alten Häuser von Pátzcuaro. Mittelpunkt ist ein überdachter Patio, um den herum sich Bar, Kunsthandwerksläden und eine Küche gruppieren. Außerdem gibt noch es einen winzigen Hinterhof. Pablo und seine Freunde bieten hier Getränke und Snacks an, sie laden Musiker aus anderen Ländern ein, bei ihnen zu spielen, oder indigene Dichterinnen aus Mexiko, die in ihrer Muttersprache publizieren statt auf Spanisch. Ich muss an Mikeas aus Chapultenango denken, und tatsächlich stellt sich heraus, dass sie erst vor ein paar Wochen hier zu Gast war, im Rahmen einer Tour mit anderen Autorinnen, die auf Nahuatl, Mixtekisch oder Purépecha schreiben.

Pablo und seine Kompagnons wollen dem Publikum von Pátzcuaro ganz unterschiedliche Künste bieten: Musik, Literatur,

Textil, Keramik. Heute wird ein Liedermacher aus Uruguay auftreten. Die Idee ist, »Kultur in die Stadt zu bringen, um die Leute zu bereichern und ihre Widerstandskraft zu stärken«, wie Pablo sagt.

Auch er benutzt das Wort *resistencia,* Widerstand, das mir in Lateinamerika immer und immer wieder begegnet. Anfangs schien es mir ein Wort aus einer anderen Zeit, der Zeit des Kalten Kriegs, der Militärdiktaturen und der Guerillas. Mittlerweile aber ist mir klar, dass sich *resistencia* auch im Kleinen zeigen kann. Oft steckt nur der schlichte Wille dahinter, sich den herrschenden Verhältnissen zu widersetzen; sich weder der allgegenwärtigen Gewalt zu beugen noch dem ständigen ökonomischen Druck. Es geht darum, Freiräume zu schaffen, in denen Alternativen entstehen können, Kreativität, Freude, Selbstbewusstsein, Gemeinsinn – und sei es nur auf kleinem Raum und für begrenzte Zeit. Dies ist der Widerstand von Pablo und seinen Freunden.

Wir plaudern über die vielfältigen musikalischen Traditionen Mexikos, aus deren beeindruckender Fülle auch La Jacaranda schöpft. Für Pablo ist das Entscheidende, die Traditionen lebendig zu erhalten. Sie dürfen nicht erstarren. Kultur darf sich nie selbst genügen, sondern muss offen für Neues bleiben, sie muss sich vermischen und dadurch wachsen. Nur dann entsteht etwas Gutes – so sieht er das. Aber wenn Traditionen zu mächtig sind, klappt das mit der lebendigen Offenheit häufig nicht mehr. Als Beispiel nennt Pablo die Mariachi-Musik, die aus Mexiko nicht wegzudenken ist. Er mag sie nicht besonders. Für ihn ist diese Art von Musik nur noch »ein erstarrtes Klischee«.

Manchmal aber bevorzugt das Publikum das Bekannte und will gar nichts Neues kennenlernen. Ins La Jacaranda kommen oft eher die Ausländer als die Einheimischen, je nach Programm. Manchen mag das Bier zu teuer sein, vermutet Pablo, andere lassen sich vielleicht von klassischer Musik abschrecken. Aber die nicht zu spielen, wäre für ihn und seine Kompagnons keine Option. Sie wollen ja gerade jene Kunst nach Pátzcuaro bringen, die ohne sie vielleicht nicht den Weg hierher finden würde. Wie aber erreicht man damit das Publikum? Darauf eine Antwort zu finden ist die große Herausforderung, sagt Pablo. »Es geht nur langsam, nach und nach.«

Dann ist sein Schüler da, und Pablo verabschiedet sich, um zu unterrichten. Ich aber nehme meinen Spaziergang durch das Städtchen wieder auf.

Der Kampf der Frauen

Auf der anderen Seite der Plaza Grande steht ein Haus, das einen besonderen Namen trägt. Um es vom Kulturzentrum aus zu erreichen, muss ich nur den Platz überqueren, ein paar Schritte übers Kopfsteinpflaster an den Arkadengängen vorbeigehen und noch ein Stückchen weiter die Straße hinunter, dann stehe ich schon vor der Tür. Dahinter befindet sich ein weiteres Kulturzentrum namens El Gran Calavera – der Name ist ein Wortspiel, denn *calavera* heißt Totenschädel, *El Calavera* aber bedeutet Leichtfuß oder Luftikus. *El Gran Calavera* hieß auch ein Film von Luis Buñuel aus dem Jahr 1949, der unter dem deutschen Titel *Der große Lebemann* in die Kinos kam.

Im »großen Lebemann« also werde ich morgen Eli, Luz und Juan Pascual treffen. Der Name des Hauses klingt für mich zunächst spielerisch und leicht. Drinnen jedoch wirkt alles ein wenig rebellischer, kämpferischer und wütender auf mich als im La Jacaranda. Vielleicht liegt es an der Metal-Musik, die gerade läuft, als ich mit Luz das Haus betrete.

Luz Fernández – lange graue Haare, schmale Gestalt, Künstlerin – hat sich vor Jahren entschlossen, nach Pátzcuaro zu ziehen, weil sie sich in die Bäume hier verliebt hatte. Heute lebt sie mit ihrem Partner Lucas, einem Schmuckdesigner aus der Schweiz (und Wahlmexikaner), in Erongarícuaro, einem Ort ganz in der

Nähe der Stadt. Von ihrem Haus aus blickt Luz auf die Berge, den Wald und den See. Ihr Lieblingsort aber liegt noch weiter oben in den Bergen, ganz von Bäumen umgeben.

Luz will mir El Gran Calavera zeigen und mich mit Eli Nava bekannt machen, die drinnen schon auf uns wartet. Als wir ankommen, ist es früher Nachmittag. Viel ist noch nicht los. So gut wie alle Stühle im sonnengelb gestrichenen Patio sind leer, in der Küche arbeitet niemand, und im kleinen Laden, in dem Eli von Frauen gefertigtes Kunsthandwerk verkauft, sind noch keine Kunden. Wir setzen uns in ein Nebenzimmer, und Eli erzählt mir ihre Geschichte.

Eli Navas, 28 Jahre alt – dunkle Haare, blitzende Augen, lebhaft gestikulierende Hände, Kleidung in kräftigen Farben – stammt aus dem Bundesstaat Mexiko, der die mexikanische Hauptstadt auf drei Seiten umgibt, im Westen, Norden und Osten. Dort hat sie studiert. Aber seit vier Jahren lebt sie in Pátzcuaro, wo sie mit Freunden El Gran Calavera betreibt. Zum Kulturhaus gehören ein Café, der Kunsthandwerksladen der Frauen, eine Tauschbörse und eine Bibliothek; außerdem finden hier regelmäßig Konzerte und Workshops statt. Einer von denen, die im El Gran Calavera unterrichten, ist Juan Pascual, der später noch zu uns stoßen wird. Er gibt Kurse in Purépecha.

Eli ist eigentlich Juristin. Sie hat sich aus kleinen Verhältnissen hochgearbeitet, erzählt sie. Ihr Studium schaffte sie dank der Unterstützung ihrer Mutter – 100 Pesos am Tag, knapp fünf Euro – und ihrem eigenen Durchhaltewillen. »Manchmal habe ich von einem Taco am Tag gelebt.« Nebenher jobbte sie im Radio, dann arbeitete sie ein paar Jahre als Rechtsanwältin. Jetzt aber will sie sich für kulturelle Projekte engagieren, und vor allem für die Gleichberechtigung der Frauen.

Als ich Eli kennenlerne, ist es Anfang Juli. Sie aber ist noch ganz erfüllt von einer Veranstaltung, an der sie drei Monate vorher teilgenommen hat. Am 8. März, dem internationalen Frauentag, luden die Zapatisten alle »kämpfenden Frauen«, wie sie es nannten, zu einem Treffen nach Chiapas ein. Für Eli war das *Encuentro de Mujeres que Luchan* eine Offenbarung. »Es kamen die unterschiedlichsten Frauen: kleine, große, dicke, dünne, schwarze, weiße«; Frauen aus dem Ausland, aus Guatemala und Argentinien; Frauen aus allen Teilen Mexikos. Es war »wie eine andere Welt«, sagt Eli. »Dort zu sein war eine Erfahrung, die mich motiviert und mir Hoffnung gegeben hat.« In Chiapas hat Eli sich zum ersten Mal als Feministin gefühlt.

Das Treffen dauerte fünf Tage. So lange sprachen die Frauen über ihre unterschiedlichen Lebenserfahrungen, über Diskriminierung, Gewalt und über ihre Chancen, die Welt zu verändern. Eli lernte Frauen kennen, die missbraucht worden waren, sich aber nicht länger als hilflose Opfer fühlen wollten; Frauen, die dafür plädierten, Sexarbeit zu legalisieren, und andere, die radikal dagegen waren, weil ihrer Ansicht nach Prostitution immer mit Zwang und Unterdrückung einhergeht, vor der man die Opfer natürlich unbedingt schützen müsse.

Dann spricht Eli einen Satz aus, der mich ein wenig schockiert. Sie sagt: Zum ersten Mal in ihrem Leben habe sie auf dem Treffen der Frauen in Chiapas keine Angst verspürt. »Es waren nur Frauen dort, was sollte schon passieren?« Sie sagt das so, als sei es völlig normal, dass Frauen sich fürchten müssten, sobald auch nur ein einziger Mann in der Nähe ist.

Dann fährt sie fort: »Wir haben einander das große Versprechen gegeben, zu leben. Wir wollen keine Toten mehr, keine Verschwundenen, keine Vergewaltigten. Ich würde sagen, die Abmachung müsste lauten: Wir werden leben, und es wird uns gut gehen! Aber hier in Mexiko muss man schon ums Überleben kämpfen.«

Das sind harte Worte, aber Eli wirkt nicht zynisch, als sie sie ausspricht, sondern eher so, als würde sie einfach ihre Lebenserfahrung beschreiben. Ich muss an Yazmín denken, die Maya-Sängerin aus

Yucatán, die davon träumt, ohne Angst auf die Straße gehen zu können. Und an die Mütter von Los Mochis, die mit Schaufeln nach ihren Kindern graben. Hier in Pátzcuaro sagt auch Eli zu mir: Gewalt ist ganz normal. Und die Polizei unternimmt nichts.

Seit sie aus Chiapas zurück ist, engagiert sie sich gemeinsam mit einem Kollektiv aus der Hauptstadt dafür, dass Frauen endlich genauso viel verdienen wie ihre männlichen Kollegen. Und sie hat zusammen mit ihren Freunden Marichuys Kampagne unterstützt, als diese Kandidatin der Zapatisten für die Präsidentschaftswahlen werden wollte. Eli sammelte Unterschriften für sie. »Viele Leute haben mir gesagt, sie würden Marichuy niemals wählen. Aber unterschrieben haben sie trotzdem. Weil sie es wichtig fanden, dass man ihre Stimme hört.«

Das Feuer der Purépecha

Luz stellt mich im El Gran Calavera auch Carlos vor, einem Bekannten, der viel über die vorkoloniale Geschichte Pátzcuaros weiß. Mexiko rühmt sich nach außen hin gern seines indigenen Erbes, doch tatsächlich gibt es viel Rassismus. Die Angehörigen der alten Völker werden häufig diskriminiert. Seit ein paar Jahrzehnten erleben die alten Kulturen jedoch eine Renaissance, sagt Carlos, und ihre Sicht auf die Welt gewinnt an Lebendigkeit und Kraft.

Die Purépecha beispielsweise begehen seit etwas mehr als 30 Jahren wieder ihr zuvor lange vergessenes Fest des *Fuego Nuevo,* des neuen Feuers. Es ist ein Neujahrsfest. Jedes Jahr wird es von einem anderen Dorf ausgerichtet, in dem sich aus diesem Anlass die Purépecha der ganzen Region versammeln. Die Gemeinschaft empfängt das alte Feuer des zu Ende gehenden Jahres von einer anderen Gemeinde. Und sie entzündet das neue Feuer, das sie wiederum ein Jahr lang hüten wird, bis sie es an die nächste Ortschaft weiterreicht.

Die Feierlichkeiten beginnen oft schon ein paar Tage vor der Übergabe mit Musik, Tanz, Theater, Ballspielen und Debatten. Das alte Feuer wird zu Fuß ins neue Dorf gebracht. Unterwegs schließen sich die Menschen aus den Orten am Weg der Prozession an. Bis sie ihr Ziel erreichen, kann es je nach Entfernung zwischen den Gemeinden Tage dauern. Im neuen Dorf wird das Feuer dann gelöscht. Danach bleibt es einen Tag lang dunkel. Es ist ein Moment des Innehaltens: Das alte Jahr ist zu Ende. Mit der Entzündung des neuen Feuers beginnt ein neuer Zyklus.

Das Fest des *Fuego Nuevo* ist für die indigenen Gemeinschaften von heute sehr wichtig. Für den Fall, dass ich mehr über die Ursprünge der alten Kultur erfahren möchte, empfiehlt Carlos mir das Buch *Relación de Michoacán.* Das Werk, im 16. Jahrhundert vom Mönch Jerónimo de Alcalá für den spanischen Vizekönig Antonio de Mendoza zusammengestellt, erzählt die Geschichte der Purépecha von ihrer Entstehung bis zur Ankunft der Spanier. Wer die ursprünglichen Autoren waren, ist unbekannt. Aber es könnten die alten Priester gewesen sein, die hier in einer Mischung aus mythischer Überlieferung und tatsächlichen historischen Ereignissen die Geschichte ihres Volkes erzählen.

In der *Relación de Michoacán* stoße ich auf den Gründungsmythos der Purépecha. Ihm zufolge entstand das alte Volk aus zwei anderen Volksgemeinschaften: Fischer und Bauern die einen, Jäger und Krieger die anderen. Vor ungefähr 1000 Jahren trafen sie am Ufer des Pátzcuaro-Sees aufeinander. Sie verehrten die gleichen Götter und empfanden sich deshalb als verwandt. Deshalb wuchs aus ihnen eine neue Nation, die den Norden Michoacáns bis zur Ankunft der Spanier beherrschen sollte. Es waren Krieger, die ihre Gemeinschaft ständig gegen Angriffe von außen verteidigen. Religion spielte für ihren Zusammenhalt eine entscheidende Rolle, Kunst war weniger wichtig. Vielleicht hinterließen sie deshalb keine großen Bauten wie die anderen Hochkulturen Mexikos. Vielleicht wurde ihre Kultur auch deshalb von den Eroberern geringgeschätzt. Als Tangáoxan Tzíntzicha, ihr letzter oberster Anführer, im Jahr 1530 fiel, gerieten ihre Kultur und ihre Sprache in Vergessenheit.

Alte Sprache

Juan Pascual gehört zu jenen Purépecha, die ihre Sprache heute wiederbeleben. Er gibt im Gran Calavera Unterricht. Eigentlich hat er Musik studiert. Im Konservatorium spielte er Mozart, heute aber ist er Klarinettist und Trompeter in traditionellen Bands seiner Gemeinschaft. Im Moment jedoch konzentriert er seine Arbeit auf die Sprache. Luz hat mir den Kontakt zu ihm vermittelt, und netterweise nimmt er sich ein wenig Zeit, um mir einen kleinen Einblick in die Feinheiten des Purépecha zu gewähren.

Zuerst aber sprechen wir doch über Musik. Denn die ist aus dem Leben der Purépecha nicht wegzudenken, sagt Juan Pascual. »Bei unseren Festen ist sie immer dabei. Unsere Musik- und Tanzwettbewerbe haben Tradition.« Und ohne die alten Feste, in denen sich katholische und indigene Traditionen vermischen, »wären die Gemeinden nichts, denn der Staat tut nichts für sie.«

Doch der Zusammenhalt ist bedroht. Juan Pascual erzählt, dass evangelische Kirchen in den Gemeinden immer stärker Fuß fassen. Das spaltet die Dörfer. Denn wer zum evangelischen Gottesdienst geht, feiert beispielsweise das traditionelle Fest Peter und Paul nicht mehr, und ohne die alten Feierlichkeiten geraten auch Musik und Tanz in Vergessenheit. Hinzu kommt, dass die alte Kultur der Purépecha auch in den staatlichen Schulen nicht vermittelt wird. Das erinnert mich an das, was mir Mikeas in Chiapas und Yazmín in Yucatán über die Schulen dort erzählt haben. »Es gibt hier weder Musikschulen noch zweisprachige Schulen«, sagt Juan Pascual. »Aber die Musik ist für unsere Identität sehr wichtig. Sie umgibt uns im Alltag, sie steckt in unseren Tänzen und in unseren Totengesängen. Ohne sie wären wir wie alle anderen auch.« Deshalb hat er mit einigen Freunden in Erongarícuaro, wo Luz lebt, eine eigene Schule für Sprache und Musik eröffnet, deren Unterhalt sie weitgehend aus eigenen Mitteln bestreiten. Auch wenn Juan Pascual es nicht direkt ausspricht: Aus seinen Worten kann ich heraushören, dass das für ihn und die anderen Lehrer nicht einfach ist.

Er selbst stammt aus dem Ort Ocumicho, gut 100 Kilometer nordwestlich von Pátzcuaro. Dort wird noch Purépecha gesprochen – aber ausgerechnet die Kinder der Lehrer, Ärzte und Anwälte können die alte Sprache nicht mehr, sagt Juan Pascual. Er hingegen wuchs damit auf. »Meine Oma hat mir verboten, Spanisch zu sprechen. Ich habe es erst später gelernt. Und lerne immer noch.« Der Großmutter, sagt Juan Pascual, widerspricht man keinesfalls. Sie ist eine Respektsperson, mit der man keine Witze macht. Und manches am Spanischen kostet ihn immer noch Überwindung, etwa die Gewohnheit, sich per Umarmung zu begrüßen. Die Purépecha, deutlich würdevoller, neigen zum Gruß nur den Kopf.

Dann erklärt er mir, wie seine Sprache funktioniert. Zum Beispiel das Wort *yuritzkiri,* das eine blutende Frau bezeichnet. Mir ist nicht ganz klar, warum er ausgerechnet diesen Begriff wählt, jedenfalls erfahre ich, dass die Kultur der Purépecha stark von den Frauen geprägt ist. *Yuritzkiri* also setzt sich aus mehreren Wörtern zusammen – *yuriri,* Blut, *tzikin*, das den Vorgang des Keimens bezeichnet, und *tsïtsïki*, das in etwa Blume bedeutet, tatsächlich aber unübersetzbar ist. »Wir haben viele solcher Wörter. Sie rufen Bilder hervor, man muss verstehen, was dahintersteckt, statt sie direkt zu übersetzen.«

Wer aber die Weltsicht nicht kennt, die hinter den Begriffen steckt, wird Schwierigkeiten haben, die treffende Vokabel zu finden. Juan Pascual gibt mir ein Beispiel: Im Purépecha ist es wichtig, die geometrischen Verhältnisse zu kennen, um das korrekte Wort zu wählen, denn dieses muss unbedingt ausdrücken, in welche Richtung eine Handlung ausgerichtet ist. »Wie man Gäste willkommen heißt, hängt beispielsweise von der Form des Raumes ab. Ist der Eingang erhöht, geht der Besucher also nach unten? Ist das Zimmer rund? Das spielt alles eine Rolle.« Für jeden Fall gibt es ein anderes Wort.

Wie er so seine Sprache erklärt, dekonstruiert Juan Pascual die Begriffe und entfaltet dahinter die Kultur der Purépecha. Auch Eli hat sich inzwischen zu uns gesetzt und hört fasziniert zu. *Irecha* heißt Herrscher, erklärt Juan Pascual. »Wir sind eine sehr hierarchische Gesellschaft. Aber wer oben steht, muss ein Vorbild sein, ein Beispiel für alle.« Auch heute noch wählen sie in den Dörfern jene Personen als Repräsentanten, die am wenigsten für sich selbst und am meisten für die anderen tun. Juan Pascual vergleicht das System mit dem Ideal der altgriechischen Stadtstaaten.

Ich frage ihn: Was können andere Kulturen von den Purépecha lernen? Er gibt mir gleich drei Antworten. Man soll wichtige Dinge bei Vollmond tun, etwa Bäume fällen oder Kinder zeugen; sich auf die Weltsicht hinter der Sprache einlassen; und in der Natur ein Lebewesen sehen, das mit uns allen verbunden ist.

Dann erzählt er mir noch die Geschichte von Cherán, einer Gemeinde in Michoacán, die sich ungefähr auf halbem Weg zwischen Pátzcuaro und seinem Heimatort Ocomicho befindet. Auch in Cherán leben Purépecha. Lange zerstörten Holzfäller illegal die Wälder rund um das Städtchen. Sie rodeten Zehntausende Hektar Wald. Weil sie mit der Drogenmafia unter einer Decke steckten, wagte niemand, gegen sie vorzugehen. Die Bewohner von Cherán baten die Behörden um Hilfe. Aber die unternahmen nichts. Das ging so, bis ein paar Frauen von Cherán genug hatten. Sie bewarfen einen der illegalen Holztransporte mit Steinen. »Wenn wir uns nicht erhoben hätten, wäre alles zugrunde gegangen«, sagt eine von ihnen in einem Dokumentarfilm, den man auf YouTube findet. Die Frauen waren die Ersten, die ihre Angst überwunden und sich gegen die kriminellen Banden gewehrt haben. Die Männer folgten ihnen, und gemeinsam verjagten sie Holzfäller, Mafiosi und korrupte Behördenvertreter aus ihrer Stadt.

Das war 2011. Jetzt regieren sie Cherán selbst entsprechend ihren eigenen Sitten und Gebräuchen; das ist indigenen Gemeinden in Mexiko grundsätzlich erlaubt. In Cherán gibt es keine politischen Parteien mehr, denn auch die hatten zur Uneinigkeit in der Gemeinde beigetragen, und Cherán sowie 15 weitere Ortschaften in der Gegend boykottieren die Wahlen. Ihre zerstörten Wälder forsten sie wieder auf. »Es ist eine kämpferische Kultur«, sagt Juan Pascual. Und von Cherán aus überträgt sich das auch auf andere Dörfer.

Tortillas

An meinem letzten Tag in Pátzcuaro lerne ich noch eine Kämpferin kennen: Esther, die im Ort Uricho am Ufer des Pátzcuaro-Sees lebt. Für Juan Pascual wäre sie wohl eine jener Großmütter, der man unter keinen Umständen widersprechen darf, eine unbedingte Respektsperson. Esther ist 85 Jahre alt, eine kleine, starke Frau, das Gesicht umrahmt von grauen Zöpfen, und wenn sie lächelt, kräuseln sich die Falten um ihre Augen. In ihrem hohen Alter backt Esther ihre Tortillas immer noch selbst, was eine Heidenarbeit ist. Und sie lebt davon, die Fladen zu verkaufen. Luz, die mir hier schon so viele Türen geöffnet hat, gehört zu Esthers Kundinnen. Sie hat uns einander vorgestellt.

Egal, wo ich bisher in Mexiko unterwegs war – überall hatten mir die Menschen von der Tortilla erzählt. In Mérida erklärte mir Yazmín, dass die richtige Zubereitung der Tortilla Teil der Maya-Kultur sei. In Chiapas bedauerte der Taxifahrer, der mich nach Chamula brachte, dass die alte Tradition des Tortillabackens verschwinde, weil die jungen Frauen heutzutage keine Zeit mehr dafür hätten. In der Saatgutbank von Oaxaca schimpfte der Pflanzenforscher Flavio über den faden Geschmack industriell hergestellter Tortillas. Und in der Sierra Mixteca durfte ich einen Blick in eine überhitzte Küche werfen, in der die Fladen gerade gebacken wurden.

Alle diese Menschen behaupteten, nichts schmecke so gut wie die handgemachten Tortillas aus ihren Heimatdörfern, sie berichteten von der Vielfalt und sagten, wie wichtig es sei, noch selbst zu backen. Am Anfang tat ich die Erzählungen als Nostalgie ab, ein bisschen altmodisch vielleicht. Wer backt in Deutschland heutzutage noch selbst Brot? Aber die hausgemachten Tortillas, die ich probierte, schmeckten tatsächlich viel besser als die Standardware. Mit jedem Gespräch wurde mir klarer: Tortillas sind in Mexiko tatsächlich ein wichtiges Kulturgut. Das ist bei den Purépecha am See von Pátzcuaro nicht anders als anderswo.

Esther gehört zu den wenigen Frauen, die die alte Kultur hier noch bewahren. Um ihre Tortillas herzustellen, braucht sie volle zwei Tage. Als wir ankommen, werkelt sie gerade in ihrer Küche. Über einem offenen Holzfeuer liegt ein Blech, auf dem sie dünne Fladen aus Maismasse gart, die Tortillas. Dann formt sie auch dickere Exemplare, füllt sie mit Bohnenmus und Chili und gibt sie ebenfalls aufs Blech. Diese Fladen werden *gorditas* genannt, Dickerchen.

Die Küche ist in einem schlichten Raum aus Lehmziegeln untergebracht, dahinter stapelt Esther ihr Feuerholz. Im Garten wachsen Pfirsichbäume, noch etwas weiter zurückgesetzt steht ein schlichtes Häuschen, in dem Esther wohnt. Sie hat zwei Söhne großgezogen, aber die leben jetzt anderswo und können sie offenbar nicht unterstützen. Also verdient sich Esther ihren Lebensunterhalt selbst. »So habe ich zu essen«, sagt sie. »Es ist ein Kampf. Einen Finger kann ich schon nicht mehr bewegen. Ich habe Rheuma. Aber was wäre, wenn ich diese Arbeit gar nicht mehr machen könnte?« Solange sie dazu noch in der Lage ist, ist sie zufrieden, soll das wohl heißen. Esther lächelt.

Es gibt kaum noch jemanden, der Tortillas machen kann so wie sie. Ich frage Esther nach ihrem Rezept. Man muss die Maiskörner mit etwas Kalk weichkochen, sagt sie – wie viel, misst sie mit der Hand, ein exaktes Maß braucht sie nicht. »Wenn die Masse zu stark kocht, wird sie klebrig.« Das darf nicht passieren. Ist der Mais gar, knetet sie ihn zu einer geschmeidigen Masse und wellt den Teig dann portionsweise auf dem *metate* aus, einem flachen Mahlstein.

Luz und ich setzen uns auf niedrige Hocker und schauen ihr zu. Ich bitte darum, Esther bei der Arbeit fotografieren zu dürfen, und sie hat nichts dagegen. Es ist nicht das erste Mal, dass man sie darum bittet, erzählt sie. »Ich bin als Foto sogar schon nach Deutschland gereist.« Sie reicht mir ein Stück *gordita* zum Kosten. Der Fladen ist noch warm und wirklich viel schmackhafter als die meisten anderen Maistortillas, die ich in den vergangenen Wochen gegessen habe. Ihre Schwester, sagt Esther stolz, backt die Tortillas nach dem gleichen Rezept. »Aber ihr gelingen sie nicht so gut. Sie werden nicht so weich wie meine.«

Wir kaufen ein paar *gorditas* und Tortillas, und Esther lädt mich noch ein, einen kurzen Blick in ihr Häuschen zu werfen. Drinnen zeigt sie mir die traditionellen Stickereien, mit denen sie ihre Regale schmückt. Es sind weiße, fransige Borten, in die kleine Perlen in vielen Farben und stilisierte gestickte Blüten eingearbeitet sind. Die Technik hat Esther von ihrer Mutter gelernt – aber diese sei viel geschickter gewesen als sie, sagt sie. Noch eine alte Kulturtechnik, die verloren geht, denke ich. Dann tritt Esther mit uns auf die Straße, um sich zu verabschieden.

Als ich am nächsten Morgen abreise, liegen Pátzcuaro, der See und seine Inseln im Nebel. Es herrscht eine träumerische Stimmung; die Schleier lichten sich nur langsam.

Ich will nach Los Mochis, das sich viel weiter im Norden Mexikos befindet. Die Reise dorthin ist etwas umständlich: Ich fahre mit dem Bus nach Morelia und nehme dort, weil das die einzige Möglichkeit ist, ein Taxi zum Flughafen, der fast eine Stunde Fahrt von der Stadt entfernt liegt, deren Namen er trägt. Über Mexiko-Stadt fliege ich dann nach Los Mochis. Gut zwölf Stunden nach meiner Abreise aus Pátzcuaro komme ich dort an.

Kapitel 10

Los Mochis: Mütter

El Chapo

Wer kennt schon Sinaloa? Im Ausland sagt der Name des Bundesstaats wohl nur jenen etwas, die schon einmal vom gleichnamigen Kartell gehört haben und von seinem legendären und inzwischen verhafteten Boss Joaquín Guzmán Loera, genannt El Chapo, der Kurze. Er galt als der größte Drogenhändler Mexikos, und Sinaloa ist seine Heimat. Geboren wurde er am 4. April 1957 im Dorf La Tuna. Vielleicht war es auch der 25. Dezember 1954, es gibt da unterschiedliche Angaben.

Während dieses Buch entsteht, wird Guzmán in New York der Prozess gemacht. Und zwar unter höchsten Sicherheitsvorkehrungen, denn der Mafiaboss ist in Mexiko schon zweimal aus Hochsicherheitsgefängnissen ausgebrochen. Damit das klappte, soll er ranghöchste Sicherheitsbeamte und Politiker geschmiert haben. Über El Chapo kursieren viele Geschichten. Naturgemäß ist es schwierig zu unterscheiden, was Märchen sind und welche die Wahrheit erzählen. Eine Geschichte, die vergleichsweise gut belegt ist, geht so:

Als El Chapo im Jahr 1993 das erste Mal verhaftet wurde, brachten mexikanische Sicherheitsbeamte ihn mit einer Boeing 727 ins Gefängnis in der Nähe von Mexiko-Stadt. Ein Beamter vernahm den Drogenboss während des Flugs. In seinen Aussagen belastete Guzmán hochrangige Mitglieder der mexikanischen Generalstaatsanwaltschaft. Er sagte, sie hätten ihn beschützt. So beschreibt es die Journalistin Anabel Hernández in ihrem Buch Los *Señores del Narco*, das die Verbindungen zwischen mexikanischer Politik, US-Geheimdiensten und Drogenmafia nachzeichnet. Hernández berichtet detailreich und nennt viele Quellen.

Sie schreibt: Als Guzmán im Gefängnis erneut befragt wurde, nahm er alles zurück. Das Protokoll seiner ersten Vernehmung verschwand auf mysteriöse Weise. Plötzlich gab der Drogenhändler an, die Personen, um die es ging, gar nicht zu kennen. Er schien Angst um sein Leben zu haben. Bis heute ist nicht geklärt, wer den Mafiaboss damals beschützt hat. Aber dass er Verbindungen in höchste Kreise pflegte und dass diese Kontakte ihm halfen, so mächtig zu werden, kann als gesichert gelten.

Guzmáns Sinaloa-Kartell schmuggelte große Mengen von Drogen in die USA: Kokain aus Kolumbien, Methamphetamine aus Südostasien (und heimischen Laboren), Heroin und Marihuana aus Schlafmohn und Hanfpflanzen, die in den unzugänglichen Bergen von Sinaloa, Durango und Chihuahua wachsen, eben dort, wo Guzmán geboren wurde und aufwuchs. Die Gegend wird auch das Goldene Dreieck Mexikos genannt, weil sich dort seit Jahrzehnten das Zentrum des Schlafmohn- und Hanfanbaus befindet.

Seine Familie war arm, wie die meisten Bauern in der Region. Angeblich verließ er die Grundschule nach der dritten Klasse und kann bis heute kaum lesen und schreiben. Als Kind soll Guzmán Orangen verkauft haben, um seine Familie zu unterstützen. Vermutlich hat er auch auf den Mohnfeldern gearbeitet. Anabel Hernández schreibt, dass viele Kinder das tun. Die jüngsten seien kaum sieben Jahre alt, und viele würden an den Pestiziden sterben, die auf den Feldern ausgebracht werden. »Die, die überleben, gehen als Jugendliche mit einem Maschinengewehr über der Schulter spazieren.« Die Kinder im Goldenen Dreieck träumen nicht davon, Arzt oder Feuerwehrmann zu werden, schreibt Hernández, sondern Drogenboss.

Guzmán träumte nicht nur davon. Er war skrupellos genug, um den Aufstieg zu schaffen. Das Drogengeschäft machte ihn reich. Zeitweilig gehörte er zu den mächtigsten Menschen der Welt. Seine Drogenhändler waren berühmt für ihre ausgefeilte Logistik. Sie transportierten ihre Ware auf allen denkbaren und undenkbaren Wegen in den Norden: mit Flugzeugen, in U-Booten, Containerschiffen und Schnellbooten, per Eisenbahn und in Lkw-Anhängern – und sie nutzen Tunnel, um die Drogen unter der Grenze hindurch zu schleusen. Ebenfalls durch Tunnel entkam El Chapo immer wieder seinen Verfolgern. Einmal soll er durch einen unterirdischen Gang aus seiner Zelle im Hochsicherheitsgefängnis Altiplano geflohen sein. Angeblich hatte das Überwachungspersonal nichts von den Grabungsarbeiten gemerkt. Allerdings gibt es Experten, die diese Version bezweifeln. Sie sagen: Wer so viel Geld hat, dass er einen Tunnel unter ein Hochsicherheitsgefängnis graben lässt, der kann auch genug bezahlen, um den Tunnel nicht benutzen zu müssen. Für mich klingt das logisch.

Doch am 8. Januar 2016 entkam El Chapo seinen Häschern nicht mehr. Marinesoldaten verhafteten ihn in der Stadt Los Mochis an der Pazifikküste. Angeblich soll sein Kompagnon, Ismael Zambada García, genannt El Mayo, ihn den Behörden ausgeliefert haben. El Mayo führt die Geschäfte des Kartells weiter, während El Chapo in New York vor Gericht steht – und Vicente Zambada, El Mayos Sohn, gehört zu den Kronzeugen im Prozess.

Guzmán scheint entmachtet. Doch das Drogengeschäft läuft so gut wie zuvor. Der Nachschub an Heroin, Kokain und Chrystal Meth in die USA funktioniert; der Schmuggel von Marihuana ist für die Kartelle nicht mehr so lukrativ, denn seit einige US-Staaten den Verkauf legalisiert haben, wird die Droge legal in den USA produziert. Doch mittlerweile sollen die mexikanischen Kartelle ihr Heroingeschäft ausgeweitet haben. Und sie haben angeblich den Schmuggel des potenten Betäubungsmittels Fentanyl als neuen Markt für sich entdeckt.

Für Drogenbosse wie El Chapo finden sich schnell Nachfolger, zu profitabel ist das Geschäft. Und weil die neuen Bosse nun untereinander um die Macht streiten, hat die Gewalt sogar noch zugenommen. Sie durchdringt den Alltag der Menschen.

Was es bedeutet, mit dieser Gewalt zu leben, davon kann vielleicht niemand so eindrücklich berichten wie die Mütter von Los Mochis, jener Stadt, in der Guzmán 2016 festgenommen wurde. Los Mochis ist eine Geschäftsstadt im Norden Sinaloas, nur ein paar Kilometer vom Golf von Kalifornien entfernt. Ich will die Mütter dort besuchen.

Los Mochis

Aus der Luft betrachtet ist Los Mochis eine Schönheit. Als das Flugzeug sich der Stadt nähert, sinkt gerade die Sonne. Aus dem Fenster sehe ich Buchten, vorgelagerte Inseln, Landzungen; darüber Wolkentürme. Alles ist in leuchtend orangefarbenes Licht getaucht. In Schleifen gehen wir tiefer. Als wir landen, ist es gerade dunkel geworden.

Warme, weiche, feuchte Luft umfängt mich, als ich die klimatisierten Räume des Flughafens verlasse. Der Taxifahrer erzählt auf dem Weg in die Stadt von nahen Stränden, der Krabbenzucht, von den Schönheiten des Ortes und benachbarter Städtchen. Denn Los Mochis ist auch ein Touristenziel. Hier beginnt die Route eines Zuges, der durch raue, zerklüftete Bergschluchten hinauf in die Sierra Madre fährt und dann weiter bis nach Chihuahua; oder andersherum, wie der Name Ferrocarril Chihuahua al Pacífico besagt, abgekürzt ChP. Wegen der Abkürzung nennen die Mexikaner den Zug liebevoll El Chepe.

Ich bin auch wegen El Chepe nach Los Mochis gekommen – und wegen Dulcina Parra. Sie hat mir vor ein, zwei Jahren das erste Mal von den Müttern von Los Mochis erzählt.

Die Mütter von Los Mochis sind Frauen, deren Kinder – meist schon junge Erwachsene – spurlos verschwunden sind. Und weil die Polizei nichts unternimmt, suchen die Frauen selbst nach ihnen. Sie graben mit Schaufeln und schlagen sich mit Macheten durch die Wildnis. Sie klammern sich an die Hoffnung, ihre Liebsten lebend zu finden, obgleich sie wissen, wie unwahrscheinlich das ist. Sie sagen, sie suchen nach ihren *tesoros*, ihren Schätzen. So halten sie aus, was sie tun müssen. Ich hoffe, dass Dulcina mich den Müttern vorstellt.

Dulcina

Dulcina Parra ist Radiojournalistin in Los Mochis, eine zurückhaltende, selbstbewusste Frau, die als Polizeireporterin und Moderatorin beim Sender Chavez Radiocast arbeitet und so schnell spricht, dass ich ihr manchmal nicht folgen kann. Sie kommt am Morgen nach meiner Ankunft zu mir ins Hotel. Sie steckt schon in ihrem Arbeitsoutfit, die Haare streng zurückgekämmt, sorgfältig geschminkt, an den Füßen Schuhe mit hohen Absätzen. Auf ihrer Bluse trägt sie das Logo ihres Arbeitgebers. Während ich frühstücke, trinkt sie nur eine Tasse Kaffee. Das Smartphone liegt griffbereit daneben.

Dulcina ist Mitte 40 und arbeitet als Journalistin, seit sie 17 ist. Beim Radio hat sie eine eigene Sendung, die *De Carne y Hueso* heißt, Aus Fleisch und Knochen. »Ich spreche dort über das, was in ganz Sinaloa los ist«, sagt sie. »Es geht um die Polizei, um Drogenhandel, um organisierte Kriminalität. Und um ganz normale Verbrechen, also Raub oder Überfälle.«

In ihrer Sendung berichtet Dulcina auch über die Verschwundenen von Sinaloa und über die Mütter, die nach ihren Kindern suchen. Solche Gruppen gibt es überall im Land, denn in ganz Mexiko verschwinden Menschen. Oder besser gesagt: Man lässt sie verschwinden. So wie in ganz Lateinamerika. Es begann während der Militärdiktaturen in den 60er-Jahren, als die Generäle ihre Gegner verhaften, foltern und ermorden ließen – oft heimlich, sodass niemand vom Schicksal der Opfer erfuhr. Deshalb nannte man sie *desaparecidos*, Verschwundene. Auch in den Bürgerkriegen der 80er und 90er verschwanden Menschen – Zehntausende, in Argentinien, Guatemala, Kolumbien. Seither ist »verschwinden« in Lateinamerika nichts, was man tut, sondern etwas, das mit einem geschieht. *Fue desaparecido*, sagen die Zurückbleibenden, oder *Fue desaparecido forzosamente*, Man hat ihn (oder sie) gewaltsam verschwinden lassen.

Heute ist Mexiko das Land der Verschwundenen: wegen des Drogenkriegs, weil Gewaltverbrechen so gut wie nie bestraft werden und weil die Behörden oft korrupt sind und mit der Mafia gemeinsame Sache machen. Doch wie viele Menschen genau im Land verschwunden sind, weiß niemand. Zur Zeit meines Besuchs in Los Mochis besagt die offizielle Statistik, dass es mehr als 37 000 sind, aber die amtlichen Register sind nicht zuverlässig. Verbände von Angehörigen behaupten, es seien viele Tausend mehr. Menschenrechtsorganisationen vermuten aufgrund der vielen Knochenfunde sogar, es könnten vier- bis zehnmal so viele Menschen verschwunden und umgebracht worden sein. In den vergangenen Jahren soll in ganz Mexiko durchschnittlich alle zwei Stunden eine Person verschwunden sein. Das haben mexikanische Medien ausgerechnet.

Im Bundesstaat Sinaloa gibt es besonders viele Fälle. Dulcina begann, über sie zu berichten, weil Angehörige sich an sie wandten – sie vertrauten ihr mehr als der Polizei. Wurden draußen vor der Stadt *fosas* entdeckt, also Gräber, in denen mehrere Tote verscharrt worden waren, fuhr Dulcina hin. Sie filmte, stellte die Videos ins Netz und berichtete im Radio.

Vor vier Jahren kam Mirna Medina zu ihr. Mirnas Sohn Roberto war verschwunden, und die Polizei unternahm nichts. Also suchte Mirna auf eigene Faust nach Roberto, mit Aufrufen in den sozialen Medien, mit Schaufeln, Stöcken und Macheten. Andere Mütter schlossen sich ihr an. Es wurden immer mehr. Die Frauen nennen sich *Las Rastreadoras de El Fuerte*, die Spurensucherinnen von El Fuerte, nach dem Namen eines Flusses und einer Stadt in der Nähe von Los Mochis. Im ersten Grab, das sie fanden, lagen fünf Tote, sagt Dulcina. »Seither begleite ich sie. Es gehört zu meiner Arbeit als Journalistin. Und im Laufe der Zeit bin ich zur Unterstützerin geworden.« Übers Radio verschickt Dulcina Suchappelle an ihre Zuhörer. Und sie begleitet die *rastreadoras,* wenn sie aus der Stadt fahren, um in der Wildnis zu graben.

Meist sind es Jugendliche oder junge Männer zwischen 20 und 30 Jahren, die in Sinaloa verschwinden. Seltener trifft es Frauen oder ältere Menschen. Oft seien die lokalen Drogenbanden beteiligt, sagt Dulcina, oft auch die Sicherheitskräfte – in Sinaloa lässt sich beides nicht immer auseinanderhalten, und überall in Mexiko gibt es Hinweise darauf, dass manche Täter aus den Reihen von Polizei, Armee oder Marine kommen. Zeugenaussagen und Fotos belegen in solchen Fällen beispielsweise, dass die Verschwundenen von Uniformierten angehalten und in offiziellen

Polizeifahrzeugen weggebracht wurden. Allerdings kamen sie nie auf der Wache an.

In anderen Fällen haben die Täter mit dem organisierten Verbrechen zu tun, mit Drogenbanden oder Menschenhändlern, die Frauen zur Prostitution zwingen. Die Frauen, die verschwinden, sind oft noch sehr jung, manche sind noch halbe Kinder. Auch Fälle von Organhandel sollen schon vorgekommen sein. Und weil die Täter so gut wie nie bestraft werden, verschwinden auch weiterhin Menschen.

Im Norden Sinaloas, wo Los Mochis liegt, würden etwa 600 Menschen vermisst, sagen die *rastreadoras*. In ganz Sinaloa sind es offiziellen Angaben zufolge mehr als 3400. »Aber es könnten noch viel mehr sein«, sagt Dulcina, »denn viele Familien zeigen das Verschwinden ihrer Angehörigen gar nicht erst an.« Werden Verschollene tot aufgefunden, streicht man sie aus der Statistik. Zwar sind sie Opfer eines Gewaltverbrechens geworden, aber weil ihr Schicksal geklärt ist, gelten sie nicht mehr als Verschwundene. Allein die *rastreadoras* haben schon 120 Tote entdeckt.

Warum aber lässt man die Menschen überhaupt verschwinden? Manchmal sind es Drogenabhängige, die ihre Sucht durch Diebstähle oder als Kleindealer im Auftrag der Bosse finanzieren, sagt Dulcina. »Sie geraten in einen Teufelskreis und finden nicht mehr heraus. Wenn sie ihre Schulden nicht mehr bezahlen können, treiben die Kartelle sie eben auf andere Art ein.« Andere beschaffen sich Geld durch Raub und Diebstahl und werden so zum Störfaktor für die Drogenhändler.

Manche Opfer aber sind einfach zur falschen Zeit am falschen Ort oder in der falschen Gesellschaft unterwegs. »Kollateralschäden«, sagt Dulcina sachlich. »Sie haben mit dem Drogengeschäft nichts zu tun.« Ihr Neffe Blas Ignacio, der Sohn ihres Bruders, wurde vor ein paar Monaten auf diese Weise entführt. »Die traurige Realität ist: Ich habe jetzt auch einen Verschwundenen.« Sie sagt das so, als hätte das Unglück absolut nichts mit ihr zu tun. So spricht sie als Journalistin auch über die vielen anderen Fälle, über die sie in ihrer Radiosendung berichtet. Das Schicksal ihres Neffen ist in Sinaloa nichts Ungewöhnliches.

Ihr Bruder sei von Crystal Meth abhängig gewesen, erzählt Dulcina. Darüber verlor er seine Arbeit, Freundschaften zerbrachen, das Familienleben wurde schwierig. »Er steckte in einem Teufelskreis. Und er kam nicht heraus.« Irgendwann begann der Bruder zu stehlen, um seine Sucht zu finanzieren. Er hatte Schulden. Dann wurde er entführt.

Seine Schwester machte übers Radio Druck, lenkte die Aufmerksamkeit auf den Fall. Drei Tage später war Dulcinas Bruder wieder frei, wenn auch nicht unverletzt. »Sie haben ihn verprügelt, und sie ließen ihn nur unter der Bedingung gehen, dass er mit dem Stehlen aufhört und seine Schulden bezahlt. Wer klaut, kommt ihnen in die Quere, und das mögen sie nicht.«

Sie glaubt, dass ihr Bruder sich nicht an die Auflagen hielt. »Bewaffnete kamen zu seinem Haus und fragten nach ihm. Sie gaben sich als Polizisten aus. Wahrscheinlich waren sie das nicht. Mein Bruder war nicht da, und sie fuhren wieder weg.« Doch dann kamen die Bewaffneten zurück. »Womit konnten sie meinen Bruder treffen? Indem sie das mitnahmen, was er liebte.« Die Männer zerrten Blas Ignacio aus dem Haus und fuhren weg. Seine Mutter rannte hinterher. Sie hatte keine Chance. Dulcinas Neffe ist bislang nicht wiederaufgetaucht.

Die Arbeit der Reporterin ist riskant. Wer über Verbrechen berichtet, so wie sie das tut, begibt sich in Gefahr, und der Staat schützt Journalisten nicht. »Du weißt nie, wessen Interessen du durch deine Berichterstattung womöglich störst«, sagt Dulcina. »Aber mir gefällt meine Arbeit. Ich helfe gern. Deshalb mache ich weiter. Und ich versuche, mich bei der Arbeit nicht einschränken zu lassen.« Sie lächelt, als sie das sagt. Ihre Gelassenheit nötigt mir Bewunderung ab. Anderen offenbar auch. Für ihre unerschrockene Aufklärungsarbeit wurde Dulcina mit anderen Journalisten aus aller Welt im Jahr 2018 von der Zeitschrift TIME zur Person des Jahres erklärt.

Am Nachmittag bringt Dulcina mich zur Zentrale der *rastreadoras,* einem unauffälligen Ladenlokal in der Stadt. Ich lerne Blanca kennen, deren Mann verschwand, nachdem er in der Schule des gemeinsamen Sohnes ein paar Dokumente abgeholt hatte; Lizbeth, die am Telefon mit anhören musste, wie ihre Tochter Zumiko von Unbekannten verfolgt wurde; und Mirna, die Gründerin der Gruppe. Am kommenden Tag wollen die *rastreadoras* gemeinsam auf die Suche nach Zumiko und einem Freund gehen, der mit ihr verschwunden ist. Ich werde sie begleiten.

Blanca

Am 28. November 2016 sah Blanca Soto Martínez ihren Mann Camilo Robles Palacios zum letzten Mal, als er das Haus verließ. Camilo fuhr zur Schule ihres jüngsten Sohnes, holte dort Zeugnisse ab und plauderte mit den Lehrern. Alles schien in bester Ordnung. Ihr Sohn wollte seinen Vater noch von der Schule nach Hause begleiten, aber Camilo sagte nein. »Komm später nach, mein Sohn, ich habe noch zu tun, sagte er«, erinnert sich Blanca. »Unser Sohn sah im nach, bis Camilo ins Auto stieg. Dann hat ihn der Erdboden verschluckt.« Fast dreißig Jahre waren Blanca und ihr Mann verheiratet. Sie hängt immer noch an ihm.

Als die beiden heirateten, war Blanca 15 und ihr Bräutigam war 21. »Er hat mich *hija* genannt, Tochter«, erinnert sie sich. »Er hat mich viel zu sehr beschützt.« Als er weg war, merkte sie, dass sie von den einfachsten Alltagsdingen überfordert war. Sie wusste nicht, wie man Geld am Automaten abhebt. Wie man die Stromrechnung bezahlt, war ihr ein Rätsel. »Erst jetzt lerne ich das alles«, sagt sie. »Und ich fange an, mein eigenes Leben zu leben.«

Ihr Mann Camilo hatte eine Führungsposition in den Sicherheitsbehörden von Los Mochis inne. Er war *Director Operativo de Seguridad Pública,* operativer Direktor für öffentlichen Sicherheit. Doch als er verschwand, war er schon seit drei Jahren in Rente. »Er mochte den Garten«, sagt sie. »Er hielt gerne das Haus in Ordnung.« Warum ist er verschwunden? »Ich weiß es nicht. Ich will es auch nicht wissen. Wozu?« sagt Blanca. »Meine Intuition sagt: Sie wollten sein Auto. Er hatte einen sehr schönen Wagen.« Das Auto ist bis heute nicht wiederaufgetaucht.

Camilo aber schon. Ein paar Monate nach dem Verschwinden ihres Ehemanns schloss Blanca sich den *rastreadoras* an. Im September 2017 entdeckten die Frauen seine Überreste in der Gemeinde San Blas, nördlich von Los Mochis. Blanca erinnert sich noch genau an den Tag. Es war ein Sonntag, und sie hatte schon beim Aufwachen eine Vorahnung. Das Grundstück, auf dem die *rastreadoras* Camilo dann fanden, sah aus wie eine Müllhalde, sagt sie. Als Mirna, die Anführerin der *rastreadoras,* eine Hose vom Boden aufhob, erkannte Blanca die Kleidung ihres Mannes, denn die Teile hatten Flecken, die von ihrem Nagellack stammten. Sie fanden auch Camilos Unterwäsche.

Dann hörten sie Schüsse. »Mirna wollte das Gelände verlassen. Wir hatten keine Sicherheitsleute dabei. Aber ich ging nicht weg«, sagt Blanca. »Ich hatte Sorge, sie würden ihn wegbringen.« Die Frauen riefen die Polizei.

Die Sicherheitskräfte kommen erst dann ins Spiel, wenn die *rastreadoras* etwas gefunden haben. Sie sperren das Gelände ab, bergen die Überreste, suchen Beweismittel, registrieren den Fall in der Statistik. Das ist der leichteste Teil der Arbeit, sagt Dulcina, die Journalistin. Doch auch dann wird kaum ermittelt. »In all den Fällen, in denen wir jemanden gefunden haben, ist nicht eine einzige Person aufgrund der Polizeiarbeit ins Gefängnis gekommen.«

Ein genetisches Labor in Culiacán, der Hauptstadt von Sinaloa, untersucht dann die Überreste. Sinaloa ist der einzige mexikanische Bundesstaat, der über ein solches Labor verfüge, sagt Dulcina. »Eingerichtet wurde es auf Drängen der *rastreadoras*. In all dem Schmerz erzielen wir auch Fortschritte.« Vorher mussten sie die Proben nach Mexiko-Stadt schicken.

Am 10. September 2017 hat Blanca ihren Mann beerdigt. Jetzt hat sie ein Grab, an dem sie weinen kann, sagt Blanca, »jetzt suche ich für die anderen.« Sie hat drei Kinder und fünf Enkel, aber jetzt sind die *rastreadoras* ihre neue Familie. »Wir sind wie Schwestern. Wir fühlen den gleichen Schmerz.«

Mirna

Mirna Nereida Medina Quiñones – 48 Jahre, Lehrerin im Ruhestand, forschende Augen, energische Stimme – gab ihrem Sohn Roberto ein Versprechen: »Ich werde dich suchen, bis ich dich finde.« Es wurde zum Motto der *rastreadoras*.

Roberto verkaufte Handyzubehör an einer Tankstelle. Er betrieb den Stand dort gemeinsam mit Mirna, bis am 14. Juli 2014 ein Pick-up vorfuhr und die Insassen Roberto zwangen einzusteigen. »Wir haben nichts mehr von ihm gehört«, sagt Mirna. »Seither hat sich mein Leben von Grund auf verändert.«

Drei Tage lang wartete die Mutter, dann ging sie zur Polizei, um eine Anzeige aufzugeben. Die Beamten legten eine Akte an und sagten, mehr würden sie nicht tun. Sie würden nicht nach Roberto suchen. »Ich war so wütend«, sagt Mirna. »Und ich fühlte mich so ohnmächtig.«

Dann begann sie selbst mit der Suche. Sie wandte sich an die Lokalzeitung und verschickte Suchaufrufe über die sozialen Medien. »Die Leute sagten, ich sei verrückt. Ich bin einfach mit einer Schaufel und einer Machete in die Wildnis gezogen und habe überall gesucht. An den Bahngleisen, am Fluss, an Feldwegen. Ich lernte einen Mann kennen, der seinen Neffen suchte. Eine Woche nach Robertos Verschwinden fanden wir unser erstes Grab.«

Nach und nach schlossen sich andere Frauen an, deren Kinder auch verschwunden waren. »In der Gruppe helfen wir einander«, sagt Mirna. »Wir erhalten oft falsche Hinweise. Die Leute rufen uns an und sagen, sie hätten unsere Kinder gesehen: dass sie leben, dass sie arbeiten. Doch dann ist es eine große Lüge.« Sie regt sich auf, als sie das erzählt. Wenn die Lügen auffliegen, geben die Frauen sich gegenseitig Halt.

Bekommen sie konkrete Hinweise auf einen möglichen Fundort, suchen sie dort. Oft finden sie nichts. »Aber dann wissen wir wenigstens, wo wir nicht mehr suchen müssen«, tröstet sich Mirna.

Ich frage auch sie: Warum verschwinden in Sinaloa so viele Menschen? Mirna zufolge ist es ein Machtkampf. »Die *narcos*, die Drogenbosse, wollen die Jugendlichen in ihr Geschäft mit hineinziehen. Sie locken sie mit Arbeit. Lassen sie Drogen verkaufen. Sie geben ihnen neue Pick-ups, Waffen und Drogen. Ein 15- oder 17-Jähriger mit einem Auto und einer Waffe, im Drogenrausch – stell dir vor, wozu der in der Lage ist!«

Roberto aber habe weder geraucht noch Drogen genommen. Mirna sagt, sie wisse, wer ihren Sohn getötet habe und warum. Mehr sagt sie dazu nicht. »Hier gibt es keine Gerechtigkeit. Aber ich vertraue darauf, dass sie irgendwann kommen wird.«

Ähnlich wie Mirna geht es vielen Angehörigen. Die Polizei speist sie mit Vermutungen ab, wenn sie eine Anzeige aufgeben wollen. Ihre Tochter wird mit dem Freund durchgebrannt sein, heißt es dann, oder ihr Sohn ist bestimmt über die Grenze in die USA gegangen. Dabei wäre es wichtig, schnell mit der Suche zu beginnen, um eine Chance zu haben, die Vermissten zu finden. Wer Anzeige erstattet, wird manchmal bedroht. Viele Angehörige haben Angst vor Repressalien oder glauben, dass die

Sicherheitskräfte ihnen ohnehin nicht helfen, und melden das Verschwinden ihrer Kinder gar nicht mehr. Auch deshalb weist die Statistik viel zu niedrige Zahlen aus.

Mirna hatte immer gehofft, ihren Sohn lebend zu finden. Doch drei Jahre nach seinem Verschwinden fand sie sein Grab. Auf einem schwer zugänglichen Privatgelände suchten die *rastreadoras* nach einer anderen Person. Zuvor hatte Mirna mehrere Male versucht, auf diesem Gelände zu suchen. »Aber sie haben uns nicht reingelassen. Sie fanden immer neue Ausreden.« Irgendwann gewährte man den Frauen doch Zutritt.

Sie suchten lange und wollten die Aktion schon abbrechen, da entdeckte jemand einen Schädel. »Ich rannte zu der Stelle«, sagt Mirna, »und als ich vielleicht noch 15 Meter entfernt war, konnte ich Roberto riechen.« Sie hat jetzt Tränen in den Augen, reißt sich aber gleich wieder zusammen. Sie hat ihrem Sohn versprochen, nicht zu weinen. Je näher sie dem Grab kam, desto sicherer war sie, dass sie ihn gefunden hatte.

Zuerst entdeckte sie Robertos Socken und ein paar der Gegenstände, die er an der Tankstelle verkauft hatte. »Ich sagte: Das ist Roberto.« Dann fanden die Frauen Knochen: Schädelteile und vier Wirbelknochen. Sie packten die Überreste in eine Papiertüte und übergaben sie der Staatsanwaltschaft. Mirna musste darum kämpfen, dass ein Gentest gemacht wurde. Elf Tage später erhielt sie das Ergebnis: Die Knochen waren die ihres Sohnes. »Die Behörden hatten es nicht gewagt, dieses Gelände abzusuchen«, sagt sie. »Die *rastreadoras* schon. Darauf bin ich stolz.«

Die Familie bestattete Robertos Überreste. Jetzt hat sie einen Ort, um zu trauern. Doch Mirna will ihren Sohn ganz zurück. Am 14. Juli 2018, dem vierten Jahrestag von Robertos Entführung und kurz nach meinem Besuch, suchten die *rastreadoras* dasselbe Gelände noch einmal ab. »Wir fanden Füße«, schrieb Mirna mir danach, »seine Knie. Und andere kleine Teile.«

Lizbeth

Lizbeth Ortega kann sich noch gut an den Tag erinnern, an dem ihre Tochter Zumiko verschwand. Es war der 9. Februar 2016. Ihre Tochter war mit Eduardo, ihrem Schwager, nach Los Mochis gefahren, um dort ein Geschenk für eine gemeinsame Freundin zu kaufen. Beide kamen nicht zurück.

Nachdem sie ein paar Stunden gewartet hatte, rief Lizbeth ihre Tochter an. Zumiko nahm sofort ab. »Sie sagte, sie ist in Los Mochis«, sagt Lizbeth. »Aber als ich sie fragte, ob alles okay ist, klang ihre Stimme merkwürdig. Sie antwortet mit Ja. Aber ich kenne sie doch.«

Etwas stimmte nicht, das spürte Lizbeth. »Ich fragte noch einmal nach und sagte ihr, dass sie auf jeden Fall auf mich zählen kann. Ich wollte wissen, was los ist. Zumiko sagte: ›Alles ist in Ordnung, ich bin bald wieder zu Hause.‹ Doch Lizbeth insistierte. Vom Schwager erfuhr sie, dass den beiden ein Polizeiauto folgte. Die Tochter sagte: »Mach dir keine Sorgen, Chefin, alles ist gut. Ich hab dich lieb.«

Dann hörte Lizbeth, wie die Autotüren schlugen, wie ihre Tochter rannte, und wie sie außer Atem geriet. »Ich sagte: ›Leg nicht auf, ich will hören, was passiert.‹ Sie sagte: ›Alles ist gut, ich hab dich lieb.‹ Ich sagte noch einmal: ›Leg nicht auf!‹« In dem Moment brach die Verbindung ab. Immer wieder rief Lizbeth an. Das Handy klingelte. Aber niemand nahm ab. Irgendwann war das Telefon tot.

Später erfuhr Lizbeth, dass Eduardo in dieser Nacht noch bei Freunden anrief und sie um Hilfe bat, etwa 50 Minuten, nachdem sie die Telefonverbindung zu Zumiko verloren hatte. Aber es kam keine Hilfe. Die Freunde wussten nicht, wo genau sie die beiden suchen sollten.

Lizbeth war wie paralysiert. Mit Eduardos Mutter ging sie zur Polizei, sie sprachen mit Journalisten und Menschenrechtsaktivisten. Ihr Mann schickte sie zu den *rastreadoras*, aber Lizbeth war nicht in der Lage, die Gruppe aufzusuchen. »Ich war blockiert. Monatelang. Man will nicht wahrhaben, dass das eigene Kind tot sein könnte. Als ich das erste Mal mitging zu einer Suchaktion, wusste ich nicht, was ich tun sollte. Ich sah, wie die Mütter in der Erde suchten. Aber wie sollte ich das tun, meine Tochter mit einer Schaufel suchen?« Irgendwann grub sie doch.

Inzwischen erhält Lizbeth von den *rastreadoras* mehr Unterstützung als von ihrer Familie. »Wir reden, weinen und lachen gemeinsam«, sagt sie. »Wir spüren den gleichen Schmerz. Und wir lernen, mit ihm zu überleben.«

Zumiko wäre heute 24 Jahre alt. Warum ist sie verschwunden? »Sie war wohl in schlechter Gesellschaft«, sagt Lizbeth. »Vielleicht hat Zumiko etwas mitbekommen, was sie besser nicht erfahren hätte. Das ist alles, was ich weiß.«

Zumikos jüngere Schwester hilft Lizbeth bei der Suche. Ihr Ehemann aber hat Angst um sie, wenn sie mit den *rastreadoras* unterwegs ist. »Hier draußen gibt es viel Kriminalität«, sagt sie. »Aber was bleibt mir anderes, als selbst zu suchen? Ich habe Zumiko Gott anvertraut. Wenn er sie mir genommen hat, akzeptiere ich das. Aber er soll sie mir zurückgeben, auf welche Art auch immer.«

»Sucht am Viehpferch«

Am nächsten Morgen versammeln sich die Frauen ab acht Uhr früh in ihrer Zentrale. Etwa ein Dutzend wird heute zur Suche rausfahren aus der Stadt. Unter ihnen sind Mirna, Dulcina, Lizbeth und Reyna Rodríguez, die Mutter von Eduardo, der mit Zumiko verschwunden ist.

Die Frauen tragen Jeans und schwere Schuhe, langärmlige Blusen, Hüte, Halstücher und dunkle Brillen. Sie müssen sich vor der Sonne schützen, sie werden den ganzen Tag im Freien sein. An der Wand des Ladenlokals hängt eine grobe Schaufel, hinter einer Trennwand steht ein Computer, daneben liegen ein paar Papiere. Rechner, Internet, Telefon, Schaufeln und Macheten sind die wichtigsten Werkzeuge der *rastreadoras*.

Vor das Schaufenster haben sie ein Banner gespannt. »Verschwundene von El Fuerte und Nord-Sinaloa«, steht darauf, darunter 13 Fotos und 13 Namen, zwölf Männer und eine Frau. Die Frau ist Zumiko, lange blonde Haare, selbstbewusst, ein wenig spöttisch lächelt sie in die Kamera. Das Foto daneben zeigt Eduardo, blass, ernst, mit dunklen Ringen um die Augen. Er trägt eine stachlige Gel-Frisur und ein schwarzes T-Shirt.

Die Mütter haben einen anonymen Hinweis erhalten, wo Zumiko und Eduardo sein könnten: in der Gemeinde Las Grullas Margen Derecha, nordöstlich von Los Mochis auf der rechten Seite des El-Fuerte-Flusses. »Sucht dort am Viehpferch und dem Mesquite-Baum«, lautete die anonyme Botschaft an die *rastreadoras*.

Lizbeth trägt das Foto ihrer Tochter auf dem T-Shirt. Wie ähnlich Zumiko ihrer Mutter sieht! Auf dem Rücken steht der Wahlspruch der *rastreadoras*: *Te buscaré hasta encontrarte*, Ich werde nach dir suchen, bis ich dich finde. Auch die anderen Mütter tragen solche T-Shirts. Es herrscht eine merkwürdige Stimmung, angespannt und hoffnungsvoll zugleich.

Mirna und ihr Leibwächter steigen in ihr eigenes Auto. Der Staat Sinaloa stellt Mirna bewaffneten Schutz zur Seite, seit eine andere Aktivistin und der Journalist Javier Váldez, der die Arbeit der *rastreadoras* begleitete, ermordet wurden. Der Rest der Gruppe drängt sich auf die Ladefläche eines Pick-ups, und sie fahren los. Es wird gescherzt und gelacht. Das hilft gegen den Schmerz, die Ohnmacht, die Wut und die Anspannung. Widersprüchliche Gefühle seien das, hat Blanca mir am Vortag gesagt. »Man hofft, etwas zu finden« – und doch wieder nicht. »Denn sobald du etwas findest, zerschlägt sich jede Hoffnung. Aber wenn du nichts findest, verzweifelst du.«

Eine gute Stunde sind wir unterwegs, passieren zwei Ortschaften, Wassergräben, Mangobäume und Felder, auf denen vereinzelt Traktoren fahren. In einem Supermarkt kaufen sie Wasser, Kekse, Energy Drinks und Eis. Die Wege werden schmaler, der Asphalt dünner und brüchiger. Irgendwann gibt es nur noch Staub; hier die richtige Richtung zu finden, ist schwer.

Um elf Uhr vormittags erreichen wir den Ort, den sie heute absuchen wollen Brachland, weit weg von Siedlungen und Feldarbeitern; ausgedörrte Erde, widerspenstiges Gestrüpp, wenig Wassergräben, Stechmücken, ein paar Bäume mit fedrigen Blättern. Feiner, weißer Salzstaub liegt über dem Boden. Das Meer ist nicht weit.

Der Tippgeber hatte angekündigt, jemand werde kommen, um ihnen die Stelle zu zeigen. Doch niemand taucht auf. Sie müssen selbst suchen. Die *rastreadoras* ziehen ihre Halstücher über Mund und Nase und die Hüte ins Gesicht, setzen Sonnenbrillen auf und streifen ihre Handschuhe über. Dann greifen sie zu Schaufeln, Stöcke und Macheten und verteilen sich über das Gelände.

Ich verteile Sonnencreme auf Gesicht und Armen, setze die Sonnenbrille auf und knote ein Tuch um meinen Kopf. Die kurzen Arme meines T-Shirts gefallen den Frauen nicht. Sie nötigen mich, meine Arme zu bedecken. »Du bist so weiß. Die Sonne wird dich noch verbrennen.« Eine reicht mir ein T-Shirt, das ich über einen Arm legen soll, die andere gibt mir eine leichte Jacke für den anderen Arm. Ich werfe mir beides folgsam über und folge den Frauen übers Gelände.

Don Nacho läuft etwas abseits durchs Gestrüpp. Er ist der einzige Mann im Suchtrupp: Ignacio Álvarez, von den Frauen liebevoll Don Nacho genannt. Er sucht seinen Sohn, der ebenfalls Ignacio heißt. Zornig bahnt er sich mit der Machete einen Weg. Ignacio ist seit zweieinhalb Jahren verschwunden. Sein Vater hat versprochen, ihn aufzuspüren – und solange er keine Beweise für das Gegenteil hat, will er glauben, dass sein Sohn noch lebt. Deshalb weigert er sich, in der Vergangenheitsform von Ignacio zu sprechen.

Die Sonne brennt, immer wieder wischt sich Don Nacho mit einem Handtuch das Gesicht ab. Nie bleibt er stehen. Die Machete hält er in der rechten Hand, die Schaufel in der linken, seine Augen suchen das Gelände ab. Ist die Erde irgendwo gelockert? Gibt es Mulden, Reifenspuren? Leere Bierdosen, Stoffreste, irgendwelche Anzeichen, dass vor den *rastreadoras* jemand hier gewesen ist, eine Last transportiert oder etwas vergraben hat?

Don Nacho fischt einen Gurtfetzen aus dem Unterholz, schmutzig und vertrocknet. Da, eine Mulde! Er stößt die Schaufel ins Erdreich, um zu prüfen, ob sich der Untergrund ungewöhnlich anfühlt, besonders weich zum Beispiel, und fängt an zu graben, findet aber nichts.

Sein Sohn Ignacio, hatte Don Nacho gesagt, war »fröhlich und fleißig. Wie sein Vater.« Auf dem Pick-up hatte Don Nacho noch mit den Frauen gescherzt. Im Moment aber, während der Suche, ist bei ihm nichts zu spüren außer Ohnmacht und Wut. Sie scheinen Don Nacho anzutreiben. Unfähig, hier draußen still zu stehen, rennt er weiter über das dürre Gelände.

Die Frauen haben mittlerweile einen Baum neben einem Viehpferch entdeckt: Ist das die Stelle, an der sie graben sollen? Am Boden gibt es eine kleine Vertiefung. Sie stoßen einen Stock ins Erdreich, er trifft auf einen weichen Widerstand.

Sie fangen an zu buddeln, finden aber nur dreckige, verwitterte Kleidungsstücke: zerrissene Jeans, ein Hemd mit braunen Flecken, ein löchriges Sweatshirt, ein Halstuch. Lizbeth fotografiert – sie hat heute die Aufgabe, alles zu dokumentieren. Mirna prüft Größen, Marken und Herkunft der Sachen. Niemand erkennt die Kleidung. Die Stücke scheinen nicht zueinander zu passen, sie haben unterschiedliche Größen. Aber die Frauen suchen nach Erklärungen. »Vielleicht hat ein Viehhirte sie vergraben, weil sie kaputt waren«, mutmaßt eine. Haben sie am falschen Fleck gegraben? Sie gehen ein paar hundert Meter weiter und überprüfen den Boden erneut. Nur nicht aufgeben.

Als den Frauen klar wird, dass sich in der Erde zwischen Baum und Viehpferch nur Kleidungsstücke befinden, treffen sie sie sich am Pick-up. Der Wasserkanister kreist, kurze Pause. Lizbeth hat die ganze Zeit ihre Fassung bewahrt. Jetzt verschwindet sie im Gebüsch, man hört sie laut schluchzen. Reyna steht tränenüberströmt unter einem Baum, die Schaufel in der Hand, als ob sie sofort weitergraben wolle. Daneben Mirna. »Warum müssen wir Mütter das tun?«, fragt sie, »warum müssen wir mit Macheten und Schaufeln nach unseren Kindern suchen?«

Ihr ist klar, dass sie an diesem Tag höchstwahrscheinlich nichts mehr finden werden. Aber die Frauen wollen ihre Suchaktion nicht abbrechen. Deshalb gehen sie das Gelände weiter ab, Schritt für Schritt, Stunde um Stunde. Lizbeth läuft schnell weit voraus, den Blick auf den Boden geheftet. Vielleicht entdeckt sie ja noch etwas, irgendeinen Hinweis, der vorher übersehen wurde.

Ich kann nicht bis zum Ende der Suche bleiben. Ich muss einen Zug erwischen. Es fühlt sich merkwürdig an, die Frauen so zu verlassen. Ich überlasse Mirna meine halb ausgetrunkene Flasche eines Energy-Drinks, als könnte ich dadurch etwas bewirken. Sie bedankt sich und sagt: »Hoffentlich kannst du wiederkommen.« Dann bringt mich Dulcina zum Bahnhof.

Später erzählt mir die Reporterin, wie es weiterging. Um sechs Uhr abends haben die Frauen ihre Suche aufgegeben – aber nur für dieses Mal. Es ist Dulcina wichtig, das zu betonen. Sie fahren zurück in die Stadt und essen gemeinsam zu Abend. Sie geben die Hoffnung nicht auf, ihre Kinder vielleicht doch noch lebendig wieder zu finden. Vier Tage später fahren sie wieder raus, zur nächsten Suche. Und dann erneut, wie jeden Mittwoch und Sonntag.

Kapitel 11

El Chepe: Durch die Sierra Madre Occidental

Im Zug

Dann sitze ich im Zug und spüre, wie das Erlebte in mir nachwirkt. Wie sehr ich die Kraft der Mütter bewundere! Und wie unfassbar es ist, was sie da regelmäßig tun müssen. Obwohl ich die Frauen nur sehr kurze Zeit begleitet habe, spüre ich Wut, Hilflosigkeit und Trauer. Wie muss es sich erst anfühlen, wenn man selbst einen lieben Menschen vermisst und mit der Unsicherheit leben muss, nicht zu wissen, was mit ihm geschehen ist? Und was ist das für eine Welt, in der so etwas Normalität sein kann – und zwar seit Jahren?

Nachdenklich blicke ich hinaus auf die abweisende, trockene Landschaft und versuche, die Fröhlichkeit um mich herum auszublenden, die gerade sehr unpassend auf mich wirkt. Ein Bier, vom Kellner formvollendet serviert, soll mich ein wenig trösten. Aber meine Beklemmung weicht nicht so schnell. Die Berge sind noch weit. Dabei hatte ich gehofft, ihre Erhabenheit würde mich ein wenig besänftigen.

Die Schluchten der Sierra Madre Occidental sind das eigentliche Ziel des Zuges. Im Moment aber fahren wir durch eine trockene, reizlose Landschaft. Ab und zu huschen Bäume am Zugfenster vorbei, ein paar Büsche, Kakteen, grasende Rinder. Die Berge aber, um derentwillen ich diese Fahrt doch unternehme, sind nicht zu sehen. Für meinen Geschmack scheinen sie noch viel zu weit weg, und bald wird es dunkel. Werde ich überhaupt etwas von der Schluchtenlandschaft zu Gesicht bekommen, die als so spektakulär gilt? Ich nehme noch einen Schluck von meinem Bier.

Die Sonne steht schon ziemlich tief, als wir uns endlich langsam der Sierra Madre Occidental nähern. Wie Scherenschnitte in unterschiedlichen Graustufen zeichnen sich die Gipfel vor dem Himmel ab. Dort, wo die Sonnenstrahlen auf die Hänge treffen, leuchtet das Gestein kupferfarben im warmen Licht. Die Farbe gibt der Landschaft hier ihren Namen: Barrancas del Cobre, Kupferschluchten, wird das Geflecht aus tief in die Berge eingeschnittenen, nur schwer zugänglichen Tälern auch genannt.

Dann fahren wir durch einen Tunnel, und plötzlich sind wir mittendrin in den Bergen. Nach dem nächsten Felsdurchbruch öffnet sich ein weites Flusstal. Der Zug windet sich an den Hängen entlang; durchs Fenster blicke ich über das breite, mäandernde Gewässer auf grün bewaldete Berge. Dann weitet sich das Tal, und der Fluss wird zu einem See. Die Aussicht verändert sich ständig, und die Berge wechseln Form und Farbe. Aus grünen Waldhängen wird nach und nach eine schroffere, von der Erosion geformte

Berglandschaft. Schon tauchen wir erneut in einen Tunnel ein. Und dann wird es tatsächlich sehr schnell dunkel.

Ich kann noch erkennen, wie das Tal schmaler wird und der Fluss wilder, wie die Berge zu schwarzen Silhouetten vor dem nachtblauen Himmel werden. Dann ist es Nacht – leider, denn ich habe noch drei Stunden Fahrt vor mir. Ab und zu tauchen entlang der Strecke noch einzelne Bahnhöfe oder einsame, beleuchtete Häuser aus dem Dunkel auf und verschwinden sofort wieder. Mir wird klar: Um die Barrancas del Cobre entlang der Strecke auf voller Länge sehen zu können, hätte ich die Fahrt in die Gegenrichtung unternehmen sollen, denn die wird von dem Zug, mit dem ich unterwegs bin, bei Tag bedient. Auf dieser Reise aber werde ich keine Zeit mehr für eine Rückfahrt haben. Ein andermal vielleicht. Hoffentlich.

Die Endstation meines Zuges ist das Städtchen Creel. Aber ich steige unterwegs aus, um in El Divisadero einen Zwischenstopp einzulegen. El Divisadero soll sich am schönsten Abschnitt entlang der Eisenbahnstrecke befinden. Wenigstens einen Tag lang will ich von hier aus bei Licht die Kupferschluchten sehen.

Mitten in der Nacht kommen wir in El Divisadero an. Die Ortschaft wirkt wie ausgestorben. Es gibt kaum Licht, bis auf ein paar Lampen am Bahnhof, die über einen lautstark dröhnenden Generator mit Strom versorgt werden. Meine Unterkunft ist leicht zu finden. Sie liegt nur ein paar Schritte entfernt auf der anderen Straßenseite. Offenbar bin ich der letzte Gast, der heute noch ankommt. Die Lobby ist leer, bis auf eine Aushilfe an der Rezeption, die mir den Schlüssel überreicht und mich zu meinem Zimmer bringt. Glücklicherweise bin ich trotz meiner Müdigkeit und der herrschenden Dunkelheit noch in der Lage zu bemerken, dass die großen Fenster direkt auf eine Schlucht hinausgehen. Ich ziehe die Gardinen zurück, um den Sonnenaufgang nicht zu verpassen, für alle Fälle. Dann falle ich ins Bett und schlafe sofort ein.

El Divisadero

Die Morgendämmerung weckt mich früh. Blinzelnd, gaaanz langsam, öffne ich die Augen. Noch ist das Licht grau, aber durchs Fenster zeigen sich schon verwaschen die Umrisse der Berge, und der Himmel beginnt sich in einem zarten Rosa zu färben. Wo bin ich hier eigentlich? Gestern Abend war die Landschaft in der Düsternis kaum zu sehen. Schlaftrunken stehe ich auf, wickle mich gegen die Kälte der Nacht in die warme Bettdecke, trete hinaus auf den Balkon – und finde mich am Rand einer Klippe wieder, an einem Ort, der, wenngleich noch unscharf, einen weiten Blick über zerklüftete Felsen und Schluchten erlaubt.

Obwohl es noch gar nicht richtig hell ist, ahne ich, wie spektakulär die Aussicht von hier aus gleich sein wird. Ich stehe auf einer Höhe von mehr als 2200 Metern über dem Meeresspiegel, an einer ganz besonderen Stelle: Gleich drei Canyons treffen in El Divisadero aufeinander, Cañon del Cobre, die Kupferschlucht, Cañon Urique und Cañon Terarecua. Von meinem Aussichtspunkt aus wirkt es, als stünde ich inmitten eines Spinnennetzes aus tiefen Kluften, scharfen Graten und sanft geschwungenen Hängen. Noch allerdings sind die Schluchten hinter einem Schleier aus diesiger Morgenluft nur verschwommen zu erahnen.

Wäre ich am Vortag bei Tageslicht hierher unterwegs gewesen, hätte ich noch etliche weitere Täler sehen können, die El Chepe auf seiner Strecke kreuzt. Es muss eine unglaubliche Leistung gewesen sein, überhaupt Bahngleise in dieser schroffen, unzugänglichen Landschaft zu verlegen, noch dazu auf einer Länge von mehr als 600 Kilometern. Man begann die Planung 1880 mit dem Ziel, die Bodenschätze und Wälder der Sierra Madre auszubeuten und an den Pazifik bringen zu können. Dann kam die Mexikanische Revolution dazwischen. Erst 1961, mehr als 80 Jahre später, war die Strecke fertig.

Ich setze mich, immer noch verschlafen, und ziehe die Decke ein wenig fester um mich. Es ist kalt in den Bergen von El Divisadero. Noch ist der Morgen diesig, und die Felsen erstrecken sich vor mir wie eine kompakte, in dunklem Graugrün schattierte Masse. Aber dann schieben sich die ersten Strahlen langsam über die Gipfel und tauchen die Hänge in zartes Licht. Zunächst bleibt die Sonne hinter dem Berg versteckt, aber man kann am Verlauf ihrer Strahlen beobachten, wie sie langsam nach oben klettert. Steiler und steiler durchschneiden die Sonnenstrahlen die taufeuchte Luft. Ihr Licht bricht sich im dünnen Morgennebel, und unten im Tal erreichen sie immer tiefere Punkte.

Nach und nach tauchen die scharf gezackten Grate der Canyons, die grünen, mit Nadelbäumen bewachsenen Hänge, die grauen Felswände aus dem Dunst. Ihre Farben werden klarer, die Schatten schärfer. Direkt vor mir umschwirrt ein Kolibri die Blüten einer Agave – schon ist er wieder weg. Ein anderer Vogel, tiefblau glänzend, mit einer eleganten Haube auf dem Kopf, lässt sich auf der Dachrinne nieder und beäugt mich neugierig. Rechterhand erheben sich rissige, mit Kiefern bewachsene Steilwände. Links ergießen sich bewaldete Hänge wellenförmig ins Tal. Lange bleibe ich so sitzen und sehe zu, wie die Schlucht zu leuchten beginnt.

Etwas Besseres wird mir hier heute nicht mehr passieren, das weiß ich. Ich habe nur 24 Stunden in El Divisadero, bevor ich El Chepe wieder besteigen werde – genau einen Tag, den ich zwar für Ausflüge nutzen könnte, beispielsweise in einen nahe gelegenen Abenteuerpark, um die Bergwelt aus einer Gondelbahn heraus zu bewundern, um zu klettern, zu wandern oder, für den Adrenalinkick, die Schluchten auf Hängebrücken und Seilrutschen zu überqueren. Aber ich will heute kein Adrenalin. Ich will einfach hier sitzen und in die Landschaft schauen. Sie ist auch ganz für sich genommen, ohne Seilrutschen und Hängebrücken, aufregend genug.

Leider muss ich irgendwann im Lauf des Vormittags mein Zimmer räumen. Aber weil El Divisadero, abgesehen vom nahe gelegenen Abenteuerpark, nicht groß ist und es nicht viel zu sehen gibt, finde ich mich gleich darauf erneut am Rand der Schlucht wieder. Ein paar hundert Meter neben meiner Unterkunft entdecke ich auf einem Felsen unter einem Baum einen weiteren perfekten Platz, um einfach dazusitzen und die Landschaft zu betrachten.

Direkt vor mir bricht der Berg steil ab. Dort, wo kein direktes Sonnenlicht auf ihn trifft, hat er die Farbe von rötlichem Sandstein. Gegenüber aber, im Licht, leuchtet das Gestein in einem hellen Grau. Tiefe, senkrechte Risse durchziehen manche Felsen. Eine Formation sieht aus, als hätten Riesen Steine zu einem Turm aufeinandergestapelt, von dem jeden Moment etwas abbrechen könnte. Doch der Turm muss stabiler sein, als er wirkt, denn zwischen den Steinen treiben kleine Pflanzen aus, die Zeit zum Wachsen brauchen, und drängen nach oben zum Licht. Die Felsen daneben sind in einem fragilen Gleichgewicht so ineinander verkeilt, als gäben sie sich gegenseitig Halt. Moos bedeckt die Steine um mich herum und ebenso die Rinde der Bäume. Aus den Felsspalten wachsen kleine Kiefern und Laubbäume, die mich an verkrüppelte Eichen erinnern. Gegenüber, auf einem Berggrat, kann ich einen schmalen Pfad erkennen. Ein Fußweg, dort oben?

Manche Abbruchränder wirken so glatt, als hätte jemand sie in den Fels geschnitten. Andere Felsen bröckeln. Aber nicht alles an dieser Schlucht ist schroff und hart. Zwischen dem Gestein fließen sanftere, bewaldete Hänge ins Tal. Es duftet nach Nadelwald. Vögel tschilpen, und hoch oben am bewölkten Himmel zieht ein Greif seine Kreise. War ich wirklich erst gestern mit den Müttern von Los Mochis in der unbarmherzigen Sonne des Tieflands unterwegs und habe miterlebt, wie sie verzweifelt nach ihren Kindern suchten? Während ich hier in der Kühle und Ruhe der Berge von El Divisadero sitze, kann ich das kaum glauben.

Plötzlich sehe ich eine Rauchfahne, die direkt aus einer Felsspalte schräg gegenüber zu kommen scheint. Der Wind trägt Musik und Stimmen zu mir herüber. Am Hang steht ein Auto. Wohnt dort etwa jemand? Ein Fußweg führt von dort, wo ich sitze, in Richtung der Stimmen. Wenig später kommen mir auf ihm ein paar Frauen entgegen, gekleidet in weite, bunte Röcke und ebenso weite, bunte Blusen, die Kinder wie Bündel auf dem Rücken tragen. »*Buenos días*«, grüße ich. Sie erwidern den Gruß und gehen langsam weiter Richtung Bahnhof.

Es müssen Frauen vom Volk der Tarahumara sein, die sich selbst auch Rarámuri nennen, was angeblich so viel bedeutet wie »schnelle Läufer«. Tatsächlich sind die Tarahumara berühmt für ihre Fähigkeiten als Langstreckenläufer in unwegsamem Gelände; in ihren traditionellen Sandalen aus Lederriemen und Gummisohlen schlagen sie bei Ultramarathons selbst Profisportler.

Viele Tarahumara sind vor Hunderten von Jahren vor den spanischen Kolonisatoren, die sie zur Arbeit in den Silberminen zwangen, in die unzugänglichen Schluchten der Sierra Madre geflohen, wo sie heute noch als Bauern, Hirten und von der Jagd leben. Wegen ihnen wird die Sierra Madre Occidental auch Sierra Tarahumara genannt. Wie viele Menschen dem Volk heute noch angehören, kann ich nicht herausfinden, denn die Quellen widersprechen sich. Es sind wohl mindestens 50 000. Heute werden die Tarahumara von den Drogenbanden bedrängt, denn auch für die Kartelle ist das Gebirge ein Rückzugsort. Die Drogenbosse wollen die Menschen hier dazu zwingen, für sie zu arbeiten, zum Beispiel, indem sie auf ihren Feldern Schlafmohn statt Mais anbauen.

Irgendwann beschließe ich zu schauen, was El Divisadero sonst noch zu bieten hat, und schlendere auch hinüber zum Bahnhof. Über einem kleinen Stausee am Weg schweben Libellen, manche orangerot, andere blaugrün. Aus dem Wasser lugen Grashalme mit kleinen, gelben Blüten hervor. In der Ferne krächzt ein Vogel. Die Idylle wird durchbrochen von herumliegendem Elektroschrott und Plastikabfall sowie der Straße, auf der immer wieder Busse vorbeidröhnen. Aber selbst Verkehrslärm und Müll können die Erhabenheit der Landschaft hier nicht wirklich beeinträchtigen.

Ich überquere die Straße und folge einem Pfad entlang der Schienen zum Bahnhof. Auf der anderen Seite der Gleise stehen ein paar bescheidene Häuschen; ein Mann mit Cowboyhut bestellt ein Feld. Junge Tarahumara-Frauen gehen ebenfalls in Richtung Bahnhof, gekleidet in leuchtende Rüschenröcke und bunte Blusen, Taschen in der Hand, Kinder auf den Rücken gebunden. Offenbar ist der Markt im Bahnhof ihr Ziel. An den Ständen dort verkaufen Frauen gefüllte Tortillas, Flechtwerk, Stoffpuppen, Holzgefäße und anderes Kunsthandwerk an die Touristen. Im Moment ist allerdings kaum Kundschaft zu sehen, aber man scheint in Kürze Gäste zu erwarten, denn vor dem Bahnhofsgebäude stehen ein paar Männer neben Autos und Quad-Motorrädern. Sie sehen aus, als wollten sie gleich ein paar Besucher zu ihren Unterkünften chauffieren.

Weil am Bahnhof nichts los ist, drehe ich eine weitere Schleife im Ort, lande aber schnell am Eingang zum Abenteuerpark. Wer hier weitergehen will, muss Eintritt bezahlen. Also gehe ich wieder zurück. Es ist schon Mittag, und so langsam wird es trotz der großen Höhe doch warm in El Divisadero. Die Sonne hat erstaunliche Kraft.

Als ich nur wenige Minuten später erneut den Bahnhof erreiche, ist dieser nicht wiederzuerkennen. Die Bahnsteige sind voller Leute. Sie umlagern die Essensstände und verspeisen *gorditas,* dicke, gefüllte Tortillas aus grünem, orangefarbenem und gelbem Mais. Die Köchinnen haben alle Hände voll zu tun, um ihre vielen Gäste rasch zu bedienen und zugleich dafür zu sorgen, dass immer ausreichend Nachschub auf dem Herd steht. Offenbar sind während meiner Abwesenheit gleich mehrere Reisegesellschaften angekommen, die nun auf den Regionalzug warten, der sie hinunter ans Meer bringen soll.

Plötzlich nähert sich ein Zug – aber viel zu früh! Hektik bricht aus. Aufgescheucht zahlen die Essensgäste ihre Zeche und eilen zu ihren Taschen, Tüten und Koffern. Dann macht sich Erleichterung breit: Der Zug ist nur ein Güterzug. Noch bleibt Zeit, um ganz in Ruhe die Mahlzeit zu beenden. Alles beruhigt sich wieder.

Erst eine gute Stunde später fährt der Personenzug endlich unter großem Hallo und laut tutend in die Station ein. Ganz langsam schiebt sich die Lok heran und hält schnaufend. Die Fahrgäste drängen sich aufgeregt um die Türen, ein paar Passagiere steigen aus, die Reisegruppen schieben sich hinein. Ein Schaffner, stilecht gekleidet in eine Uniform mit weißem Hemd, grauer Weste, Fliege und Eisenbahnermütze, beobachtet den Trubel aus einer Waggontür heraus. Neben ihm steht ein kleiner Junge, der den Moment ganz offensichtlich genießt.

Etwa eine halbe Stunde wird der Zug hier Aufenthalt haben. So gibt man auch den Passagieren, die nicht in El Divisadero übernachten möchten, genügend Zeit, einen Blick in die Schlucht zu werfen. Dann fährt El Chepe weiter, und wenig später hat sich der Bahnhof von El Divisadero schon wieder geleert. Nur ein paar Feriengäste sind jetzt noch da – und die Frauen, die hier ihre Geschäfte betreiben.

Ihre Hände sind ständig in Bewegung. Die Köchinnen bereiten Essen zu oder säubern ihre Utensilien, die anderen flechten immerfort feines Schilfgras zu Körben, Schalen, Dosen. Selbst im Gehen verschlingen sie Gräser miteinander, so wie die junge Frau, die gerade die Gleise überquert, ihr Kind im Schlepptau. Die Hände der Korbflechterinnen bewegen sich flink. Sie brauchen nur ein paar Minuten, um eine kleine, zweifarbig gemusterte Schale herzustellen: zuerst den Boden, dann die

Wände, dann schneiden sie flott die die überstehenden Halme ab und versäubern den Rand – fertig.

Auf den Gleisen spielen jetzt Kinder. Die Jungen machen sich einen Spaß daraus, Kiesel gegen Mülltonnen knallen zu lassen, je lauter, desto besser. Ein Hund, der gerade noch an den Essensständen lungerte, lässt sich auf den Schienen nieder. Alle hier scheinen sehr sicher zu sein, dass vorerst kein Zug mehr vorbeikommen wird. Es ist nachmittags um drei in El Divisadero, und der Höhepunkt des Tages scheint vorbei.

Ich verbringe die Zeit bis zur Ankunft meines Zuges damit, in die Schlucht zu schauen, was sonst? Als es dunkel wird, verlege ich meinen Aufenthaltsort in die Hotelbar. El Chepe kommt um Mitternacht; schnaufend und tutend fährt er in den nahezu dunklen Bahnhof von El Divisadero ein, in dem außer mir kaum jemand auf ihn wartet. Die Szene hat etwas von einem alten Wildwestfilm, mit dem Unterschied, dass dieser Zug keine Pioniere westwärts bringt, sondern nur mich und ein paar andere Fahrgäste zur nächsten Station an der Strecke: nach Creel.

Creel

Ich bräuchte dringend etwas Schlaf. Um zwei Uhr nachts bin ich in meiner Herberge in Creel ins Bett gefallen, und ein paar Stunden später klopft schon der Zimmerservice an die Tür, deutlich vor der offiziellen Auscheckzeit. Offenbar sind alle anderen Gäste schon ausgeflogen. Ich reagiere gereizt. Dies ist eindeutig ein Platz für Aktivurlauber, nicht für erschöpfte Langzeitreisende wie mich.

Es wird höchste Zeit, dass ich wieder länger an einem Ort bleiben kann als nur für eine Nacht. In meinen Taschen finde ich nichts mehr, weil ich in den vergangenen Tagen überall nur kurz Station gemacht habe und keine Zeit hatte, mein Gepäck zu sortieren. Dafür taucht Bargeld an Stellen auf, an denen ich es nicht vermutet hätte. Darüber kann ich mich nicht wirklich beklagen, aber dann bricht zu allem Überfluss auch noch das Tragesystem meines großen 20-Kilo-Rucksacks an einer entscheidenden Stelle entzwei.

Ich fluche und sehe mir den Schaden an: ein Ermüdungsbruch. Ich fühle mich ebenso überstrapaziert wie mein Rucksack. Die letzten paar Tage bis zur Grenze nach San Diego hätte das Ding doch noch halten können! Jetzt werde ich hier, mitten in den Bergen, eine Lösung finden müssen, um die Tragegurte wenigstens provisorisch zu reparieren.

Bis mein Zug nach Chihuahua weiterfährt, bleiben mir noch ein paar Stunden. Ich streife durch die Geschäfte an der Hauptstraße von Creel – viel mehr Straßen gibt es in dem Städtchen auch nicht –, auf der Suche nach Schnüren oder Riemen, nach irgendwas, womit ich den Rucksack reparieren kann, um ihn weiter zu tragen.

In Creel herrscht Wildwest-Atmosphäre, nur dass die Cowboys hier nicht auf Pferden angeritten kommen, sondern in bulligen Breitreifen-Pick-ups vorfahren, auf denen hinten auf der Ladefläche die Familie sitzt. Auf dem Platz vor meiner Unterkunft verkaufen Rarámuri-Frauen in bauschigen, gerüschten Röcken und weiten Blusen Flechtarbeiten und anderes Kunsthandwerk. Einige betreiben auch ihre eigenen Läden entlang der Hauptstraße. Creel ist nicht groß, es hat nur ein paar Tausend Einwohner. Und noch etwas erinnert hier an den Wilden Westen: Creel ist nach den Herren der Stadt benannt, einer mächtigen US-amerikanischen Familie.

Hinter den Dächern erheben sich mit Kiefern bestandene Berge in der klaren Luft. Das Licht ist hell, Wüstenlicht. Es ist sonnig, heiß und trocken. Staub treibt durch die Straßen. Die Läden entlang der Hauptstraße verkaufen Trockenfleisch, die typischen Flechtwaren der Tarahumara, Töpfereien mit fein geritzten geometrischen Mustern, bunt bestickte Taschen – und Käse, der ganz besonders beworben wird, weil er von Mennoniten hergestellt wurde. Die Angehörigen dieser Glaubensgemeinschaft kamen vor fast 100 Jahren aus Kanada in die Sierra Tarahumara. Traditionelle Mennoniten erkennt man an ihrer Kleidung, die aussieht wie aus einer längst vergangenen Zeit, an den blauen Latzhosen der Männer, den dunklen Kleidern und weißen Häubchen der Frauen. Sie sprechen ein altertümliches Deutsch. Ich begegne ihnen hier nicht, aber der von ihnen produzierte Käse scheint, dem Angebot in Creel nach zu urteilen, ein Verkaufsschlager zu sein. Die Mennoniten siedeln weiter nördlich in der Nähe der Stadt Cuauhtémoc, an der ich mit El Chepe noch vorbeifahren werde. Rund 50 000 Mitglieder soll ihre Gemeinschaft heute noch zählen.

In einem Laden entdecke ich ein paar dicke Lederriemen, so wie sie die Tarahumara für ihre Sandalen verwenden. Ich erwerbe einen für ein paar Cent. Der Riemen hilft mir, meinen Rucksack notdürftig so zu verschnüren, dass ich ihn wieder schultern kann.

Kurz vor sechs Uhr abends stehe ich dann am Bahnhof und warte schon wieder auf einen Zug. Doch El Chepe verspätet sich. Niemand weiß genau, warum. Der Infoschalter ist verwaist; es bleibt nur, zu warten. Gerüchte verbreiten sich: Auf der Strecke soll es einen Steinschlag gegeben haben, sie sei nicht passierbar. Dennoch scheinen alle zu hoffen, dass der Zug irgendwann kommt, denn niemand verlässt den Bahnsteig. Also bleibe ich auch. Mitten im Bahnhof steht betriebsbereit eine Lok, und manche der Wartenden vertreiben sich die Zeit, indem sie Fotos voneinander auf der Lok und mit dem Lokführer machen. Der Mann hat sichtlich Spaß daran.

Dann kommt der Zug doch noch, und mit einiger Verspätung fahren wir los. Nach Creel hat die Landschaft nichts mehr mit den spektakulären Schluchten gemein, die ich in El Divisadero bewundert habe. Hier ist die Umgebung flach und grün, und die Felswände im Hintergrund sind deutlich niedriger als die im Herzen der Sierra Madre. Wir fahren vorbei an kleinen Steinhäuschen, vor denen Wäsche auf der Leine hängt, an flachen, hallenartigen Ställen mit Wellblechdach, an grasenden Pferden und Rindern, an Maisfeldern und Nadelwald auf felsigem Grund. Auf mich wirkt die Landschaft wie eine etwas schroffere Wildwest-Version des deutschen Voralpenlandes. Gemächlich zuckelt der Zug durch die Szenerie. Obwohl die Berge hier zahmer wirken als weiter im Süden, musste die Bahnstrecke auch hier stellenweise in die Felsen gesprengt werden. An solchen Stellen fährt der Zug über Geröllfelder und die steinernen Wände rücken nah an die Gleise heran.

Wir passieren Dörfer, dann das Städtchen San Juanito, das vor allem aus Sägewerken zu bestehen scheint. Laut tutend fährt El Chepe durch den Ort. Angeblich befindet sich San Juanito am höchsten Punkt der Sierra Madre, auf 2400 Metern über dem Meer. Dann folgen wir lange einem Fluss, der sich zunächst zwischen engen Felswänden dahinschlängelt, bis sich das Flussbett weitet und sehr flach wird. Die Ufer sehen aus, als würden sie bald abbröckeln. Das Wasser ist braun. Ich muss an Alejandro denken, den Waldschützer aus Tuxtla, der mir sagte, braunes Wasser bedeute Abholzung weiter oben in den Bergen.

Die Landschaft wird immer lieblicher. Der Zug schlängelt sich am Fluss entlang durch breite Wiesen. Ein paar Pferde queren den Wasserlauf, dann folgen schon wieder Maisfelder und Häuser. Schließlich fängt es an zu dämmern. Kurz bevor es völlig dunkel wird, passieren wir Cuauhtémoc, das Zentrum des Mennonitenlandes. Dass die Stadt auch ein landwirtschaftliches Zentrum ist, kann man selbst vom Zug aus deutlich sehen. Wir fahren an Silos, Ställen und Pick-ups vorbei. Draußen winken Passanten mit ihren Kindern dem Zug. »*¡Adiós!*«, rufen sie uns hinterher. Zweieinhalb Stunden später sind wir in Chihuahua.

Revolution in Chihuahua

In Chihuahua endet die Strecke des Zugs, aber für mich ist die Stadt wieder nur ein Zwischenstopp für eine Nacht. Dann will ich gleich weiter nach Tijuana, direkt an die Grenze zu Kalifornien, und dort noch ein paar Tage verbringen.

Ausgerechnet Tijuana! Ein paar Wochen vorher hat mich in Pátzcuaro ein Bekannter gefragt, was ich dort bloß will. »*Tijuana es muy feo*«, sagte er, die Stadt ist sehr hässlich, und meinte damit wohl eher unsicher. *Feo*, hässlich, wird in Mexiko häufig als diplomatisches Codewort benutzt. Dann heißt es: gefährlich. Meist fällt es in dieser Bedeutung im Zusammenhang mit der organisierten Kriminalität und mit Regionen, in denen der Staat nicht mehr für Sicherheit sorgt. So wie in Tijuana.

Ich nehme die Warnung nicht auf die leichte Schulter, denn ich weiß: Tijuana ist der wichtigste Grenzübergang in die USA und deshalb in den Händen der Drogenmafia. Doch mich interessiert die Stadt gerade wegen ihrer geografischen Lage. Fünf Tage will ich dort verbringen. Vorsichtshalber reserviere ich ein Hotelzimmer im sichersten Teil Tijuanas, dem Finanzdistrikt. Mein Kalkül: Die Behörden haben sicher ein Interesse daran, dass es in diesem Viertel, wo Geld fließt und Geschäfte gemacht werden, ruhig bleibt, und die Drogenmafia hat wohl kein Interesse daran, durch Gewalttaten ausgerechnet dort zusätzliche Aufmerksamkeit zu erregen. Sie mordet eher in den Ausgeh- und Armenvierteln, denn, so zynisch das ist, für das Schicksal der Armen interessiert sich niemand.

In Chihuahua spüre ich schon, dass die USA nicht mehr weit sind. Man merkt das am Frühstücksfernsehen, das hier auf Englisch und Spanisch läuft, und in den Läden der Innenstadt, die sich ebenso gut auf der anderen Seite der Grenze befinden könnten. Die Geschäfte sind voller nützlicher Dinge für texanische und hiesige Cowboys: Stiefel und Stiefelknechte,

Lassoseile und Sättel. Rund 230 Kilometer sind es von Chihuahua aus zum nächsten Grenzübergang in Ojinaga, rund 360 Kilometer nach Ciudad Juárez.

Ich habe noch ein paar Stunden, bevor ich meinen Flug nach Tijuana erreichen muss, und beschließe, das Histórico de la Revolución zu besuchen, das Historische Museum der Mexikanischen Revolution. Es liegt etwas außerhalb des Zentrums im ehemaligen Wohnhaus von Pancho Villa, einem der wichtigsten Revolutionsgeneräle, und seiner Frau Luz Corral. Während sein Kampfgenosse Emiliano Zapata und seine Bauernarmee im Süden kämpften, schlug Villa seine Schlachten im Norden. Beide werden bis heute im ganzen Land wie Helden verehrt. In Chiapas habe ich gesehen, welche Kraft die Erinnerung an Zapata immer noch besitzt. Das macht mich neugierig: Wie wird man hier im Norden Villas gedenken?

Die Mexikanische Revolution – eigentlich ein Bürgerkrieg in mehreren Phasen, der mehr als 20 Jahre lang andauerte – brach 1910 los, als Aufständische überall im Land gegen den Diktator Porfirio Díaz rebellierten. Unter dessen Regierung hatte Mexiko zwar eine lange Epoche des Friedens erlebt, aber viele Menschen lebten in großer Armut, während Diaz' Günstlinge die ganze Macht innehatten. So besaß ein Prozent der Bevölkerung mehr als 96 Prozent Grund und Boden, während der allergrößte Teil der *campesinos* sich als Tagelöhner verdingte, um zu überleben, oder gar in Schuldknechtschaft gezwungen war.

Eine Schicht von Oligarchen, oft geschäftlich verbandelt mit den USA, kontrollierte den Reichtum des Landes. Zu ihnen gehörte auch Enrique Creel, Bankier, Eisenbahnpräsident, Diplomat, Abgeordneter und Außenminister. Nach ihm wurde das gleichnamige Städtchen in der Sierra Madre benannt.

Pancho Villa führte eine Armee aus Bauern, Land-, Berg- und Eisenbahnarbeitern – und auch Banditen – gegen den Diktator und seine Oligarchen an. Bevor er zum Freiheitskämpfer wurde, war der Revolutionär selbst ein Gesetzloser gewesen. In seinen Erinnerungen beschreibt Villa sich als eine Art Robin Hood, der von den Reichen nimmt, um den Armen zu geben. Weil er selbst Ortschaften jenseits der US-Grenze überfiel, wurde er auch dort gesucht. 1923 wurde er in seinem Auto ermordet. Das Fahrzeug, von Dutzenden Kugeln durchsiebt, ist heute im Patio des Revolutionsmuseums von Chihuahua ausgestellt.

Villa kaufte das Gebäude ursprünglich als Hochzeitsgeschenk für seine Ehefrau. Drinnen sieht man die Wohnräume der beiden – und natürlich vor allem die Zeugnisse von Villas Leben als Pistolero und Revolutionär. Alles hier atmet Heldenverehrung. Das Museum gehört dem mexikanischen Verteidigungsministerium, und den Betreibern scheint es ein Anliegen zu sein, sich in die ruhmreiche Tradition des Freiheitskämpfers zu stellen.

Auch der Soldat in Zivil, der mich durch die Räume führt, gehört ganz unverkennbar zu Villas Bewunderern. Mit anerkennendem Unterton spricht er über die zahlreichen Frauen und Kinder des Revolutionsgenerals. Dutzende Frauen sollen es gewesen sein, und alle rechtmäßig angetraut – besser gesagt, so rechtmäßig, wie Villa es für gut befand, denn der Pistolero hatte ganz offensichtlich die Macht, das selbst zu definieren. »Führt sie alle an den Altar«, wird er in einer Broschüre zitiert. »Schaut mich an: Ich habe eine legitime Ehefrau vor dem Standesamt (Luz Corral), aber ich habe andere, die vor Gott ebenso legitim sind. So hat keine einen Grund, sich zu verstecken oder zu schämen ... Und sorgt euch nicht wegen des Widerstands der Priester, denn alles lässt sich regeln, indem man droht, ein paar Kugeln in ihre Richtung zu schicken.«

Die Geschichte amüsiert mich, aber auch die offensichtliche Verehrung, die mein Führer mit ihr verknüpft. Was für ein Mann war dieser Villa, »*¡Qué Chingón!*«, wie es hier in Mexiko heißt. Das Wort bezeichnet ursprünglich einen sexuell hyperaktiven Typen, einen Macho, der sich nimmt, was er will. Mittlerweile aber wird es für alle Personen benutzt, die sich von anderen nichts gefallen lassen und ihr Ding auch gegen Widerstände durchziehen. *¡Qué Chingón!* kann auch negativ gemeint sein, als Ausdruck des Unwillens über rücksichtslose, gemeine Kerle; aber sehr oft bedeutet der Ausruf einfach nur große Bewunderung. Gilt sie einer Frau, heißt es: *¡Qué Chingona!*

Die Wände im Museum sind voller Steckbriefe und alter Schwarz-Weiß-Fotos. Leider herrscht in den Innenräumen striktes Fotoverbot. Ich erfahre, dass die berühmten Bilder von Pancho Villa, die ihn mit Sombrero und in Uniform zeigen, die gekreuzten Patronengurte vor der Brust, zumindest teilweise inszeniert waren. Im Jahr 1914, die Revolution war in vollem Gange, unterschrieb Villa einen Exklusivvertrag mit einer Filmproduktionsfirma aus den USA. Deren Kameraleute begleiteten ihn auf seinen Feldzügen. Mit dem Geld, das er dafür erhielt, finanzierte der General seine Armee. Die Uniformen, die seine Soldaten und er für die Filmaufnahmen trugen, sollen damals schon aus der Mode gewesen sein. Aber sie gefielen dem Publikum in den USA wohl besser.

In einem der Patios listet ein Gedenkstein sämtliche Kämpfe auf, in denen Villa sich zwischen 1910 und 1920 schlug – fein säuberlich sortiert in Sieg und Niederlage, Überfall und Schlacht, eine exakte Statistik von Villas Verdiensten im Kampf. Das ganze Haus ist voller Waffen. Darunter sind urtümliche, klobige Maschinengewehre, die, wenn ich die Beschreibung richtig verstehe, auf Pferde montiert und von dort aus abgefeuert wurden. Ich frage mich, wie man damit überhaupt in der Lage war, irgendetwas zu treffen. Aber vermutlich gab die Menge der schnell abgeschossenen Kugeln den Ausschlag und es kam auf Präzision gar nicht an.

Ein Wandgemälde im Patio zeigt Villa wie einen Heiligen, wie er, von Licht umstrahlt, auf seinem Pferd gegen die Bourgeoisie anreitet. Einen Fluchttunnel gibt es auch. Er soll aus einem Kellerraum direkt in die Kathedrale von Chihuahua führen. Angeblich hat Villa ihn nie benutzt.

So gut wie alles hier dreht sich um den Helden Villa. Über die sozialen und wirtschaftlichen Hintergründe der Revolution hingegen erfährt man im Museum wenig. Zwar sieht man feministische Fahnen und Druckerpressen, mit denen aufrührerische Pamphlete vervielfältigt wurden. Man erfährt auch, dass Frauen vor dem Beginn des Aufstands für Arbeitsplätze demonstrierten, dass eine Dürre die Ernten dezimierte und wie die Eisenbahn gebaut wurde, um die natürlichen Reichtümer zum Nutzen weniger Familien aus der Region zum Pazifik zu transportieren. Doch vor allem ist das hier die ruhmreiche Geschichte männlicher Helden, ihrer Kampfeskraft und ihrer Waffen. *¡Qué Chingones!*

Nachdem Pancho Villa ermordet worden war, wurde sein Haus zu einem Museum, in dem seine Witwe noch 58 Jahre lang lebte. Fotos zeigen Luz Corral, wie sie prominente Gäste empfängt, unter ihnen Clark Gable und Anthony Quinn, und wie sie ihren Besuchern urtümliche Maschinengewehre aus der Ausstellung vorführt. Es sieht aus, als hätte man sie geehrt und geachtet. Doch der Führer, der mir das Museum zeigt, behauptet, sie sei 1981 arm und vergessen im Alter von 89 Jahren gestorben. Verdutzt frage ich nach: Vergessen, Luz Corral? Eine Frau, die von Hollywoodschauspielern besucht wird, offenbar unter reger Anteilnahme der Presse? Mein Führer stutzt. Für einen Moment wirkt er ratlos, doch er fängt sich schnell wieder: »Auf jeden Fall ist sie arm gestorben.«

Tatsächlich war Corrals Zuhause offenbar renovierungsbedürftig, als der Staat es übernahm. Vielleicht aber gehört es einfach zur Heldenverehrung, hier im Museum auch die Geschichte der Witwe zu erzählen, die nach dem Tod des Revolutionärs kein Glück mehr fand und ihr Leben fortan ausschließlich der Pflege seines Andenkens widmete.

Ich aber muss mich für heute von mexikanischen Heldengeschichten verabschieden. Wenig später sitze ich im Flugzeug nach Tijuana.

Kapitel 12

Tijuana: Die Grenze

Am Zaun

Nichts prägt Tijuana mehr als der Zaun, der das Land am Rande der Stadt wie eine schlecht verheilte Narbe durchschneidet. Am Strand kann man ihn gut betrachten. Er besteht aus hohen Eisenstangen in einer rostigen Farbe, die jemand senkrecht in den Boden gerammt hat. Es ist ein Spalier wie aus aufrecht stehenden Bahngleisen, nur ohne waagerechte Schwellen, dafür aber ganz nah aneinandergeschoben. So dicht stehen die Stangen, dass ich meine Schulter nur ein paar Zentimeter weit hindurchschieben kann, bevor ich steckenbleibe. Ein erwachsener Mensch könnte sich hier niemals hindurchwinden. Ein Kind vielleicht schon, aber es käme nicht weit. Auf der anderen Seite würde es bereits von einer Grenzpatrouille erwartet.

Zu meiner Linken reicht der Zaun weit ins Meer hinaus. Ein Schild schreit mich in signalroten Großbuchstaben an: *UNDER WATER*, ruft das Rot. Der Rest der Aufschrift ist ausgeblichen, zerkratzt und deshalb völlig unlesbar. Ist es eine Warnung vor Strömungen? Vor der Gefahr durch etwaige Sperranlagen, die sich hier unter der Wasseroberfläche verstecken? An einer so gut abgeriegelten Grenze scheint mir alles Mögliche vorstellbar. Selbst wenn ich dringend auf die andere Seite wollte – ich würde mich auf keinen Fall trauen, um diesen Zaun herum zu schwimmen oder gar zu tauchen; erst recht nicht jetzt, nachdem ich *UNDER WATER* gelesen habe.

Die Eisenschienen sind vielleicht dreimal so hoch wie ein erwachsener Mann. Wer dazwischen hindurchblickt, sieht vor allem einen weitgehend leeren Sandstrand, von Reifenspuren, ein paar Seevögeln und einem weiteren, vergleichsweise harmlos wirkenden Zaun einmal abgesehen. Auf dem Sand steht ein Jeep, dessen Kühlergrill auf die Grenzanlage ausgerichtet ist. Er sieht aus, als würde er uns beobachten. Ich erwidere seinen Blick. Vielleicht werde ich gerade aus dem Auto heraus observiert, wer weiß. Weiter hinten kreist ein Hubschrauber. Noch weiter hinten meine ich im Dunst verschwommen die Umrisse von San Diego zu erkennen. Die Stadt ist das Sehnsuchtsziel vieler Migranten, und für jene, die den Grenzübertritt geschafft haben, eine erste Anlaufstelle.

Aber San Diego ist weit weg, und zwischen dem Grenzzaun und der Stadt liegt weitgehend leeres Land. Südlich des Zauns, wo ich gerade stehe, ist das völlig anders. Hier drängen die Häuser Tijuanas so nah an die Grenzlinie heran, als wollten sie hinüberwuchern.

In gewisser Weise haben sie das schon getan. Denn wer sich die Gegend hier auf einer Landkarte im großen Maßstab anschaut, der erkennt leicht: Tijuana und San Diego sind trotz der Grenze, die beide Städte trennt, zu einem einzigen großen Ballungsraum zusammengewachsen. Familien leben und arbeiten beiderseits des Zauns. Unternehmen investieren über die Staatsgrenzen hinweg, und die beiden Grenzübergänge Tijuanas gehören zu den am meisten frequentierten weltweit. Von San Diego aus fährt sogar eine Straßenbahn bis an die Grenze. Abends kommen von drüben viele zum Feiern nach Mexiko, tagsüber kommen sie, um sich Zähne richten zu lassen oder wegen der preisgünstigen Schönheitsoperationen. Von Tijuana aus wiederum überqueren Zehntausende täglich die Grenze in Richtung Norden, um drüben zu arbeiten, zu studieren oder einzukaufen.

Und doch bleiben die USA für viele Menschen, die sich südlich des Zauns befinden, unerreichbar. Zumindest auf legalem Weg.

Die Badegäste am Strand Tijuanas aber scheinen das zu verdrängen. Gleich neben den Eisenstangen schwimmen sie, spielen mit ihren Kindern, fotografieren einander, sitzen auf den Terrassen der bunten, leicht baufällig wirkenden Gebäude am Hang oder unter den Sonnenschirmen am Strand und blicken hinaus aufs Wasser. Manche spazieren zum Zaun oder daran entlang, als wäre er eine besondere Freizeitattraktion. Vermutlich ist er für sie einfach Alltag. Womöglich gehören die unbeschwert Badenden auch einfach zu den Glücklichen mit den richtigen Papieren: Ausweisen, die es ihnen ermöglichen, legal die Grenze zu überschreiten.

Anderen aber ist anzumerken, dass sie die Eisenbarriere nicht so einfach ignorieren können. Der Frau zum Beispiel, die müde im Schatten des Zauns lagert; den Männern, die ein paar hundert Meter weiter Fitnessübungen machen; oder dem Grüppchen von Leuten, die oberhalb des Strandes neben einem Haus herumsitzen. Eine Aufschrift an der Wand weist das Gebäude als Migrantenherberge aus. Einige der Männer sitzen im Rollstuhl, ihre Beine sind amputiert – oft eine Folge von Drogenkonsum, wie ich noch erfahre. Denn der kann Durchblutungsstörungen verursachen, wegen derer schon kleine Verletzungen mit Amputationen enden können, wenn sie zu spät behandelt werden. Es ist offensichtlich: Diese Menschen sind nach Tijuana gekommen, um den Zaun zu überwinden. Und vielen von ihnen wird es wohl nicht gelingen.

Ein Abschnitt des Stahlspaliers ist in einem hellen Blaugrau bemalt; es ist genau die Farbe, die das Meer heute trägt. Vom Migrantenhaus aus sieht die blaue Stelle im Zaun aus, als tue sich dort eine Lücke in der Grenzbefestigung auf. Als könne man einfach hindurchgehen. Aber es ist nur eine Illusion.

Dabei scheint es früher einmal recht einfach gewesen sein, von Tijuana aus in die USA zu gelangen. Damals gab es hier keinen Zaun, berichtet der salvadorianische Autor Oscar Martínez, der die Migranten oft auf ihrem riskanten Weg aus Zentralamerika durch Mexiko bis zur nördlichen Grenze begleitet und viel darüber berichtet hat. Martínez beschreibt Fotos aus den Achtzigern, auf denen die Migranten von als Weihnachtsmännern verkleideten Grenzpatrouillen empfangen werden. Die Grenzer beschenken die Kinder, und sie lassen die Menschen auch ohne Dokumente passieren. Die Menschen auf seinen Fotos essen Hähnchenschenkel im Imbiss El Ilegal, der schon auf der anderen Seite liegt, und gehen zu Fuß dann weiter nach San Diego. Sie sind frohen Mutes: »Alle lächeln.«

Etwa 80 Personen pro Stunde überquerten in den 1980er-Jahren hier die Grenze in Richtung USA, mehr als ein Mensch pro Minute. Um von El Ilegal nach San Diego zu gelangen, brauchten sie zu Fuß eine Dreiviertelstunde.

Dann aber, in den 90er-Jahren, begannen die USA mit dem Bau von Sperrvorrichtungen. Zuerst errichteten sie einen vergleichsweise harmlosen Metallzaun, der wohl eher ein Symbol als eine wirkungsvolle Absperrung war. Gebaut wurde er aus altem, unbrauchbar gewordenem militärischem Gerät aus dem Irak-Krieg: verschrottete Panzer, im Gefecht zerstörte Hubschrauber und Militärfahrzeuge. Zusammen ergaben sie eine Konstruktion, die leicht zu überwinden war, erzählt Martínez. »Aber dann kam

1997, und sie merkten, dass dieses Blech gar nichts verhinderte. Also entstand die Mauer in ihrer ganzen Pracht.«

Mit »Mauer« meint der Journalist das Spalier aus Stahlstangen. »Es ist ein echtes Hindernis. Vom importierten Kriegsblech wird es durch einen Betonkanal getrennt, in dem die Grenzpatrouillen spazieren fahren, unter Scheinwerfern und Kameras, die immer wachsam sind. Immer.« Jede ungewöhnliche Bewegung wird zusätzlich von Sensoren unter der Erde und im Meer erfasst und gemeldet. Es scheint so gut wie unmöglich, diese Konstruktion zu überwinden, ohne dass die andere Seite es bemerkt.

Als die Grenzanlagen von Tijuana gebaut wurden, hieß der US-Präsident übrigens nicht Donald Trump, sondern Bill Clinton, und die Ironie der Geschichte war, dass die für die Konstruktion verantwortliche Firma dazu mexikanische und zentralamerikanische Arbeiter ohne Papiere einstellte. Das hielt die Kosten niedrig.

Ich hatte den Zaun schon gleich nach meiner Ankunft am Flughafen gesehen. Es war schon dunkel; ein Taxi brachte mich ins Hotel und nahm einen Weg direkt entlang der Grenze. Hinter der Barriere konnte ich im diffusen Licht Baumaschinen und Stacheldraht erkennen, vielleicht auch eine weitere Mauer. Dann passierten wir eine Reihe aus weißen Kreuzen. Bevor ich entziffern konnte, ob auf einem tatsächlich »Trump« stand, waren wir auch schon vorbei.

Der gegenwärtige US-Präsident will die Grenzbefestigungen noch verstärken; mit diesem Versprechen gewann Donald Trump die Wahl. Bislang allerdings – während dieses Buch entsteht, ist er etwas länger als zwei Jahre im Amt – ist daraus noch nichts geworden. Allerdings gibt es ein paar Prototypen, die im kalifornischen Otay Mesa stehen, von Tijuana aus gesehen genau auf der anderen Seite der Grenze.

Doch trotz der Abschottungsanlagen und trotz der Feindseligkeit, die aus den USA über die Grenze nach Mexiko schwappt und die auch in dieser Stadt zu spüren ist – für mich fühlt sich vieles in Tijuana an, als sei ich schon drüben. Mein Hotel stellt die Rechnung in US-Dollar aus; auf der Straße sprechen Mütter Englisch mit ihren Kindern; die Stadt ist für Autofahrer gebaut, nicht für Fußgänger; die Fahrbahnen sind breit, die Autos auch. Überall werden Take-away-Snacks und -Getränke angeboten, in Unmengen von Plastik verpackt. Außerhalb der Altstadt aber ein Café oder einen Imbiss zu finden, die auf Sitzkundschaft eingestellt sind, erweist sich als schwierig.

Tatsächlich wäre Tijuana ohne die USA nicht, was es heute ist, denn ohne die Grenze befände sich hier statt der Zwei-Millionen-Metropole womöglich nur ein weiteres unbedeutendes Wüstennest. Ein großer Teil der Einwohner Tijuanas – oder ihrer Vorfahren – ist nicht von hier. Viele Menschen aus dem Süden kamen hierher, um nördlich der Grenze ein besseres Leben zu suchen. Manche blieben. Manche fanden Arbeit in den Fabriken, die Unternehmen aus den USA wegen der hiesigen Steuererleichterungen in Tijuana errichtet haben. Aus dem Norden gelangten andere Menschen in die Stadt, solche, die den Gesetzen der Vereinigten Staaten von Amerika ausweichen wollten, manchmal nur für eine Nacht, manchmal für länger. Heute zieht Tijuana Partyvolk, Unternehmer und Investoren aus den USA an.

Nicht freiwillig, sondern unter Zwang kommen zahlreiche Deportierte in die Stadt. Viele von ihnen haben jahrzehntelang in den USA gelebt, gearbeitet und Familien gegründet, obwohl sie keinen legalen Aufenthaltsstatus besaßen – bis sich jemand daran störte. Manche begingen Straftaten in den USA und wurden deshalb abgeschoben. Andere hatten einfach das Pech, betrunken in eine Verkehrskontrolle zu geraten. Man sagt, während Tijuana früher eine Stadt der Migranten war, die im Norden ihr Glück suchten, ist es heute ein Ort der Deportierten. Während die Neuankömmlinge früher auf ein besseres Leben hofften, scheint die Zukunft für viele Abgeschobene heute aussichtslos. Und für jene, die aus dem Süden kommen, ist es viel schwieriger geworden, in die USA zu gelangen.

Geovanni

Geovanni Zamudio könnte leicht über die Grenze gehen. Er ist Mexikaner und US-Bürger, denn er wurde im Norden geboren, so wie vor ihm schon seine Mutter und Großmutter. Als man die Grenze noch problemlos überqueren konnte, bekamen viele Mexikanerinnen ihre Kinder in den USA. Unter ihnen waren auch Frauen seiner Familie.

Geovanni ist Kultur- und Geschichtswissenschaftler, er lehrt als Dozent an der Uni und macht auch Musik. Seine Heimatstadt Tijuana ist bekannt für eine Szene, die traditionelle mexikanische Musik und moderne elektronische Klänge mischt und daraus etwas Neues entstehen lässt. Geovanni selbst mixt unter dem Namen La Intrépida Orquesta de Beats (Das unerschrockene Beats-Orchester) Hip-Hop, Acid Jazz, Trip-Hop und Dub, er nutzt analoge und digitale Quellen, arbeitet mit Computer, Tablet und Plattenspieler und schafft so etwas Eigenes.

Obwohl Geovanni also ein Recht darauf hätte, unbehelligt in die USA einzureisen, bleibt er lieber in Tijuana. Er mag nicht mehr hinüber. Warum? »Ich will mein Herz schützen«, sagt er. Wie meint er das? Jedes Mal, wenn er über die Grenze möchte, wird er von den US-Beamten schikaniert, sagt er. Das möchte er in Zukunft lieber vermeiden.

»Es ist ein Machtkampf«, sagt Geovanni. Klar, letztlich gewinnt er, und die Grenzer müssen ihn einreisen lassen, denn er hat ja die richtigen Dokumente. Aber vorher halten sie ihn stundenlang fest. Sie holen ihn aus der Warteschlange, sie filzen ihn und leeren seine Taschen. Sie inspizieren seine Papiere mit spitzen, behandschuhten Fingern und übertrieben genau. Niemals geben sie eine Erklärung ab. Sie demütigen ihn, weil er mit seinen dunklen Locken, der braunen Haut und dem Bart eben wie ein Mexikaner aussieht, und mit seinen Klamotten und der extragroßen Brille noch dazu wie ein Alternativer. Es ist ganz offensichtlich, dass Geovanni kein Businessman in Anzug und Krawatte ist. Und an der Grenze schadet ihm das.

»Als es mir das erste Mal passierte, war ich zehn«, erinnert er sich. Heute ist er 37, und es ist in all den Jahren nicht besser geworden. »Mich macht schon die schlichte Tatsache verdächtig, dass ich dunkle Haut habe und beide Staatsangehörigkeiten.« Selbst wenn er die Kontrollen und Demütigungen überstanden hat, fühlt er sich auf der anderen Seite nicht wohl, sondern überwacht und ständig unter Verdacht. Das will er sich in Zukunft nur noch antun, wenn es gar nicht anders geht.

Aus Geovannis Sicht ist Tijuana eine viel freiere Stadt als San Diego. Er sagt, auch deshalb kämen viele US-Amerikaner so gerne über die Grenze. Hier ist ihnen mehr erlaubt – ganz abgesehen davon, dass ihr Geld in Mexiko viel mehr wert ist als zu Hause und sie sich hier Dinge leisten können, die in San Diego unbezahlbar wären. Schon Kleinigkeiten machen für ihn den Unterschied aus. »Am Strand von Tijuana darf man rauchen, trinken und ein Lagerfeuer anzünden. In San Diego nicht. Dort wird der Strand nachts abgesperrt.«

Ich frage ihn: Wie ist Tijuana sonst so? Eine moderne Stadt mit wenig Sinn dafür, dem Alten Denkmäler zu errichten, antwortet Geovanni. Sehr eng mit den USA verbunden. Jeden Tag pendeln zigtausend Menschen, Mexikaner und US-Bürger, zwischen San Diego und Tijuana. Forscher der Universität von San Diego schätzen, dass 200 000 US-Bürger im mexikanischen Bundesstaat Baja California leben, sehr viele davon in Tijuana. Das alles prägt, sagt Geovanni. »Es gibt hier viele binationale Familien. Aber wir wissen trotzdem, wer wir sind. Was zu unserer Kultur gehört, und was nicht.«

Ich will wissen, was er damit meint. Statt einer Antwort erzählt er mir die Geschichte von der Hochzeit seiner Kusine. Der Bräutigam kam aus den USA. »Die mexikanischen Gäste tanzten, tranken Tequila und feierten ausgelassen. Am Tisch der Familie des Bräutigams ging es viel gesetzter zu. Aber *no pasa nada,* das macht gar nichts, wir haben trotzdem alle zusammen gefeiert.«

In Tijuana kennt man das. Menschen von überallher kommen in die Stadt, und sie alle bringen ihre eigenen Sitten und Gewohnheiten mit. So wie auch Geovannis Großeltern, die ursprünglich aus Süd- und Zentralmexiko stammten, aus Michoacán, Hidalgo, Zacatexas und Jalisco. »Das hier ist ein Schmelztiegel«, sagt er. »Aber die eigene Identität wird dadurch nur stärker.«

Party und Prohibition

Tijuana wurde 1889 gegründet, aber so richtig groß wurde die Stadt erst mehr als dreißig Jahre später, zur Zeit der Prohibition in den USA. Damals konnten sich US-Amerikaner in Mexiko, anders als zu Hause, straflos betrinken. Und Tijuana wurde zu ihrer Partymeile, vor allem für die Einwohner des bevölkerungsreichen Bundesstaats Kalifornien, denn sie können die Grenzstadt leicht erreichen.

Im Viertel rund um die Avenida Revolución, nur einen Kilometer vom Grenzübergang San Ysidro entfernt, entstanden Bars und Spielhöllen, die Prostitution blühte, und auch mit dem Schmuggel verbotener Getränke in die USA konnte man einträgliche Geschäfte machen. So entstanden starke Netzwerke für den illegalen Handel. Später dehnte die Mafia ihr Geschäft auf den Heroin- und Marihuanaschmuggel aus, und noch etwas später kam Kokain hinzu.

Schon immer boomte Tijuanas Wirtschaft dank des Geldes aus dem Norden. Das ist bis heute so geblieben. Immer noch geht es der Stadt wirtschaftlich gut; nur bringen heute die *maquiladoras*

Investitionen und Jobs – wenngleich zu schlechten Bedingungen für die Arbeiterinnen und Arbeiter, denn davon gibt es in Tijuana viele, und Menschen sind leicht ersetzbar. *Maquiladoras* nennt man jene Fabriken, die Elektrogeräte, Autoteile oder medizinische Apparate für den US-Markt herstellen und dorthin exportieren dürfen, ohne Einfuhrzölle zu entrichten. Für ihre Eigentümer ist es, als stünden die Betriebe in den USA. Es gibt nur einen einzigen, aber entscheidenden Unterschied: Die *maquiladoras* zahlen mexikanische Löhne.

Eine Stadt der Vergnügungssüchtigen ist Tijuana geblieben. Wie zu Zeiten der Prohibition trifft sich das Partyvolk vor allem entlang der Avenida Revolución, an der sich Bars, Diskotheken, Schnapsläden und Souvenirgeschäfte aneinanderreihen. Im Finanzdistrikt, wo sich mein Hotel befindet, gilt das Viertel um die Vergnügungsmeile als verrufen, als eine Gegend, in der eine Frau sich besser nicht allein herumtreiben sollte – und wenn doch, dann nur unter entsprechenden Sicherheitsvorkehrungen, warnt mich die Dame an der Hotelrezeption. Sie spricht von Taschendieben und Räubern und rät mir, keine Kamera mitzunehmen und auch keine sichtbaren Wertsachen, wenig Bargeld, keine Kreditkarte. Bestimmte Straßen westlich der Avenida Revolución soll ich lieber ganz meiden. Dort befinden sich der Straßenstrich und eine offene Drogenszene.

Doch das sind Vorsichtsmaßnahmen, wie man sie überall in Mexiko treffen sollte, und in den allermeisten Großstädten weltweit sowieso. Deshalb beschließe ich an einem sonnigen Vormittag, mir die Avenida Revolución einmal genauer anzusehen. Ich gehe absichtlich tagsüber hin, denn das scheint mir sicherer. Doch als ich auf der Revo ankomme, wie die Straße kurz und liebevoll von den Einwohnern Tijuanas genannt wird, denke ich, dass ich vielleicht doch den falschen Zeitpunkt gewählt habe. In der Helligkeit und Hitze des Tages ist die Vergnügungsmeile ein sehr trister Ort. Kein Partyvolk ist unterwegs. Die Revo wirkt schmuddelig und abgerissen, nicht anders als andere Amüsierviertel, die ihren Glamour erst in gnädiger Dunkelheit entfalten.

Mich zieht es zum Palacio Frontón, einer Sportstätte aus den 1920er-Jahren, die in ihrer Bauweise tatsächlich anmutet wie ein Palast. Ihr Eingang ist von mächtigen Toren umgeben, die mit bunt bemaltem Stuck verziert sind. Von Spitzen gekrönte Säulen recken sich in gleichmäßigen Abständen entlang der Mauern empor, und mit farbigen Schnörkeln verzierte Brüstungen ziehen sich wie eine Krone oben um die Wand. Früher wurde im Palacio Frontón Jai Alai gespielt, ein dem Squash ähnlicher Ballsport baskischen Ursprungs, den Immigranten in die USA brachten. Von dort aus gelangte das Spiel nach Tijuana. Die Zeiten, in denen hier Jai Alai gespielt wurde, müssen für die Stadt golden gewesen sein – die Pracht des Palacio Frontón zumindest ist erhalten geblieben. Vor dem Gebäude tanzt ein Jai-Alai-Spieler auf einer Weltkugel. Anmutig hebt er seinen Schläger, so als wollte er ein ihm zujubelndes Publikum grüßen. An diesem Ort, mit Blick auf den Palast, ahne ich, wie glamourös Tijuana einst gewesen sein muss.

Heute finden im Palacio Frontón Konzerte statt. Nebenan, im angeblich ältesten Lokal der Stadt, kann man Fotos aus den Glanzzeiten bewundern. Sie zeigen konzentriert blickende Ai-Jalai-Spieler im Sportdress und daneben jede Menge Superstars: die drei singenden Bee Gees in ihren Glitzeranzügen, den Doors-Sänger Jim Morrison während eines Konzerts, Freddie Mercury an der Gitarre, einen tanzenden Michael Jackson und Madonna in einer Art Kettenhemd aus Glitzersteinen. Offenbar sind sie alle in Tijuana aufgetreten.

Gegenüber vom Palacio Frontón aber verblasst der Glamour schnell. Dort befindet sich eine Großdisco, die mit grell blitzender Videowerbung für die Livebands wirbt, die dort bald zu sehen sein werden. Die Spots kommen gegen die helle Mittagssonne kaum an. Das Orange auf den Markisen des Gebäudes ist verblichen, ein mehrstöckiger grauer Betonklotz erhebt sich hinter der Disco. Im Moment wirkt sie gar nicht wie ein Ort für ausgelassene Partys, sondern sehr trostlos.

Ich beschließe, die Tristesse wenigstens für heute zu verlassen und noch einen kleinen Schlenker zur Grenze zu unternehmen. Doch auf dem Weg dorthin wird die Umgebung nur noch elender. Um zum Grenzübergang zu gelangen, muss ich den Río Tijuana überqueren, und die Treppen zur Brücke sind von Bettlern gesäumt: von Kindern, die in Begleitung ihrer Mütter Kaugummis für ein paar Cents verkaufen, einem beinamputierten Mann im Rollstuhl und gebrechlichen alten Frauen, die nicht aussehen, als könnten sie sich ohne Hilfe je wieder von ihren Plätzen erheben.

Von der Brücke aus schaue ich dann auf den Fluss. Eigentlich ist es eher eine breite Rinne mit planiertem Boden, die von glatten, schrägen Wänden wie von Rampen eingefasst wird. In der Mitte der Rinne fließt Wasser durch einen schmalen Kanal. Abwasserrohre führen hinein. Es ist heiß, das Wasser stinkt, Müll sammelt sich darin. Dann sehe ich im Schatten unter einer benachbarten Brücke dunkle Flecken, die sich bewegen. Als ich genauer hinsehe, begreife ich: Dort kampieren Menschen.

Crystal City

Monserrat Solis weiß, unter welchen Umständen die Obdachlosen von Tijuana leben und sterben. Sie hat lange mit den Menschen gearbeitet, die in der Stadt ankommen und weder einen Platz zum Wohnen finden noch einen Job, noch Geld – *nada*, rein gar nichts, was auch nur ansatzweise eine Basis sein könnte, um sich in Tijuana ein Leben aufzubauen.

Monse, wie sie kurz genannt wird, ist eine Graffiti-Künstlerin aus Mexiko-Stadt. Seit ungefähr zehn Jahren lebt sie in Tijuana, am äußersten nordwestlichen Rand ihres Heimatlandes, eine schmale Frau mit braunen Dreadlocks, zwei winzigen Creolen in Nasenflügel und Unterlippe, wachen Augen und einer sanften, kratzigen Stimme. Doch wenn Monse von den Verhältnissen in Tijuana spricht, verhärtet sich ihr Tonfall, wird kühler, distanziert und sachlich. Dann erzählt sie von der Polizei, die mit der Mafia unter einer Decke steckt und sowohl die Migranten als auch die Ortsansässigen, sie selbst eingeschlossen, drangsaliert. Und von Freunden, die durch Gewalt und Drogen gestorben sind.

Wir treffen uns, weil sie mir einige Graffiti an den Brücken und Hauswänden von Tijuana zeigen will, ihre eigenen und noch ein paar andere. Monse malt *murales*, großflächige Wandbilder, und gestaltet Plakate, die sie dann an Wände klebt. Sie besteht darauf, dass ihre Kunst im öffentlichen Raum zu sehen ist. Vor allem aber will sie gemeinsam mit den Menschen arbeiten, die auf der Straße leben, mit den Obdachlosen, den Migranten, den Drogenabhängigen und den Prostituierten. Warum sie das möchte? »Man kann sich die sozialen Probleme nicht vom Leib halten«, sagt sie. »Für mich existiert diese Trennung zwischen Kunst und sozialem Engagement nicht. Ich finde, als Künstlerin, die aus ihrem Umfeld schöpft, muss ich etwas zurückgeben. Das ist meine Verantwortung. Ich kann ihr nicht ausweichen.«

Etwas zurückgeben – Monse begann damit, kaum dass sie in Tijuana angekommen war. Im Rahmen eines Hilfsprojekts, das die Ausbreitung von HIV und AIDS in der Stadt eindämmen sollte, verteilte sie Einwegspritzen, Hygieneartikel, Kondome und Informationsmaterial an Obdachlose. In Tijuana ist die Zahl der HIV-Infizierten wegen der Drogenszene und der Prostitution höher als anderswo in Mexiko.

Die Helfer kümmerten sich damals um eine Gruppe von etwa 10 000 Menschen, die im Zentrum Tijuanas auf der Straße kampierten, nur ein paar hundert Meter vom Grenzübergang in die USA entfernt. Die meisten waren Deportierte, aus den USA abgeschoben und dann an der Grenze gestrandet. Durch ihre Arbeit lernte Monse das Leben der Obdachlosen kennen.

Sie beobachtete, wie die Polizei die Leute schikanierte, etwa indem sie ihnen Spritzen, Kondome und Infozettel sofort wieder abnahm, kaum dass die Helfer die Sachen ausgegeben hatten. Es war eine reine Machtdemonstration. »Sie taten das schlicht und einfach, um zu zeigen, wer hier das Sagen hat.«

Viele der Obdachlosen hatten sich damals am Ufer des Tijuana-Flusses eingerichtet, erzählt Monse. Sie waren arm und elend, aber sie passten aufeinander auf. »Sie funktionierten wie eine alternative Gesellschaft. Jeder hatte seine Aufgabe. Manche waren für die Sicherheit zuständig, andere für Sauberkeit, wieder andere besorgten Essen.« Eine Chance auf Arbeit und damit darauf, einen Platz in der etablierten Gesellschaft Tijuanas zu ergattern, hatten diese Menschen ohne Papiere und ohne festen Wohnsitz aber nicht. Und viele begannen, angesichts der Aussichtslosigkeit Drogen zu nehmen.

Irgendwann räumte die Polizei das Lager am Fluss mit Feuer und roher Gewalt. Was Monse mir davon erzählt, lässt mich ahnen, wie viel ein Menschenleben in Tijuana wert ist: rein gar nichts. Monse spricht darüber in einem sachlichen Ton, aber sie wählt schonungslose Worte. Vielleicht aus Wut. Vielleicht aber auch, weil die Verhältnisse in dieser Stadt einfach schonungslos brutal sind.

Zwei Tage lang dauerte die Räumung, erinnert sich Monse, und die Behörden rechtfertigten sie, indem sie behaupteten, die Obdachlosen hätten die Abwasserkanäle Tijuanas verstopft. »Sie sprachen über sie wie über Parasiten. Sie behaupteten, sie hätten sie in Entzugskliniken gebracht.« Aber Monse nimmt der Stadtverwaltung diese Geschichte nicht ab. Sie sagt, zu viele Menschen waren nach der Räumungsaktion einfach verschwunden. Und sie findet es völlig unlogisch anzunehmen, der Staat hätte aus reiner Menschenfreundlichkeit die Kosten für so viele Entzugstherapien übernommen. Für viel wahrscheinlicher hält sie, dass viele Obdachlose damals einfach umgebracht und verscharrt wurden. Wozu sonst hätten nach der Räumungsaktion plötzlich schwere Baumaschinen im Niemandsland auftauchen sollen? »Niemand fragt nach diesen Menschen. Niemand weiß, wer sie waren. Man kann sie einfach verschwinden lassen. Und das war's dann.«

Egal, wie man es dreht und wendet: Tijuana ist eine gewalttätige Stadt, und die Grausamkeit ist alltäglich. Eine Zeit lang sanken die Mordraten zwar, und es herrschte die leise Hoffnung, die Stadt könnte wenigstens halbwegs befriedet werden. Doch zuletzt wurde es schlimmer als je zuvor. In den vergangenen Jahren hat sich die offizielle Zahl der Morde vervielfacht. Im Jahr 2018 starben hier mehr als 2500 Menschen eines gewaltsamen Todes. Das ist ein neuer Rekord, und er macht Tijuana zu einem der tödlichsten Orte der Welt. Die Leichenhallen der Stadt sind buchstäblich überfüllt.

Hinter der neuen Welle der Gewalt steckt ein Überangebot an Crystal Meth – oder *cristal,* wie man die Droge auf Spanisch nennt. Eine Dosis *cristal* ist in Tijuana schon für zwei Dollar zu haben, und der Preis sinkt. Das schreibt die Journalistin Kate Linthicum, die für die Los Angeles Times aus Mexiko berichtet. Anders als früher, als »mächtige Kartelle um die Kontrolle der Schmuggelrouten in die USA kämpften«, streiten sich heute »Teilzeitdealer um einen wachsenden lokalen Markt und sterben oft für das Recht, Drogen in einem einzigen Häuserblock zu verkaufen«. Das macht die Sicherheitslage in Tijuana noch unübersichtlicher.

Monse hat erlebt, wie die Gäste in den Bars von Tijuana *cristal* ganz offen konsumieren – unter den Augen der Polizei. Die Betreiber der Etablissements zahlen Schutzgeld an die Mafia, sagt sie, und tun sie es nicht, dann müssen sie damit rechnen, dass ihr Laden abgefackelt wird. Später wird sie mir die Überreste eines Lokals an der Revo zeigen, von dem nur noch eine verrußte Ruine übrig ist, die auf einem abgesperrten Grundstück vor sich hingammelt. Mitten im Bling-Bling der Partymeile klafft sie als düstere, hässliche Lücke, die anscheinend niemand beseitigen will. Sie wirkt wie ein Mahnmal, das deutlich zeigt, wer hier in der Stadt Einfluss hat.

Es ist eine wahre *cristal*-Epidemie, die Tijuana zerfrisst. Monse erzählt, dass hier so gut wie alle die Droge nehmen: gesetzte Großmütter, die sich um ihre Enkel kümmern, während ihre erwachsenen Kinder arbeiten gehen; Arbeiterinnen aus den *maquiladoras,* die ohne Crystal Meth ihre Schicht nicht schaffen; verzweifelte Migrantinnen und Migranten, selbst jene, die lange darum gekämpft haben, clean zu bleiben; und auch die Künstler in Monses Freundeskreis, die sich einreden, sie seien auf Drogen kreativer und produktiver. Monse aber sieht, was das Meth aus ihnen macht. Sie bemerkt die Hyperaktivität, die Anzeichen von Unterernährung, den künstlerischen Verfall.

Sie spricht ganz ruhig darüber. Aber es ist ihr anzumerken, wie sehr es sie mitnimmt, ihre Freunde so zu sehen. Mittlerweile denkt Monse darüber nach, Tijuana zu verlassen. »Ich brauche eine Atempause von der Dynamik hier. Und von der Grenze.«

Graffiti

Zuerst aber nimmt sie mich mit auf einen Spaziergang, um mir die Dynamik, von der sie spricht, begreiflich zu machen – eben anhand der Graffiti. Wir starten an einem unwirtlichen Ort am Rand des Geschäftsviertels, an dem mehrere Brücken über eine Schnellstraße führen, sich in Abzweigungen verästeln und wieder verbinden. Das erste Wandgemälde befindet sich gleich unter einer der Brücken. Es zeigt zwei Riesen, eine Frau und einen Mann. Sie sind so groß wie die ganze Wand. Am Boden sitzend, stemmen sie die Arme nach oben, als müssten sie die ganze Brücke tragen. Um sie herum drängen sich Häuser aneinander wie bunte

Bauklötzchen. Es sieht aus, als bewahrten die Riesen Tijuana vor dem Einsturz der Brücke und davor, von ihr zermalmt zu werden.

Monse malte dieses und andere Bilder zusammen mit Menschen, die auf der Straße lebten. Sie lud sie ein, ihr zu helfen, und stellte ihnen eine einzige, aber entscheidende Bedingung: »Wenn sie mit mir zusammen waren, durften sie nichts nehmen. Egal, was. Weder Alkohol noch Marihuana oder *cristal* oder Heroin. Nichts. Wenn sie nüchtern waren, konnten wir uns über alles Mögliche unterhalten.« So lernte sie obdachlose Migranten und ihre Geschichten besser kennen.

Einer von ihnen, ein junger Mann, war ein paar Monate zuvor aus den USA abgeschoben worden, weil er betrunken und ohne gültige Papiere in eine Fahrzeugkontrolle geraten war. Die US-Behörden verfrachteten ihn nach Tijuana, aber weil er hier niemanden kannte, war er komplett auf sich allein gestellt. Seine ganze Familie lebte auf der anderen Seite des Zauns. Monse wurde zu seiner Verbindung in die Heimat. Wenn die Mutter des Jungen ihn anrufen wollte, wählte sie Monses Nummer. Innerhalb weniger Tage arrangierte die Familie seine Rückkehr mit einem Schlepper. »Zum Glück ist er durchgekommen«, sagt Monse. »Jetzt ist er wieder zu Hause und arbeitet. Alles ist gut gegangen. Aber in den meisten Fällen ist dem nicht so.«

Ein anderer junger Mann, den Monse an der Brücke kennenlernte, wurde zu einem engen Freund. Jetzt ist er tot, umgebracht, weil er in die Fänge der Mafia geriet. Er hieß Aurelio. Als ich Monse kennenlerne, sind erst ein paar Monate seit dem Mord vergangen.

Aurelio nahm *cristal* und arbeitete für die Drogenbanden. Die allermeisten Migranten haben keine Chance, clean zu bleiben, denn bei klarem Verstand ist das Leben auf Tijuanas Straßen, inmitten von Gewalt, ständigen Schikanen der Polizei und ohne jede Aussicht auf Besserung, kaum zu ertragen. »Wer aber süchtig ist und nur einen Tag länger überleben will, der muss für die

Schmuggler arbeiten«, sagt Monse. Ich denke: Vermutlich bleibt auch den wenigen Migranten, denen es gelingt, clean zu bleiben, keine Möglichkeit, sich dem Willen der Mafiabosse zu widersetzen.

Aurelio, nur ein Jahr älter als Monse, hatte gar keine Chance. Monse bot Lese- und Schreibkurse für Migranten an, gratis, weil sie hoffte, damit die Aussicht ihrer Schüler auf bessere Jobs zu erhöhen. Aurelio nahm teil. Und tatsächlich stieg er auf – aber leider in den Reihen der Drogenmafia. Er brachte Menschen über die Grenze, verteilte Drogen, trieb Geld ein, auch mit Gewalt, und führte Bücher. Hätte er sich geweigert, hätten sie ihn umgebracht. »Das ist die Wahl, die sie haben: Entweder du lebst, oder es lebt jemand anderes.« Aurelio überlebte eine ganze Weile, bis er im Januar 2018 dann doch umgebracht wurde.

Monse wirkt ganz ruhig, als sie davon erzählt. Dabei ist gar nicht zu übersehen, wie sehr sie an Aurelio hing und er an ihr. Es wird deutlich an der Art, wie sie ihn beschreibt, und an den Begebenheiten, die sie schildert. Etwa als sie sich daran erinnert, wie sie einmal mit einer schweren Lungenentzündung im Bett lag und er sich um sie kümmerte. »Ich hatte keine Krankenversicherung. Er rief mich an und hat an meiner Stimme gemerkt, wie schlecht es mir ging. Um vier Uhr morgens tauchte er dann bei mir auf, total besorgt, und brachte mir Aspirin und Tee. So war er.«

Seit Aurelios gewaltsamem Tod fühlt sich auch Monse nicht mehr sicher in Tijuana. Zu viele andere Freunde wurden ebenfalls ermordet oder verschwanden spurlos.

Schweigend gehen wir ein Stück weiter, bis zu einer Stelle, an der sich die Fahrbahn emporschwingt in Richtung Fluss. »*Mira*, schau mal«, sagt Monse und zeigt nach oben, »da lebt jemand.« Auf einem winzigen Fleckchen Gras am Straßenrand sehe ich Kartons und Plastikreste. Eine Schlafunterlage für die Nacht? Ich kann mir nur schwer vorstellen, wie jemand dort Ruhe finden kann. Direkt neben den Kartons tost der Verkehr, die Kartons liegen völlig ungeschützt vor Sonne, Regen und menschlichen Angriffen neben der Fahrbahn. Aber Monse muss es wissen. Schließlich lebt sie hier.

Andere Migranten suchen sich ähnlich schwer vorstellbare Schlafplätze, erzählt sie. Ganz in der Nähe zum Beispiel lebten Kinder in den Bäumen. Zwischen den Ästen, im Laub, versteckten sie sich auch vor den Razzien der Polizei. »Wie eingesponnene Schmetterlinge« hingen sie dann in den Baumkronen.

Inzwischen sind wir fast auf der Avenida Revolución angekommen. In einer Seitenstraße, die auf direktem Weg vom Grenzübergang zur Vergnügungsmeile führt, zeigt Monse mir ein Wandbild, das den Migranten, die durch Mexiko ziehen, ein Denkmal setzt: ein Mann in Arbeitskleidung, Schwarz auf Weiß gemalt. Er sitzt auf einem Stein, als machte er gerade eine Pause. In seinen kräftigen Händen hält er einen Abzieher. Er ist einer der Vielen, die sich an den Kreuzungen mexikanischer Städte ein paar Pesos verdienen, indem sie bei Rot unaufgefordert die Windschutzscheiben der wartenden Autos putzen. Das bärtige Gesicht des Mannes ist von Falten durchzogen. Ich habe das merkwürdige Gefühl, dass mir sein Blick folgt. Absicht, sagt Monse. Der Mann hat Spiegel statt Augen. Leider befinden sie sich so hoch oben an der Wand, dass ich mich darin nicht wirklich erkennen kann.

Schräg gegenüber vom Wandbild befindet sich ein besonderes Café: das Enclave Caracol, benannt nach den *caracoles* der Zapatisten von Chiapas, das von einem linken, feministischen und anarchistischen Kollektiv betrieben wird. Seine Mitglieder kochen hier täglich Gratismahlzeiten für Menschen, die sich kein Essen leisten können, und verköstigen am Tag schätzungsweise hundert Personen. In ein paar Tagen soll Marichuy im Enclave Caracol sprechen, die Frau, die vor ein paar Wochen noch versucht hat, für die Zapatisten zur Präsidentschaftswahl anzutreten.

Obwohl sie damit gescheitert ist, macht sie weiter Politik. Leider werde ich nicht lange genug in der Stadt sein, um sie zu erleben.

Westlich der Revo gelangen wir dann ins Rotlichtviertel. Allein würde ich hier wohl nicht weitergehen, aber mit Monse fühle ich mich sicher. Sie war schon oft hier. Wir gehen vorbei an viel zu stark geschminkten Frauen, die auf Kunden warten, und an Menschen, die in Haustüren oder am Bordstein kauern und deren körperlicher Verfall unübersehbar ist. Es stinkt. Ein intensiver Geruch nach Fäulnis hängt in der Luft. Zuerst denke ich, dass es der Schmutz sein muss, die Mischung aus Straßendreck und Menschen, die sich viel zu lange nicht gewaschen haben. Aber dann erklärt mir Monse, dass die Drogen den Stoffwechsel der Süchtigen verändern. Es sind ihre Körper, die so riechen.

Auch hier, in der Altstadt und im Rotlichtviertel, gibt es Migrantenherbergen, und in vielen soll die Drogenmafia aktiv sein. Die Banden zwingen die Bewohner, für sie zu arbeiten, sie kassieren Miete oder verwalten die Hilfsgüter, die eigentlich als Spenden für die Notleidenden gedacht sind. Was genau die Mafia in welchem Haus treibt? Und ob es hier auch Herbergen gibt, denen es gelingt, sich ihrem Einfluss zu entziehen? Das ist wohl für niemanden so richtig zu durchschauen.

Hier im Viertel gab Monse früher ihre Gratis-Kurse in Lesen, Schreiben und Malen. Anfangs war die Resonanz gut, erzählt sie. Doch dann kamen ohne ersichtlichen Grund immer weniger Teilnehmer. Irgendwann nahm der Leiter der Herberge sie beiseite. »Er sagte, sei nicht traurig. Denk nicht, dass es sie nicht interessiert oder dass du deine Sache nicht gut machst. Aber sie müssen einfach arbeiten.« Dann zeigte er Monse einen Nebenraum, in dem 30 oder 40 ihrer ehemaligen Schüler damit beschäftigt waren, Crystal Meth zu dosieren und zu verpacken, um den Stoff später zu verkaufen. Was für eine Ernüchterung!

Eine andere Migrantenherberge hat Monse von außen bemalt, und dieses Gebäude will sie mir heute zeigen. Ihr Bild stellt ein leuchtend rotes Herz auf schwarzem Hintergrund dar, das eine ganze Wand bedeckt und aussieht wie lebendig. Es ist keine stilisierte Darstellung, sondern ein menschliches Organ mit gut erkennbaren Adern. Daneben funkeln Sterne im Schwarz der Wand. Jeder einzelne steht für einen ganz bestimmten Menschen, der in der Herberge wohnte, als Monse das Graffito malte, erzählt sie mir. Hinter dem Herz ist eine graubraune Stadt zu sehen: Tijuana.

Der Direktor der Herberge bittet uns hinein. In seinem Haus leben zwei unterschiedliche Gruppen von Migranten: Die einen wurden aus den USA deportiert, die anderen sind vor dem mexikanischen Drogenkrieg geflohen, vor allem Frauen und Kinder, die aus ihren Heimatorten in den südlichen Bundesstaaten Guerrero und Michoacán vertrieben wurden. Jetzt warten sie in Tijuana darauf, Asyl in den USA beantragen zu können. Streng juristisch betrachtet ist das kein Problem, denn die Frauen haben ein Recht darauf, diesen Antrag zu stellen. Doch die Praxis gestaltet sich schwieriger. Pro Tag lassen die US-Grenzer nur ein bestimmtes Kontingent an Personen vor, und die Wartelisten sind lang. Bis die Frauen an die Reihe kommen, sitzen sie hier fest. Das Problem: Es kommen immer neue Menschen in Tijuana an, und schon jetzt ist der Platz knapp.

Im von Wellblech überdachten Innenhof der Herberge reihen sich Igluzelte dicht an dicht. Frauen sitzen vor einem Fernseher, Kinder spielen, in manchen Zelten schlafen Leute. Es bleibt kaum Platz, um sich zu bewegen, und draußen vor dem Haus ist es zumindest für die Kinder zu gefährlich. Der Leiter der Unterkunft will bald eine Decke einziehen, um ein zweites Stockwerk zu schaffen und die beengten Verhältnisse so wenigstens ein bisschen abzumildern.

Als wir uns verabschieden, trifft gerade ein Hilfsteam vor der Herberge ein, das HIV-Tests für die Bewohner anbietet. Polizeiautos patrouillieren durch die Straßen. Wir sehen zu, dass wir das Viertel verlassen, denn der Nachmittag neigt sich dem Ende zu, und es wäre nicht ratsam, im Dunkeln noch hier zu sein. Nur einen winzigen Schlenker machen wir noch, zu einem anderen Gebäude, das Monse vor längerer Zeit mit einem Wandbild geschmückt hat. Ihr Gemälde zeigt ein *alebrije* genanntes haushohes Fabelwesen. Es hat Hörner, erinnert dadurch ein wenig an einen Hirsch, sitzt entspannt im Lotussitz und betrachtet die Passanten freundlich. Monse malt gerne *alebrijes* und auch Kojoten. Beide Wesen sind Reisende, sagt sie, denen es leichtfällt, Grenzen zu überwinden.

An der Avenida Revolución setzt mich Monse dann in ein Sammeltaxi. Und wenige Minuten später bin ich in meinem Businesshotel im Bankenviertel – in einer völlig anderen Welt, nur wenige Minuten vom Rotlichtbezirk entfernt. Wie so oft in Mexiko.

Migranten

Fast kann man vom Hotel aus die Migrantenunterkunft sehen, die sich nur wenige Kilometer entfernt auf der anderen Seite des Río Tijuana befindet, gerade noch auf mexikanischem Staatsgebiet. Es soll die älteste Migrantenherberge in ganz Mexiko sein. Sie wurde 1987 von Missionaren des Scalabrinianer-Ordens eröffnet. Ich finde das passend: Die Gemeinschaft hat Erfahrung in der Arbeit mit Migranten. Sie wurde genau 100 Jahre zuvor in Italien gegründet, um sich in Übersee um die italienischen Auswanderer zu kümmern.

Die Herberge von Tijuana wird von Patrick Murphy geleitet, einem 66-jährigen, aus New York stammenden Priester. Er hat mich eingeladen, ihn in der Unterkunft zu besuchen, und so nehme ich an einem meiner letzten Tage in der Stadt ein Taxi, das mich über den Fluss bringt.

Wir fahren einen Hügel hinauf, vorbei an Hängen mit Häuschen, die aussehen, als würden sie beim nächsten Starkregen sofort in die Tiefe rutschen. Von dort oben hat man einen guten Blick auf die Stadt. Ich kann den monumentalen Bogen sehen, der an der Avenida Revolución gleich hinter der Grenze die Besucher aus dem Norden begrüßt und die Häuser in seiner Umgebung weit überragt. Auf die Deportierten, die in der Casa de Migrante von Pater Murphy landen, dürfte er wenig einladend wirken.

Das Haus liegt an einer asphaltierten Straße, inmitten von Häusern, die sich durch hohe Zäune vor Eindringlingen schützen. Auch um die Casa Migrante zieht sich ein solcher Zaun. Versehentlich setzt mich der Taxifahrer am falschen Haus ein paar Meter weiter ab – es ist auch eine Herberge, aber nur für Frauen und Kinder. Gleich nebenan finde ich die Unterkunft von Patrick Murphy. Offenbar werde ich schon erwartet, denn eine Helferin lässt mich gleich ein. Ich betrete das Haus, vorbei an den Aushängen, die hier, direkt am Eingang, Neuankömmlingen auf Spanisch und Französisch die Regeln klar machen: Zutritt nur mit Hausausweis! Keine Baseballcaps! Keine Kapuzen, keine Sonnenbrillen!

Im Innenhof des vierstöckigen Gebäudes warte ich dann auf den Priester. Bald ist Essenszeit, ein paar Männer schneiden Tomaten und Zwiebeln. Andere sitzen nur da und warten, einer spielt auf seiner Gitarre. Nebenan in der Küche, wo ein paar Helferinnen die Mahlzeit für alle zubereiten, brodelt eine Suppe aus Gemüse, Bohnen und scharfer Wurst in riesengroßen Töpfen auf dem Gasherd. Eine Tafel an der Wand zeigt an, wie viele Männer – 109 – heute hier geschlafen haben und zu verköstigen sind.

Dann kommt Pater Murphy, ein großer, bärtiger Mann mit heller Stimme, freundlichem Blick, graublonden Haaren und einem Spanisch, dem man sofort anhört, woher er kommt. Wir setzen uns in ein kleines Büro, und ich bitte ihn, mir von der Arbeit der Scalabrini-Missionare in Tijuana zu erzählen.

Auch der Priester sagt, dass es früher nicht so schwierig war wie heute, über die Grenze in die USA zu gelangen. Damals nahm die Herberge vor allem Menschen aus dem Süden auf. Die meisten waren Mexikaner, die in den Norden wollten, und ein paar Leute aus Mittelamerika waren auch dabei. Sie brauchten Essen, Obdach, vielleicht noch ein wenig Kleidung. Sie rasteten ein paar Tage und zogen dann weiter.

Doch seit ungefähr 15 Jahren ist die Situation eine ganz andere. Heute sind die meisten Bewohner der Herberge Männer, die aus den USA abgeschoben wurden. Viele von ihnen haben vorher jahrzehntelang dort gelebt und gearbeitet. »Ihre Familien haben den Ernährer verloren«, sagt Patrick Murphy. Zuletzt wurden auch viele Alte und Kranke abgeschoben, Menschen mit psychischen Problemen, die niemand wirklich betreuen kann. Dabei bräuchten gerade sie besonders intensive Hilfe.

Und selbst für die Arbeitsfähigen ist es ein Schock, wenn sie plötzlich in Tijuana landen. Oft sprechen sie Englisch besser als Spanisch, und in der Stadt finden sie sich nicht zurecht. Sie benötigen ganz praktische Lebenshilfe, und zwar in allen Belangen. Deshalb bietet ihnen die Casa de Migrante juristische und psychologische Betreuung an. Die Mitarbeiter helfen bei der Arbeitssuche und bei Behördengängen, zum Beispiel damit die Männer ordentliche Papiere bekommen. Es gibt eine Anwältin und eine Sozialarbeiterin, seit kurzem auch eine Berufsschule; und Mitarbeiter des Roten Kreuzes halten regelmäßig Sprechstunden ab.

Knapp ein Drittel der Deportierten bleibt in Tijuana, sagt Pater Murphy. Ebenso viele wollen wieder zurück in die USA, der Rest macht sich auf die Heimreise. Was aus den Männern wird, erfahren die Helfer freilich nicht. Es sind zu viele. Sie können hier nicht jedes Schicksal verfolgen.

Marc Antonio aus Guanajuato hat die Abschiebung gerade hinter sich, und man sieht ihm an, in welche Verzweiflung ihn das stürzt. Er sitzt im Innenhof auf einer Bank. Die anderen essen, Marc Antonio aber rührt nichts an. Er will nur noch zurück nach Hause, sagt er, und meint damit seine mexikanische Heimatstadt. Dann mag er nichts mehr sagen, außer: »Ich bin einfach zu müde.«

»Wir bieten ihnen Sicherheit«, sagt Pater Murphy über den Nutzen der Herberge für die Migranten. Sicherheit vor den Schikanen der Polizei, vor der Gewalt da draußen und vor den Verlockungen der Drogenmafia. Nur ein paar Blocks weiter kann man auf der Straße alles Mögliche kaufen. Aber hier, in der Casa de Migrante, herrscht ein striktes Null-Drogen-Gebot. *»Tolerancia Cero«,* sagt der Direktor. »Wenn jemand suchtkrank ist, helfen wir.« Aber wer konsumiert und sich nicht helfen lassen will, vom Stoff loszukommen, fliegt raus.

Manuel aus Guatemala – so stellt er sich vor – findet die Regeln in der Herberge zu streng, deshalb lebt er nicht mehr hier. Auf mich wirkt er ziemlich schlau und gewitzt, so wie jemand, der schon einiges hinter sich hat und sich durchzuschlagen weiß. Offenbar ist er mit Freunden hier, jedenfalls isst er mit anderen hier im Innenhof zu Mittag. Anders als Marc Antonio scheint Manuel gut klarzukommen. Er wurde mehrmals aus den USA abgeschoben und ging wieder zurück über die Grenze, erzählt er. Ganz offensichtlich hat er so seine Schleichwege. Das ein oder andere Mal hat er auch illegales Zeug nach drüben gebracht, verrät er mir, ohne dass ich ihn eigens danach hätte fragen müssen. Er grinst.

Ich frage Pater Murphy, wie man es in einer Stadt wie Tijuana schafft, sich von der Drogenmafia fernzuhalten? Wird er nicht auch erpresst? Einmal hat jemand angerufen, antwortet der Priester. »Wir wussten nicht, wer es war. Er wollte mit dem Verantwortlichen sprechen und verlangte 5000 Dollar Schutzgeld.« Bedauerlicherweise aber war Pater Murphy gerade nicht zu sprechen. Der Anrufer meldete sich nie wieder. Weitere Drohungen habe es bisher nicht gegeben, sagt der Pater. War es womöglich nur ein Trittbrettfahrer?

Der Herbergsleiter versucht sich an einer Erklärung: »Wir sind im ganzen Land bekannt, ich glaube, deshalb belästigen uns diese Leute nicht. Wir haben zwar schon Probleme mit der Polizei, aber wenn die sich wiederholen, dann gebe ich eine Pressekonferenz. Davor haben sie Angst.« Und vielleicht schützt es ihn – und damit die *Casa de Migrante* – auch ein wenig, dass er Priester und US-Bürger ist.

Patrick Murphy hat vor, in Tijuana bleiben, solange er die Treppen bis zu seinem Schlafzimmer im zweiten Stock noch schafft. »Dies ist ein besonderer Ort«, sagt er. Sein Traum ist es, irgendwann die Herberge zu schließen, weil sie nicht mehr gebraucht wird. Allerdings wird das so bald nicht passieren. Solange er kann, wird er sich deshalb weiter dafür einsetzen, dass die Migrantinnen und Migranten in Tijuana wie Menschen behandelt werden. Und nicht wie Parasiten.

Über die Grenze

Anders als die Migranten, die in Tijuana festsitzen, habe ich gültige Einreisepapiere für die USA und dürfte eigentlich ohne Probleme über die Grenze gelangen. Die einzige Frage, die sich mir jetzt noch stellt, ist: Wie mache ich das am besten? Es gibt eine preiswerte Variante: mit Bus oder Taxi zum Übergang, zu Fuß über die Grenze und dann in San Diego weiter mit der Straßenbahn oder einem anderen Taxi.

Aber in Tijuana ist es heiß, an der Grenze muss man warten, der Fußweg ist ziemlich lang und mein Gepäck schwer. Unterwegs habe ich Bücher gekauft, Schokolade und – nicht zu vergessen – die zwei Flaschen Mezcal aus Oaxaca, die ich immer noch ungeöffnet mit mir herumtrage, in Pullis eingewickelt und dadurch hoffentlich halbwegs gegen Stöße geschützt. Will ich das wirklich alles zu Fuß über die Grenze schleppen? Was wäre die

Alternative? Ich erkundige mich an der Hotelrezeption, und die Mitarbeiter reagieren erstaunt bis irritiert. Sie fragen, warum ich nicht einfach ein Taxi nehme? Das ist hier so der übliche Weg.

Man empfiehlt mir einen Fahrer, der mir einen Freundschaftspreis macht: nur 100 Dollar von Tür zu Tür! Für mexikanische Verhältnisse ist das ein kleines Vermögen. Ich nehme das Angebot trotzdem an, weil es mir die Schlepperei an der Grenze erspart. Beinahe bereue ich es. Denn am Tag meines Grenzübertritts holt mich ein auffällig aufgedrehter *taxista* am Hotel ab, der ohne Punkt und Komma redet und gar nicht zu bremsen ist. Anfangs versuche ich noch, mich an der Unterhaltung zu beteiligen. Dann wird mir klar, dass das gar nicht nötig ist, denn dieser Mann spricht auch so, und zwar ohne Unterlass.

Zwischendurch blickt er mich merkwürdig starr und unruhig zugleich an. Als ich den Ausdruck in seinen Augen bemerke, wird mir mulmig zumute. Ich denke an Monse, die mir erzählt hat, dass praktisch jeder in Tijuana Drogen konsumiert. Was hat der Kumpel des Rezeptionisten wohl genommen? *Cristal?* Ein Aufputschmittel war es ganz sicher, denn bevor wir losfuhren, hat er mir noch erzählt, dass er am Vortag erst sehr spät von einer anderen Tour nach Tijuana zurückgekehrt ist. Bestimmt hat er viel zu wenig geschlafen, zu wenig jedenfalls, um jetzt ohne chemische Helferlein so wach und aufgekratzt zu sein.

Was, wenn die Grenzer etwas bemerken? Bringt er etwa Stoff nach drüben? Wie soll ich im Zweifel erklären, dass ich diesen Mann gar nicht kenne? Mir wird noch mulmiger zumute. Aber es nützt nichts, denn aussteigen kann ich nicht mehr. Wir fahren über eine der Brücken Tijuanas und sind schon so gut wie am Grenzübergang San Ysidro angekommen. Unter uns schieben sich Autos auf ungefähr einem Dutzend Fahrbahnen langsam in Richtung Norden. Zwischen ihnen gehen fliegende Händler auf und ab, die aus ihren Bauchläden Erfrischungsgetränke und Snacks anbieten.

Dann reihen auch wir uns in die Autoschlange ein, und mein Fahrer kann das Schritttempo kaum ertragen. Mehrmals wechselt er die Spur, obwohl ihm völlig klar sein müsste, dass Kolonnenspringen uns nicht wesentlich schneller voranbringt. Er hupt, er flucht, bis ich die Geduld verliere und ihn ungehalten anblaffe. Er versucht eine Erklärung, aber dann schweigt er und bleibt ordentlich in seiner Spur, denn schließlich will er seine Kundin nicht verärgern. Aber es kostet ihn sichtlich Mühe, sich zusammenzureißen.

Dann werden wir auch noch aus der Schlange gewunken. Ich erfahre, dass mir ein Stempel im Pass fehlt – an Flughäfen erhält man ihn automatisch bei der Einreise, aber auf dem Landweg ist das Procedere offenbar etwas umständlicher. Das war mir nicht klar. Jetzt sitzen wir also im Auto und warten darauf, dass endlich ein Grenzer kommt, der sich meiner Person und meines Passes annehmen wird. Die Minuten dehnen sich. Wir warten. Wie lange es dauern wird, ist nicht abzusehen.

Die Spannung im Wagen steigt, und dann hat der *taxista* eine Eingebung. Er signalisiert einem Grenzbeamten, zur Toilette zu müssen. Als der Uniformierte ihn abtastet, sagt er ganz beiläufig über die Schulter zu ihm: »*She just needs a stamp.*« Und plötzlich geht alles ganz schnell. Ich werde in ein Büro geführt, muss kurz waren, erhalte den Stempel im Pass, zahle sechs Dollar an der Kasse, und schon bin ich wieder draußen. Offenbar haben die Beamten während meiner Abwesenheit auch das Gepäck kontrolliert. Wir fahren sofort weiter.

Und dann bin ich plötzlich in den USA, noch bevor ich es recht bemerke. Eine halbe Stunde später steige ich vor einem Hostel in San Diego aus, wo mir alles ein wenig schicker, glatter, aufstrebender und optimistischer erscheint als drüben in Tijuana. Am nächsten Tag werde ich weiterfliegen nach San Francisco. Hier, vor diesem Hostel, endet meine Reise durch Mexiko. Aber sie wird noch lange nachwirken.

Epilog

Wenn in Deutschland über Mexiko berichtet wird, geht es fast immer um Probleme und Gewalt. So ist es auch in den Monaten nach meiner Reise, während dieses Buch entsteht. Es häufen sich die Nachrichten von Männern und Frauen, die sich aus Zentralamerika in Richtung USA aufmachen – und die dann in Tijuana oder anderen Grenzstädten festsitzen, unter prekären Bedingungen und mit wenig Aussicht, dass sich ihre Lage verbessert. Inzwischen schicken die USA sogar Menschen nach Mexiko zurück, die im Land bereits einen Asylantrag gestellt haben. Sie sollen jenseits der Grenze warten, bis die Behörden endgültig über ihr Schicksal entschieden haben. Plötzlich stufen die US-Migrationsbehörden Mexiko, das in der Tat für seine eigenen Bürgerinnen und Bürger lebensgefährlich ist, als sicheres Land ein. Und die neue mexikanische Regierung, die doch angekündigt hatte, die Menschenrechte in den Mittelpunkt ihrer Migrationspolitik zu stellen, akzeptiert das Verfahren.

In New York wurde derweil El Chapo wegen Drogen- und Menschenhandel, Waffenkriminalität und Geldwäsche verurteilt. Falls der Prozess nicht noch einmal aufgerollt wird, wird er für den Rest seines Lebens in Haft bleiben. Der Drogenschmuggel über die Grenze aber geht weiter und ebenso der Drogenkrieg.

Die Menschen, die ich auf meiner Reise getroffen habe, kämpfen unterdessen beharrlich für ein besseres Land. In Yucatán geht Yazmín Novelo für die Rechte der Frauen auf die Straße und demonstriert in ihrer eigenen Sprache, auf Maya. In Chapultenango protestiert Mikeas Sánchez gegen den Bergbau und für die Traditionen der Zoque. Eloy Fernández arbeitet in den Bergen Oaxacas weiterhin für bessere Ernten, und Lukas

Avendaño gibt die Suche nach seinem Bruder Bruno nicht auf – so wie auch die Mütter von Los Mochis an der Hoffnung festhalten, ihre Kinder einst doch noch zu finden.

Was hatte noch Bertrand Russell zu Fernanda Navarro gesagt, der Philosophin aus Mexiko-Stadt? »Denk daran, dass es die Möglichkeit ist, der wir unsere ganze Loyalität schulden.« Kaum ein Satz scheint mir nach meiner Reise besser geeignet, um die Widerstandskraft so vieler Mexikanerinnen und Mexikaner zu beschreiben, ihre Hoffnung auf ein besseres, gerechteres Land, und ihr Entschlossenheit, die Zuversicht nicht zu verlieren.

Russels Satz wird mir im Gedächtnis bleiben. Genauso wie ein Statement von Lukas Avendaño: »Die fröhlichen Leidenschaften sind der subversivste Akt, um im Krieg Widerstand zu leisten. Unser Lächeln ist unsere mächtigste Waffe.« Und natürlich die Beschreibung, die der mexikanische Regisseur Guillermo del Toro für sich und seine Landsleute fand: »Niemand liebt das Leben mehr als wir, weil für uns der Tod so präsent ist.«

Zwei Monate lang war ich in Mexiko unterwegs – und habe doch nur einen kleinen Teil des Landes mit all seiner Vielfalt und seinen Widersprüchen gesehen. Verstanden habe ich Mexiko noch lange nicht, vielleicht ist das auch gar nicht möglich. Meine Neugier aber ist noch größer geworden. Bestimmt werde ich eines Tages zurückkehren.

Tipps zum Lesen, Hören, Anschauen

Mexiko Allgemein

Artikel der Autorin zum Thema Mexiko unter: www.alexandraendres.de/themen/mexiko

Auftakt

Zum Lesen

Beatriz Cadena (2007): Cocina Mexicana. Mexican Cooking. Monclem Ediciones (Mexikanische Kochrezepte, auf Englisch und Spanisch)

Alexandra Endres (2016): Milliarden für einen nutzlosen Krieg. ZEIT ONLINE. Online unter https://www.zeit.de/wirtschaft/2016-04/drogenpolitik-un-konferenz-new-york-mexiko-konsum (Wie die Vereinten Nationen nicht einmal darüber debattieren, den erfolglosen Krieg gegen die Drogen zu beenden)

Alexandra Endres (2014): Es ist ein Wirtschaftskrieg. Die Kartelle bringen Mexiko an den Rand eines gescheiterten Staates. IP (Internationale Politik). Online unter https://www.alexandraendres.de/sites/default/files/artikel/pdf/mexiko_drogenwirtschaft_gewalt_ip_02_2014.pdf (Über das lukrative Geschäft der Mafia, die nicht nur mit Drogen handelt)

Alexandra Endres (2012): Der Raubzug nach mexikanischem Öl. ZEIT ONLINE. Online unter https://www.zeit.de/wirtschaft/2012-10/pemex-drogen-mafia-mexiko (Die Journalistin Ana Lilia Pérez deckt auf, wie Mexikos Drogenkartelle den staatlichen Ölkonzern Pemex plündern.)

Alexandra Endres (2011): »Mexiko ist eine Mafiakratie«. ZEIT ONLINE. Online unter https://www.zeit.de/wirtschaft/2011-03/drogenstaat-mexiko-korruption (Interview mit Edgardo Buscaglia, Experte für Korruption und Organisierte Kriminalität, über die Verflechtungen zwischen mexikanischer Politik, Behörden und Drogenmafia)

David Luhnow, Elisabet Sabartés (2018): Mexicans, Hit by Murder Wave, Face Long, Often Futile Wait for Justice. Wall Street Journal. Online unter https://www.wsj.com/articles/after-the-crimes-mexicans-face-long-often-futile-wait-for-justice-11545774388 (Report über die in Mexiko herrschende Straflosigkeit, erzählt am Beispiel einer Gang aus Acapulco)

Zum Hören

Control Machete (2004): Uno, dos: bandera. Universal (Eine der ersten Hip-Hop-Bands Mexikos, in Deutschland bekannt geworden durch den Soundtrack zum Film *Amores Perros*)

Div. (2008): Mexico. The Rough Guide to the Music of Mexico. Harmonia Mundi (Son Jarocho, Ranchera, Mariachi und Rock aus Mexiko)

Molotov (2004): Con Todo Respeto. Universal (Mexikanischer Crossover, hier mit Coverversionen, u. a. von Falcos *Amadeus* und Trios *Da Da Da*)

Molotov (1997): Donde jugarán las niñas. Polygram (Das Debütalbum)

1 Yucatán

Zum Lesen

Marisol de la Cadena, Orin Starn (2007): Introduction. In: Marisol de la Cadena, Orin Starn: Indigenous Experience Today. Oxford, New York: Berg Publishers (Wissenschaftlicher Aufsatz mit der These: Indigene Gesellschaften werden nicht vom Fortschritt hinweggefegt, sondern sind aktiv wie nie.)

Instituto de Museos y Historia de Yucatán (2013): Catálogo del Gran Museo del Mundo Maya de Mérida. Mérida. Online unter: https://www.granmuseodelmundomaya.com.mx/museo/libro-y-catalogo (Der Katalog des Großen Maya-Museums von Mérida gibt auf Spanisch einen Überblick über die Kultur der Maya früher und heute)

Gran Museu del Mundo Maya: Dilo en Maya. Online unter: https://www.granmuseodelmundomaya.com.mx/aprende/palabras-mayas (Vokabelliste Spanisch-Maya)

Zum Hören

Victor Jara (1974): Manifiesto. Auf Youtube unter: https://www.youtube.com/watch?v=uj-3mpjDC8M

Yazmín Novelo, Pat Boy (2017): Ximbal Kaaj. Auf Youtube unter: https://www.youtube.com/watch?v=x9jhD5tyM8o (Yazmín mit Pat Boy, auf Maya)

Yazmín Novelo (2016): El Momento de Vivir / U k'iinil kuxtal. Auf Youtube unter: https://www.youtube.com/watch?v=PI91_8B3XpE (Yazmin mit einer ihrer Bands)

Radio Yúuyum: www.yuuyum.org (Radio auf Maya)

Mercedes Sosa (2001): Cuando Tenga la Tierra. Auf Youtube unter: https://www.youtube.com/watch?v=Kd2nholrE94 (Live-Open-Air-Konzert in Santa Catalina, Jujuy, Argentinien), komplett unter http://www.archivorta.com.ar/asset/argentina-en-vivo-2-mercedes-sosa-en-santa-catalina-jujuy/

Bruce Springsteen (2013): Manifiesto. Auf Youtube unter: https://www.youtube.com/watch?v=JNQm1Plu63k (Springsteens Performance in Santiago de Chile)

2 Tenosique

Zum Lesen

Ivan Briscoe (2018): Addressing the Migration Bottleneck in Southern Mexico. Crisis Group. Online unter https://www.crisisgroup.org/latin-america-caribbean/mexico/addressing-migration-crisis-mexicos-southern-border (Analyse der Menschenrechtskrise in Südmexiko und der Verantwortung der USA)

Alexandra Endres (2018): Ganz Mexiko ist eine Mauer. ZEIT ONLINE. Online unter: https://www.zeit.de/politik/ausland/2018-09/migration-grenzschutz-mexiko-usa-flucht

Adam Isacson u. a. (2017): Security, Central American Migration, and U.S. Policy. WOLA. Online unter: https://www.wola.org/wp-content/uploads/2017/06/WOLA_Mexicos-Southern-Border-2017-1.pdf (Analyse der Menschenrechtskrise in Südmexiko und der Verantwortung der USA)

Oscar Martínez u. a. (2017): From migrants to refugees. The new plight of Central Americans. Online unter https://especiales.elfaro.net/en/migrants (Multimedia-Reportage über Migranten aus Zentralamerika in Mexiko)

Oscar Martínez (2016): Eine Geschichte der Gewalt. Leben und Sterben in Lateinamerika. Antje Kunstmann Verlag (Reportagen aus Zentralamerika)

Oscar Martínez (2014): The Beast. Riding the Rails and Dodging Narcos on the Migrant Trail. Verso (Der Autor begleitet zentralamerikanische Migranten, die mit dem Zug La

Bestia durch Mexiko fahren.) Spanisches Original: La Bestia (vergriffen)

Antonio Ortuño (2015): Die Verbrannten. Antje Kunstmann Verlag (Düsterer, trostloser Roman über die Verflechtungen zwischen organisierter Gewalt und Behörden im Süden Mexikos)

Carmen Rodríguez (2017): Forced to Flee Central America's Northern Triangle: A neglected humanitarian crisis. Médecins Sans Frontières. Online unter https://www.doctorswithoutborders.org/what-we-do/news-stories/research/report-forced-flee-central-americas-northern-triangle (Report der Ärzte ohne Grenzen über Fluchtursachen und die Lage der Migrantinnen und Migranten in Südmexiko)

3 Chapultenango

Zum Lesen

Circulo de Poesía (2017): Mikeas Sánchez. Online unter https://circulodepoesia.com/2017/05/xochitlajtoli-mikeas-sanchez/ (Eine Auswahl von Mikeas' Gedichten auf Spanisch und Ore', mit Kurzbiographie)

Edward Said (2009): Orientalismus. S. Fischer Verlag (Neuauflage von Saids Klassiker)

Zum Hören

Mikeas Sánchez (2017): Two Poems. Online unter http://www.latinamericanliteraturetoday.org/en/2017/january/two-poems-mikeas-s%C3%A1nchez (Zwei Gedichte von Mikeas: auf Zoque und Englisch, als Audio und in Textform zum Mitlesen)

4 San Cristóbal de las Casas

Zum Lesen

Carlos Antonio Aguirre Rojas (2013): gehorchend befehlen. Die politischen Lektionen des Neozapatismus. edition assemblage (Über die Vorstellung der Zapatisten von Autonomie, Demokratie und Selbstregierung)

Angélica Almazán (2018): An Election and a Movement: Marichuy, Mexico's Indigenous Presidential Contender. North American Congress On Latin America. Online unter: https://nacla.org/news/2018/02/09/election-and-movement-marichuy-mexico%E2%80%99s-indigenous-presidential-contender (Über die Schwierigkeiten von Marichuys Wahlkampf)

Fray Bartolomé de las Casas: Kurzgefasster Bericht von der Verwüstung der Westindischen Länder. Herausgegeben von Michael Sievernich. Insel Verlag, Frankfurt am Main 2006 (Der berühmte Bericht des Bischofs in einer aktuellen, kommentierten Ausgabe)

John Berger (2008): Der Mann hinter der Maske. Die ZEIT. Online unter: https://www.zeit.de/2008/17/Subcomandante-Marcos (Bergers Text über seinen Besuch bei den Zapatisten)

Carea e.V.: Menschenrechtsbeobachtung in Chiapas, internationale Begleitung in Guatemala. Online unter https://carea-menschenrechte.de/ (Die Homepage des deutschen Vereins, der die Lage der Menschenrechte in Chiapas und Guatemala verfolgt)

Amrai Coen, Fabian Brennecke (2015): Die Zeugen von Iguala. Die ZEIT. Online unter: https://www.zeit.de/feature/mexiko-iguala-studenten-mord-buergerwehr (Hintergrundreportage über die Entführung der Studenten)

EZLN (2005): 6ta Declaracíon de la Selva Lacandona. Online unter: http://enlacezapatista.ezln.org.mx/sdsl-es/ (Manifest der Zapatisten)

Fernanda Navarro (2016): La filosofía nunca encuentra reposo. Milenio. Online unter: http://www.milenio.com/cultura/fernanda-navarro-la-filosofia-nunca-encuentra-reposo (Die Philosophin über ihren Werdegang)

Raúl Sánchez Benítez (2015): La herencia maya en San Juan Chamula. Trajín. (Der Soziologe Sánchez Benítez über das Maya-Erbe von San Juan Chamula)

Juan Villoro (2018): Prohibido votar por una indígena. New York Times (Spanische Ausgabe). Online unter: https://www.nytimes.com/es/2018/02/24/opinion-villoro-marichuy/ (Der Schriftsteller und Journalist Juan Villoro über Marichuys Präsidentschaftswahlkampf und die Hindernisse, die das System für sie bereithielt)

Wolf-Dieter Vogel (2017): »Die Zeit der Frauen ist gekommen«. taz. Online unter: http://www.taz.de/!5474668/ (Einer der wenigen deutschen Berichte über Marichuys Kandidatur)

Zum Anschauen

La Jornada (2017): Marichuy, una campaña muy otra. YouTube. Online unter: https://www.youtube.com/watch?v=Hn_BTr4z34A (Die Tageszeitung La Jornada über die Wahlkampftour von Marichuy bei den Zapatisten)

5 Oaxaca

Zum Lesen

Christiane Grefe (2004): Mais für die Welt. Die ZEIT. Online unter: https://www.zeit.de/2004/35/Der_Feldzug_2 (Über den Mais, der zum ertragreichsten Nahrungsmittel geworden ist, und den Preis des Siegeszuges, den auch die Bauern in Mexiko zahlen)

Laura Hofmann (2015): Luft als Ware (ein Kampf gegen Windmühlen. Heinrich-Böll-Stiftung. Online unter: https://www.boell.de/de/2015/06/03/luft-als-ware-ein-kampf-gegen-windmuehlen (Warum Aktivisten gegen die Windparks im Isthmus von Tehuantepec kämpfen)

Pau Rodríguez (2018): 'Muxe', la identidad que cuestiona la división de géneros desde una región de México. El Diario. Online unter: https://www.eldiario.es/catalunya/identidad-cuestiona-pequena-comunidad-Mexico_0_786721755.html (Artikel über Lukas Avendaños Arbeit)

Zum Anschauen

Lukas Avendaño (2018): ¿Dónde está Bruno? Online unter: https://vimeo.com/277627522 (Lukas' Performance für seinen Bruder in Barcelona)

Great Big Story (2018): Mexico's Third Gender. Online unter: https://www.youtube.com/watch?v=aEZEiiNS3Ew&feature=youtu.be (Video über die Kultur der Muxe mit Lukas als Protagonisten)

Mario Patiño (2016): Muxes, Muxhe Performer Lukas Avendaño. Video Promocional 2016. Online unter: https://www.youtube.com/watch?v=Zgz805es2Yc (Promo-Video mit Ausschnitten aus Lukas' Arbeit)

Edson Caballero Trujillo (2012): Requiem para un Alcaraván. Online unter: https://www.youtube.com/watch?v=4HdvBCy_-X4 (Ausschnitt aus einem Stück von Lukas, von ihm kommentiert (auf Spanisch))

6 Mexiko-Stadt

Zum Lesen

Shumi Bose (2015): Meet the architect who wants to return Mexiko City to its ancient lakes. The Guardian. Online unter: https://www.theguardian.com/cities/2015/nov/13/alberto-kalach-return-mexico-city-ancient-lakes (Interview mit dem Architekten Alberto Kalach, der den früheren Texcoco-See im Osten von Mexiko-Stadt wiedererschaffen möchte)

Octavio Paz (1998): Das Labyrinth der Einsamkeit. Suhrkamp, 7. Auflage (Paz' berühmter Essay über das Selbstverständnis seiner Landsleute und seines Heimatlandes Mexiko)

Elena Poniatowska (1996): Paseo de la Reforma. Plaza & Janés (Liebesgeschichte und Sittengemälde aus Mexiko-Stadt in der Zeit nach dem Zweiten Weltkrieg)

Jonathan Watts u. a. (2015): Mexico City's water crisis – From source to sewer. The Guardian. Online unter: https://www.theguardian.com/cities/2015/nov/12/mexico-city-water-crisis-source-sewer (Reportage über den Wassermangel in Mexiko-Stadt)

Zum Hören

Div. (2002): Amores Perros. Polydor (Soundtrack zum Film)

Los de Abajo (2003): Latin Ska Force (Punk-Ska-Band aus Mexiko-Stadt)

Zum Anschauen

Alejandro González Iñárritu (2000): Amores Perros (Debütfilm des Regisseurs, drei Episoden über Liebe, Hass und Tod in Mexiko-Stadt. Ansehen!)

Julie Taymor (2002): Frida (Film über das Leben Frida Kahlos mit Selma Hayek in der Hauptrolle)

7 Tuxtla Gutiérrez

Zum Anschauen

Pierangelo Pirak, Jaime Rojo (2016): The most magical forest on earth lies atop a mountain. BBC. Online unter: http://www.bbc.com/earth/story/20160105-the-most-magical-forest-on-earth-lies-atop-a-mexican-mountain (Videoporträt des Biosphärenreservates von El Triunfo, Chiapas)

8 Guadalajara

Zum Hören

Div. (2008): Mariachi. The Sound of Hysteria & Heartache. Trikont (Hysterie und Herzschmerz: Sammlung von Mariachi-Liedern)

Div. (2005): Viva México. Membran (Mariachi-Sammlung mit Begleit-Booklet)

9 Pátzcuaro

Zum Lesen

Jerónimo de Alcalá (2016): Relación de Michoacán. El Colegio de Michoacán (Historisches Werk über die Geschichte Michoacáns)

Alexandra Endres (2014): Drogenkiller im Auftrag Gottes. ZEIT ONLINE. Online unter https://www.zeit.de/wirtschaft/2014-01/mexiko-familia-michoacana-tempelritter (Über das Kartell der Tempelritter, dessen Anführer sich als gottesfürchtige Beschützer des Volkes geben, und die Bürgerwehren, die 2014 gegen sie kämpften)

Zum Anschauen

Sebastián Labaronne (2014): Cherán. Tierra para soñar. Online unter https://www.youtube.com/watch?v=DnV_T4c_lKI (Dokumentarfilm auf Spanisch über Cherán, in dem die Einwohner selbst von ihrem Widerstand gegen die Mafia erzählen)

10 Los Mochis

Zum Lesen

Airen (2017): Zielscheibe von Militär, Polizei und organisiertem Verbrechen. Frankfurter Allgemeine Zeitung. Online unter: http://www.faz.net/aktuell/feuilleton/debatten/journalist-javier-valdez-getoetet-interview-vor-seinem-tod-15024032.html (Interview mit dem Journalisten Javier Valdez, der wenig später ermordet wurde)

Alexandra Endres (2018): Am Ende finden sie ein Grab. ZEIT ONLINE. Online unter: https://www.zeit.de/gesellschaft/zeitgeschehen/2018-10/mexiko-sinaloa-vermisste-verschwundene-staatsversagen-kriminalitaet (Reportage über die Rastreadoras)

Alexandra Endres (2018): Der Drogenhändler der Regierung. ZEIT ONLINE. Online unter: https://www.zeit.de/gesellschaft/zeitgeschehen/2018-11/el-chapo-drogenboss-mafia-mexiko-regierung-gerichtsprozess (Hintergrund zu El Chapo)

Ioan Grillo (2018): Inside the brillant career and tragic death of Javier Valdez. Esquire. Online unter https://www.esquire.com/news-politics/a22996658/javier-valdez-luis-guzman-el-chapo-journalist/ (Porträt Javier Valdez')

Anabel Hernández (2010): Los Señores del Narco. Debolsillo (Detailreiche Recherche über die Verstrickungen von

Kartellen, mexikanischer Politik und Sicherheitsbehörden und US-Geheimdiensten, im Fokus: El Chapo Guzmán)

Javier Valdez (2012): Levantones. Historias reales de desaparecidos y víctimas del narco. Aguilar (Reportagen über Entführungen, Verschwundene und andere Opfer des Drogenkriegs in Sinaloa). Englische Ausgabe: The Taken (2017), Denver Art Museum

Karl Vick, Moises Saman (2018): Person of the Year. TIME. Online unter http://time.com/person-of-the-year-2018-the-guardians/ (Kurzporträts von Dulcina Parra und den anderen von TIME zu Personen des Jahres gekürten Menschen)

Don Winslow (2010): Tage der Toten. Suhrkamp (Von Tatsachen inspirierter, gut recherchierter Roman über den mexikanischen Drogenkrieg)

Don Winslow (2015): Das Kartell. Droemer Knaur (Folgeband zu *Tage der Toten*)

Zum Hören

Bruce Springsteen (1995): Sinaloa Cowboys (Die tragische Geschichte zweier Brüder aus Nordmexiko, die in den USA ihr Glück suchen)

11 El Chepe

Zum Lesen

Mariano Azuela (1915): Los de Abajo. Deutsche Ausgabe: Die Rechtlosen (1992). dipa-Verlag (Roman über die mexikanische Revolution. Der Autor, ein Arzt, kämpfte mit Pancho Villa.)

Bill Broyles (2014): Among Unknown Tribes. Rediscovering

the Photographs of Explorer Carl Lumholtz. University of Texas Press (Der Naturforscher und Ethnologe Carl Lumholtz reiste Ende des 19. Jahrhunderts mehrmals in die Sierra Tarahumara. Der Band zeigt seine Expeditionsfotos neu.)

Wolf Dieter Hanisch (2003): Vagabunden im Namen des Herrn. Die ZEIT. Online unter: https://www.zeit.de/2003/46/Mennoniten (Artikel über die Mennoniten in der Sierra Tarahumara)

Regina Mennig (2017): Die Tarahumara in Nordmexiko. Ein Volk im Würgegriff der Drogenkartelle. Deutschlandfunk Kultur. Online unter: https://www.deutschlandfunkkultur.de/die-tarahumara-in-nordmexiko-ein-volk-im-wuergegriff-der.979.de.html?dram:article_id=393459 (Beitrag über die aktuelle Lage der Tarahumara)

Zum Anschauen

Jordan C. Terrell, Aldo Casas (2018): Born to Run? How Rarámuri Runners Dominate Ultra-Marathons in Sandals. NBC Left Field. Online unter: https://www.youtube.com/watch?v=25DE-1rO3qM (Videoreportage über die erfolgreiche Läuferin Lorena Ramírez)

12 Tijuana

Zum Lesen

Charles Bowden (2010): Murder City. Ciudad Juárez and the Global Economy's New Killing Fields. Bold Type Books (Spielt nicht in Tijuana, sondern in Ciudad Juárez, doch die beschriebenen Kräfte sind vergleichbar. Journalist Charles Bowden über Geld, Korruption, Gewalt und Drogengeschäft an der Grenze)

T. C. Boyle (2006): América. dtv (Roman von der anderen Seite der Grenze: Wie in den Außenbezirken von L.A. die Welten der weißen US-Mittelschicht und der mexikanischen Migranten auf katastrophale Weise aufeinanderprallen)

Laura Cwiertnia (2019): »Es hat einen Grund, dass wir hier sind!« Die ZEIT Nr. 09/2019. Online unter: https://www.zeit.de/2019/09/migranten-usa-fluechtlinge-zentralamerika-donald-trump (Reportage über eine Migrantin, die es in die USA geschafft hat, aber noch nicht in Sicherheit ist)

Carlos Fuentes (2000): Die gläserne Grenze. Fischer Taschenbuch, 2. Auflage (Erzählungen über Grenzgänger zwischen Mexiko und den USA)

Jean Guerrero (2016): Tijuana Migrants Hide in Tunnels As Police Raids Get Deadly. KPBS. Online unter https://www.kpbs.org/news/2016/jan/28/tijuana-migrants-hide-tunnels-police-raids-get-dea/ (Ein öffentlicher Radiosender aus San Diego über die Migranten, die sich in Tijuanas Kanalisation verstecken)

Tyche Hendricks (2010): The Wind doesn't need a passport. Stories from the U.S. (Mexico Borderlands. University of California Press (Reportagen über die Grenze und ihre Bewohner auf beiden Seiten)

Jeanette Erazo Heufelder (2018): Welcome to Borderland. Die US-mexikanische Grenze. Berenberg Verlag (Eine Kulturgeschichte der Grenze, die zeigt, wie viel Mexiko und die USA in dieser Region verbindet)

Kerstin Kohlenberg (2018): Jede Nummer eine Hoffnung. Die ZEIT Nr. 01/2019. Online unter https://www.zeit.de/2019/01/migranten-mexiko-usa-einwanderung-grenze-asylrecht-hoffnung (Reportage von der Grenze)

Cormac Mc Carthy (1993): All die schönen Pferde. Rowohlt (Erster Teil einer Romantrilogie, die von der US-Seite auf die Grenze blickt)

Oscar Martínez (2010): Los migrantes que no importan. Icaria editorial. (Reportagen vom Weg der Migranten, der sie aus Zentralamerika bis zur Grenze zwischen Mexiko und den USA führt)

Michi Strausfeld (2018): Borderland. In: Republik, digitales Magazin für Politik, Wirtschaft, Gesellschaft und Kultur. Online unter: www.republik.ch/2018/09/02/borderland (Literaturempfehlungen zur Grenze, die nebenbei die Verhältnisse hintergründig beschreiben)

Zum Hören

Lila Downs (2002): Border. La Línea. Peregrina (Eine der bekanntesten US-mexikanischen Sängerinnen singt über die Grenze)

Nortec Collective (2001): The Tijuana Sessions Vol. 1. Palm Pictures (Mischung aus Norteño- und elektronischer Musik, gemacht in Tijuana)

Intrépida Orquesta de Beats (2013-2018): Diverse Tracks. Online unter https://soundcloud.com/iob-tj (Geovannis Musik auf Soundcloud)

Telekom Electronic Beats (2015): A Guide to Tijuana's Eccentric Electronic Underground. Online: https://www.electronicbeats.net/a-guide-to-tijuanas-eccentric-electronic-underground/ (Elektronische Tracks aus Tijuana)

Zum Anschauen

Matthew Heineman (2015): Cartel Land (Auf dem Sundance-Festival ausgezeichneter, eindringlich und unmittelbar erzählter Dokumentarfilm über Bürgerwehren an der Grenze zwischen den USA und Mexiko und im mexikanischen Bundesstaat Michoacán)

Danke

Ein Buch allein zu schreiben? Unmöglich. Viele Menschen haben geholfen, dass dieses Buch entstehen konnte. Ihnen gilt mein großer Dank.

Ganz besonders danke ich Dieter Hoß, der mir immer den Rücken freihält, mich anfeuert und unterstützt, und allen Freundinnen und Freunden, die mich unterwegs in Mexiko oder nach meiner Rückkehr beim Schreiben begleitet haben. Mein Dank geht an den DuMont Reiseverlag für die Chance, eine Reise durch ein faszinierendes, widersprüchliches Land unternehmen und darüber ein Buch verfassen zu dürfen, vor allem an Svenja Heinle für eine gute Betreuung, prompte Antworten und Flexibilität in der zeitlichen Planung. Ich danke Irene Rumler für das erneut anregende und konstruktive Lektorat, meinem Arbeitgeber ZEIT ONLINE für ein flexibles Arbeitszeitmodell, das mir die Zeit zum Reisen und Schreiben gab, und nicht zuletzt den Kolleginnen und Kollegen, die meine Abwesenheit durch ihre Arbeit ermöglichten.

Sie alle haben zu diesem Buch beigetragen. Für etwaige Fehler im Text aber können sie nichts – die gehen einzig und allein auf meine Kappe.

Vor allem aber danke ich den Menschen, denen ich in Mexiko begegnet bin und die mir auf vielfältige Weise geholfen haben: Sie vermittelten mir wichtige Kontakte, gaben wertvolle Ratschläge, stellten kritische Fragen oder halfen mir auf andere Art, besser zu verstehen, was ich sah. Sie bewirteten mich und luden mich in ihre Häuser ein, sie gewährten mir einen Blick in ihre Welt und erzählten mir ihre Geschichten. Ohne sie wäre dieses Buch nie erschienen. Ihnen, ihrer Kraft und Lebensfreude ist es gewidmet.